"十二五"国家重点图书出版规划项目
新视野教师教育丛书·教师专业发展前沿系列

教师新生活
The New Lives of Teachers

〔英〕克里斯托弗·戴　顾　青　著
徐晓红　译

著作权合同登记号 图字：01-2013-6663

图书在版编目(CIP)数据

教师新生活/(英)戴(Day,C.)，(英)顾青(Gu,Q.)著；徐晓红译．—北京：北京大学出版社，2013.11

(新视野教师教育丛书·教师专业发展前沿系列)

ISBN 978-7-301-23103-6

Ⅰ．①教… Ⅱ．戴…②顾…③徐… Ⅲ．①中小学－教师－工作 Ⅳ．①G635.1

中国版本图书馆CIP数据核字(2013)第203016号

The New Lives of Teachers/by Christopher Day and Qing Gu
ISBN：0-415-48460-2
Copyright @ 2010 by Routledge
Authorized translation from English language edition published by Routledge part of Taylor & Francis Group LLC；All rights reserved；本书原版由Taylor & Francis出版集团旗下Routledge出版公司出版，并经其授权翻译出版，侵权必究。

Peking University Press is authorized to publish and distribute exclusively the Chinese (Simplified characters) language edition. This edition is authorized for sale throughout Mainland of China. No part of the publication may be reproduced or distributed by any means, or stored in a database or retrieval system, without the prior written permission of the publisher. 本书中文简体翻译版权授权由北京大学出版社独家出版并限在中国大陆地区销售，未经出版者书面许可，不得以任何方式复制或发行本书的任何部分。

Copies of this book sold without a Taylor & Francis sticker on the cover are unauthorized and illegal. 本书封面贴有Taylor & Francis公司防伪标签，无标签者不得销售。

书　　　名：	教师新生活
著作责任者：	〔英〕克里斯托弗·戴　顾　青　著　徐晓红　译
责 任 编 辑：	陈斌惠
标 准 书 号：	ISBN 978-7-301-23103-6/G·3693
出 版 发 行：	北京大学出版社
地　　　址：	北京市海淀区成府路205号　100871
网　　　址：	http://www.pup.cn　新浪官方微博：@北京大学出版社
电 子 信 箱：	zyjy@pup.cn
电　　　话：	邮购部 62752015　发行部 62750672　编辑部 62756923　出版部 62754962
印 刷 者：	三河市北燕印装有限公司
经 销 者：	新华书店
	787毫米×1092毫米　16开本　14.5印张　260千字
	2013年11月第1版　2013年11月第1次印刷
定　　价：	36.00元

未经许可，不得以任何方式复制或抄袭本书之部分或全部内容
版权所有，侵权必究
举报电话：010-62752024　电子信箱：fd@pup.pku.edu.cn

教师专业发展前沿系列总序

进入21世纪，教育质量已经成为一个国家在世界综合国力竞争中领先的关键因素。而在提升教育质量的教育改革中，教师和教师专业发展已经成为关键。在各种教育改革的政策与实践中，世界各国的学者都认识到教师专业发展在提高教育质量中的重要性及其在各种教育改革策略中的中心地位。要让学生取得更大进步，教师必须得到持续、高质量的专业发展。

1966年，联合国教科文组织《关于教师地位的建议》指出"教育的工作应该被视为专门职业"，教师专业化随之成为世界教育改革的一个重要主题。在教师专业化运动中，美国、英国、日本等发达国家走在了世界的前列，关于教师专业发展的研究取得了丰硕成果。近年来，教师专业发展相关研究又有了新的进展和创新。我国自20世纪80年代以来，教育理论界也开始越来越多地关注教师专业发展的问题，相关研究成果不断问世；在实践领域，以教师专业化理念引导教师教育和教师专业发展已成趋势。尽管我国有关教师专业发展的理论与实践已经取得很大成绩，但相对教育现场对教师专业化的要求还存在着一定差距。如在教师专业发展研究方面，偏重理论层面的探讨，疏于实践领域的探索、引领；在促进教师专业发展实践中，也还存在一些困境，对于教师专业发展的价值认识、实践路径等也需要进一步探索。如何结合学校实际情况和教师个人特点提高教师素质、实现专业发展，培养创造性、高水准人才还需要进一步探索。

在全球化、信息化时代，我国教育工作者应该具备国际视野，并落实于本土行动。在教师专业发展领域，不仅要关注国内问题，更要把握世界发展趋势；在总结自身发展经验的同时，学习其他国家和地区的理论研究成果和实践经验，进一步推进我国教师专业发展的理论研究与实践探索，形成具有中国特色的教师专业发展理论。

上海师范大学国际与比较教育中心自成立以来积极开展国际合作，除了与经济合作与发展组织密切联系，连续翻译出版其研究报告外，还与国内外知名高校以及在教师教育和教师专业发展方面有突出成绩的知名学者密切合作，编写、翻译关于教师专业发展理论与实践的著作。中心围绕教师职业生涯发展、新任教师的入职研修、在职教师的专业发展、学校领导力对教师专业发展的影响等主题编辑出版了这套"教师专业发展前沿系列"，力图反映国际、国内教师专业发展的最新进展，奉献最新成果，为我国的教育研究者、实践者和政策制定者服务。真诚希望这套丛书的出版能为我国的教师专业发展提供理论与实践的借鉴与帮助。

我们感谢"上海市高校智库""上海高校一流学科建设"项目及上海师范大学内涵建设项目对本丛书的资助。

上海师范大学国际与比较教育研究中心主任

张民选

2013年11月

致 谢

我们诚挚地感谢参与最初VITAE项目的各位研究人员与老师,尤其感谢高登·斯托巴特(Gordon Stobart)、帕姆·萨蒙斯(Pam Sammons)和艾利森·金顿(Alison Kington)博士。我们感谢海利·麦卡拉(Hayley Mccalla),她从此书最初的手写稿到此著作完成的整个过程一直很有耐心并付出了很多努力。最后,我们想把这本书献给世界各国继续付出努力从事教育事业、为儿童和年轻一代提供更高水平教育的教师们。

教师素质和学校发展系列丛书

克里斯托弗·戴和安·利伯曼编辑

鉴于世界各国政府对于教师素质、教学标准及学生状况日渐关注，本系列对理解教师素质的涵义和提高教师素质、促进学校发展的环境与条件提供了连贯、真实、缜密和交互性的描述。本系列旨在于汇集、传播及交流那些原创的、具有权威性的经验和研究，为教师、教育工作者、研究者及其他团体（如教师协会和决策者·实施组织）提供参考。本系列图书由各国著名学者执笔，并且均以当前的国际环境为背景。

即将出版的图书：
《高质量的教与学——关于教师教育的国际视野》
安·利伯曼，琳达·达林·哈蒙德著

序

　　许多年前，在靠近洛杉矶的一个日渐发展的地区，我作为一名新教师，第一次就担任了学校六年级的老师。班里有46个学生，毫无疑问，我有点不堪重负。我自己有三个孩子，其中一个在上六年级。为了上班，我需要驾车35英里，经过两座山峰。庆幸的是，我跟学校里另外两位老师拼车去学校。彼此帮助的时候我们都很开心，不仅是相互配合，我们还会相互学习怎样成为一名优秀的教师。我们的校长是新上任的，但很支持我们的工作。我很荣幸能够在这一年教授这些聪明的孩子，一年之后我转去了另外一所学校。新学校的校长每天傍晚便会先于其他老师离开，骑车去登山。

　　我们都感觉被遗弃了！没人关心我们做了什么，或遇到了怎样的问题，或是我们从彼此身上学到了什么。面对校长对我们的漠不关心，我们感到很难过。虽然每天在学校努力与学生相处、打交道，可是驾车回家后我仍感觉自己是无足轻重、不受欢迎的。

　　《教师新生活》告诉了大家为什么这些个人的、情感的、组织的及知性的想法会影响我们。不仅这些，这本书还帮助我们了解目前的境况是如何扩大了教师教学的压力的。关于责任的新观点，一些新政策（通常限制教师通过教育及经历中学习），以及对学习的理解，如今已使得教师的工作更加复杂。《教师新生活》不仅给我们带来启发，同时，这也可能是教师第一次为自己说话，为我们解释那些奉献自己一生来教育年轻一代的教师们的复杂的生活。我们可以了解学校环境的重要性，知道在教学初期，工作认可、激励和效能的重要性。我们也可以清楚地了解到教师的个人生活对于维持或是减少他们工作责任感的深刻影响。

政府政策会阻碍教师创造力发展及教师与学生的亲密关系，就如不合格的领导力。教师在个人生活中遇到问题会影响他们对于教学的付出，因为他们要在个人生活与学校生活之间努力寻找平衡。这些很难向人们明白地解释，可是《教师新生活》一书带着我们体验了教师复杂的生活，以及这些对于他们工作的影响。工作环境、领导力、同事关系及学生这些都构成了影响教师完成使命的因素。这本书里，教师自身也讨论了他们在不同教学阶段的教师生活，突出了当下他们教学的具体境况。领导对于事务如何回应；同事之间的相互支持会有着怎样的影响；学校如何看待自己对于教师之间及教师与学生感情的影响，我们在此书中可以透过教师的角度，作者的深刻分析，了解到这些问题的答案。

尤其是那些新教师，他们都热切希望自己能发展成专业人士。他们不断适应不同的课堂环境。一些教师的描述向我们展示了学校内部支持的重要性，包括与同事、学生的友好关系、个人事件及学校领导。个别的专业人士过度依赖外部社会、组织因素和内部的关键影响。我们可以学习到为什么学校领导的支持如此重要，也可以知道同事对于个人幸福感影响的原因和方式。

除去工作环境上的困难，在工作与生活之间寻找平衡成了影响教师能够保持心理弹性的决定性因素。教师的职业生活需要有自身的激励，需要与他人的联系，需要组织的支持。教师的责任感不仅是指情感和智力的结合，更要求教师真心实意地把学生当作完整的个人，一个学习者来关心。正是这些因素之间微妙的平衡能鼓励或是降低教师的责任感和对于学生的情感。

《教师新生活》描述了在不同发展阶段的教师生活，从而明辨了在不同时期的不同需求。新教师从同事处得到支持来培养责任感的方式有别于那些已经倾注一生于教育的教师。经验丰富的教师所面临的挑战是如何在教学中继续寻找激励感，保持激情。处于职业生涯中期的教师通过寻找支持与工作认可来保持和增强他们的动机及自我效能。

《教师新生活》一书的内容不仅将我们要学习了解的"教与学"人性化了，同时也向我们展示了阻碍因素（领导不力，限制性的政府改革措施，难以管理的学生）和积极因素（给学生成长带来作用，遇到重视教师的领导者，对学习有兴趣的学生）对于教与学的影响。

总之，这本书是面镜子，让我们深入了解学校文化，帮助我们了解教师是怎样在学校生活的，为什么有些老教师生存艰难，而另外一些却幸福工作着。我们不再需要说教学是复杂的，通过此书，我们会理解这句话的含义。

现在，我知道为什么自己会在新学校里感到难过。我知道自己得到第一位校长支持时的感受，绝不是发怒的母亲因政见不合而不让女儿了解联合国（学区教学大纲）的那种心情。我深刻明白驾车越过两座山峰回家的重要性，因为在那段时间我退去教师的身份，要变身为妈妈，要考虑晚饭准备什么。我明白第一位校长在我们新教师肩膀上那轻轻的一拍，偶尔一次意外的款待，一个微笑，午饭时间的讨论及那些关心的话语都是对我们的支持。同样，通过阅读这本著作，你也会理解教师的职业生活与个人生活是怎样联系的，激情是如何增强教师面对这种复杂关系时的责任感的。你也将会理解当前的环境如何使"教师的生活"更加复杂化，以及什么东西才能维持教师对教学的责任感、心理弹性和激情。

Ann Lieberman
斯坦福大学

目 录

绪 论 ·· 1

第一部分 教学的环境

第一章 教学的新环境 ·· 9
  引言 ·· 9
  变革的简史：遵从时代追求质量的驱动力 ······································· 9
  新方案 ··· 11
  专业化的"新"时代 ··· 13
  超越有限的能力 ·· 15
  结论：新的教学环境 ·· 23

第二章 从事教育的专业人士：学习，职业身份认同，情感状况 ················ 25
  引言 ··· 25
  教师学习 ·· 25
  学习社区：为学习而形成的共同体 ·· 29
  情感幸福（心理健康）的挑战 ·· 34
  结论：专业人士 ··· 36

第二部分 教师的职业生活

第三章 对教师职业生涯的关键影响 ··· 39
  引言 ··· 39
  职业发展阶段 ·· 39
  教师的生活：研究背景 ··· 41
  教师的职业生活阶段：特点和轨迹 ·· 42
  专业生活阶段和轨迹 ··· 43

理解教师专业生活的变化：从关键的事件到关键的影响……………… 45
　　关键事件技术………………………………………………………………… 45
　　关键事件：把个人和职业连接起来………………………………………… 46
　　从关键事件到关键影响……………………………………………………… 46
　　关键影响的模式……………………………………………………………… 48
　　维持或阻碍教师责任感的关键影响：来自教师的3个故事……………… 50
　　结论：教师生活的差异和进展……………………………………………… 58

第四章　初任（新）教师的写照——学校很关键………………………………… 59
　　引言…………………………………………………………………………… 59
　　研究视角……………………………………………………………………… 60
　　阻碍或者维持新教师责任感的因素——4名教师的描述………………… 62
　　结论：学校很关键…………………………………………………………… 74

第五章　教学生涯的中期应对压力和过渡期：
　　　　处于"十字路口"的教师…………………………………………………… 76
　　引言…………………………………………………………………………… 76
　　研究视角……………………………………………………………………… 77
　　职业中期维持或阻碍教师责任感的因素：4名教师的写照……………… 78
　　结论：处在"十字路口"的教师……………………………………………… 91

第六章　经验丰富的老教师：维持责任感，锻炼心理弹性……………………… 92
　　引言…………………………………………………………………………… 92
　　研究视角……………………………………………………………………… 93

目 录

"老"教师的定义：错综复杂的网 ·················· 95
维持或阻碍老教师的责任感和心理弹性的因素：
4位老教师的真实写照 ·················· 96
讨论 ·················· 109
结论：保持责任感 ·················· 111

第三部分 成功的条件

第七章 教师的责任感——成功的必要条件？ ·················· 115
引言 ·················· 115
研究视角 ·················· 116
个人和集体效能 ·················· 122
组织责任感 ·················· 123
总结：乐观的原因？ ·················· 125

第八章 领导力的影响 ·················· 127
引言 ·················· 127
研究视角 ·················· 127
学习和取得成就的学校 ·················· 132
拥有正确的领导者 ·················· 134
信任很重要 ·················· 136
关系型信任和成就 ·················· 138
组织信任 ·················· 139
逐步信任和领导力的分配：信服的勇气 ·················· 139
总结：领导力的因素 ·················· 140

第九章 心理弹性的重要性 ··· **142**
    引言 ·· 142
    研究视角 ·· 142
    心理学构建角度的心理弹性 ·· 143
    心理弹性作为多维的社会学构建的概念 ·· 144
    对教师心理弹性的探索 ·· 145
    具有心理弹性的教师：他们的环境和他们的故事 ································ 147
    领域描图：在三个相互关联的场景中的教师心理弹性 ························ 155
    教学中的心理弹性：教学的"内在世界" ··· 155
    关系心理弹性：相互获得力量 ·· 156
    组织心理弹性：领导很关键 ·· 158
    结论：心理弹性的重要性 ·· 159

第十章 有影响力的教师——崭新的生活，古老的真理 ·············· **161**
    引言 ·· 161
    研究视角 ·· 162
    高质量的教学还是高质量的学习？ ·· 163
    为什么教学激情很重要 ·· 165
    现在确实有不同之处吗？工作量和压力 ··· 167
    课堂上捣乱带来的影响 ·· 170
    三点内在品质 ·· 172
    结论：崭新的生活，古老的真理 ·· 176

参考书目 ·· **178**

图表目录

图2.1 影响在职学习的因素：双三角形模型 ·················· 28
图3.1 关键影响效果的强度：0～3年专业生活阶段（$n=179$）·················· 48
图3.2 关键影响效果的强度：4～7年专业生活阶段（$n=160$）·················· 49
图3.3 关键影响效果的强度：8～15年专业生活阶段（$n=115$）·················· 49
图3.4 关键影响效果的强度：16～23年、24～30年及31年
　　　以上专业生活阶段（$n=57$）·················· 49
图3.5 克里斯的工作线 ·················· 52
图3.6 莎伦的工作线 ·················· 54
图3.7 劳拉的工作线 ·················· 56
图4.1 类型a（$n=15$）和类型b教师（$n=10$）所报道的积极关键影响 ·················· 63
图4.2 类型a（$n=15$）和类型b教师（$n=10$）所报道的消极关键影响 ·················· 64
图4.3 类型a（$n=36$）、类型b（$n=23$）和类型c（$n=15$）
　　　教师所报道的积极关键影响 ·················· 65
图4.4 类型a（$n=36$）、类型b（$n=23$）和类型c（$n=15$）
　　　教师所报道的消极关键影响 ·················· 66
图4.5 帕特的工作线 ·················· 68
图4.6 金的工作线 ·················· 70
图4.7 海利的工作线 ·················· 72
图4.8 莱恩的工作线 ·················· 74
图5.1 类型a（$n=15$）和类型b（$n=10$）所报道的积极关键影响 ·················· 80
图5.2 类型a（$n=15$）和类型b（$n=10$）所报道的消极关键影响 ·················· 81
图5.3 类型a（$n=46$）、类型b（$n=23$）和类型c（$n=36$）
　　　所报道的积极关键影响 ·················· 82

图5.4　类型a（$n=36$）、类型b（$n=23$）和类型c（$n=15$）
　　　所报道的负面关键影响 ··· 83
图5.5　艾莉森的工作线 ··· 85
图5.6　菲利普的工作线 ··· 87
图5.7　乔迪的工作线 ··· 90
图6.1　类型a（$n=28$）和类型b（$n=24$）认为的积极影响 ················· 97
图6.2　类型a（$n=28$）和类型b（$n=24$）认为的消极影响 ················· 97
图6.3　类型a（$n=14$）与类型b（$n=8$）中关键的积极影响 ················ 98
图6.4　类型a（$n=14$）与类型b（$n=8$）中关键的消极影响 ················ 99
图6.5　安德鲁的工作线 ·· 101
图6.6　海伦的工作线 ·· 104
图6.7　费丝的工作线 ·· 107
图6.8　迈克尔的工作线 ·· 108
图9.1　教师的幸福感、责任感和自我效能 ·································· 146
图9.2　弗兰西斯的工作线 ·· 149
图9.3　吉尔的工作线 ·· 152
图9.4　皮特的工作线 ·· 154
图10.1　带来非同凡响作用的教师 ··· 162
图10.2　健康及幸福感存在的问题给教师工作绩效带来的不利影响 ········· 169

表4.1　早期职业生活阶段教师的专业责任轨迹（0～7年教龄） ············· 62
表5.1　职业中期阶段教师的专业责任感轨迹（8～23年教龄） ·············· 79
表6.1　教师生涯后期（有着24年以上教龄）教师的职业责任轨线 ·········· 96
表8.1　学校的组织性和集体取向：理解功能与人之间的关系 ··············· 133

绪 论

世界各国的学校总有许多教师选择教育职业时都有着强烈的职业意识和对于教育的"激情"。然而，有些能得以生存发展，其他一些则半途而废。在对于1000名美国学校中有着超过五年教学经验的老师的调查报告中，索尼娅·尼托（Sonia Nieto）关注到：

96%的教师说他们热爱教育，72%的宣称为社会和他人服务对于他们来说是至高无上的。更多的是说自己成为教师是出于一种使命感，是因为爱而不是金钱。综合他们的回答，给我们界定了一群理想人群，他们有一个共性：对于教育，他们充满激情。根据报告，这种品质是"明显的广泛不被重视却是无价的资产。"

（Farkas *et al.*, 2000:36）

这本书介绍了21世纪小学和中学教师的工作和生活。这是自胡伯曼（Huberman）开创性著作之后的第一本书。胡伯曼的书调查了不同学校的教师在职业初期、中期及资深阶段所遇到的高峰与低谷，挑战与挫折，磨难与奖励。在他的书中，教师被称作英国最有压力的职业（*Guardian*, 2009）。

这本书首次从整体的角度体现了在不断变化和充满挑战的时代如何当一名教师。依靠一系列的国际研究及通过持续四年，使用多种方法调查，独特而又大规模的研究项目所得到的未公布的实证结果，指出如果教师在他们的职业阶段达到最佳的教学能力，对儿童和年轻一代产生积极影响，不仅需要拥有更多的专业内容和教学知识，而且他们在日益复杂的工作中需要激情、责任感与心理弹性。本书展现了教师如何形成、维持或不能维持课堂教学的质量，不仅受到职业意识的影响，同时也受到更广泛的社会和政策环境的影响，同事和校领导的支持，以及他们个人生活中事件和经历所影响。

  传统观点认为专业知识和教学的有效性是要靠教学年限和经验获得的，而这本书中所展现的教师挑战了这一观点。他们指出如果学校的标准不断提高，只依靠教师最初的职业感是不明智的，他们揭示了责任感和心理弹性的重要性，还明确地指出责任感会随着时间被一系列可预知的、不可预知的个人因素、工作地点及政策所影响，这些会以不同的方式在不同的教师职业生涯阶段对他们有所影响。

  本书的各个部分及各章节的顺序主要体现了以下主题。第一部分，"教学的环境"，第一章，"新的教育环境"，从国际性、研究性的角度向我们展示了21世纪教师工作所处的多变的经济、社会和科技环境。这些也引起了世界各地的政府以前所未有的方式介入学校治理、课堂教学和学校生活。以一段教育发展的简史开始，此书指出在英国及其他一些地区，仅仅依靠教师的职业判断来决定怎么教、教什么的倾向在过去的20年里已经逐渐消失。新的学生评估体系、学校督察和教师监控系统的发展，这些正是决策者运用一系列干预策略来确保提高学生学业成绩标准的例子，从而在新的全球经济环境中，增强国家的经济竞争力。除此之外，随着社会不和谐因素的增加，教师之前在学生社交、情感和公民权教育中所担任的非正式角色也日趋正式和具有更高的要求。有人认为所谓的"后专业化"（Ball, 1993）时代已经到来，在这里，教师只有做好人们所理解的狭隘意义上的教师工作才算是成功的。第一章的最后给出了影响教与学的5种特殊境况：

（1）学生情感不稳定性的上升。
（2）劳动力需求的变化。
（3）电信革命给教学带来的影响。
（4）"每个孩子都重要"的全面性社会章程。
（5）教师队伍新的人口统计情况。

  第二章，"从事教育的专业人士：学习，职业身份认同，情感状况"，讨论了对教师有积极和消极影响的各种境况和条件，主要集中在以下3种影响：

（1）组织的学习文化——教师教学的不同经历与能力，工作单位不同程度的支持和特定的组织环境紧密相连，这种环境会影响教师的学习与发展，有利于他们成功地管理、教育学生。

（2）职业身份认同——教师应该清楚地意识到自己作为个人与老师的身份认同。

（3）情感状况——为了全身心地投入教学工作，教师应该保持积极向上的情绪。

第二部分，"教师的职业生活"，展现了影响教师教学成果的关键因素，4个章节紧紧围绕18位教师亲身经历的教学事实，借鉴之前在VITAE项目（Day et al., 2007）中的未公开数据，强调并通过图形案例来展示教师工作的新环境对他们的影响。

第三章，"对教师职业生涯的关键影响"，提供了在不同职业生涯阶段对教师造成不同影响模式的概念性综述，本章所依据的数据进一步巩固和扩充了胡伯曼（1993）开创性研究及大卫·汉森（David Hansen, 1995）著作中所定义的教师的非线性发展的概念。这里区别了"职业"与"事业"。本章所使用的"职业生涯阶段"一语为我们了解教师在不同环境中的生活和他们不同阶段的教育提供了新视角。本章第一部分展示了教师职业生活的各阶段，其中，不同阶段的教师显示了相似的职业担忧。通过逆向映射与关键事件的方法，在职业生涯中"真实时光"的3年阶段及他们历史性的转折点上，重点展现了积极和消极的职业轨迹。通过确认关键事件对于教师责任感和心理弹性带来的不同性质和模式的影响，以及教师在职业生涯中应付这些影响的能力，本章节扩展了现有关于教师和教学的研究文献中关于关键事件的传统概念。

本章的第二部分重点强调4个关键因素——个人、学生、工作场所和政策——对教师责任感、心理弹性和专业身份认同的影响。并指出各种因素不仅单独发挥作用，它们的结合和相对强度也发挥了重要作用。教师能很好地把握这些对于他们能竭尽所能进行教学至关重要。本章最后讲述了早、中、晚3个职业生涯阶段的教师故事，并探讨了对教师、校领导、政策机构与教育者进行调查所得的结果。

第四至六章对在3个不同职业阶段的教师进行了描述，展示影响他们责任感、幸福感和心理弹性的复杂因素。第四章，"初任教师的写照：学校很关键"，强调在工作初期，教师经历显示出的不同的职业轨迹。一直以来，处于此阶段的一些教师或是转校或是最后放弃了教育事业。正如凯路比尼（Cherubini, 2009：93）中所说："初任者首先是生存，然后得以适应相关文化，文化对于他们来说，严重影响他们的专业化和社会稳定性。"本章强调教师在学校团体社会化的过程中，学校文化和同事对于培养教师积极的自我意识与归属感的重要性。

第五章,"教学生涯的中期应对压力和过渡期:处于十字路口的教师",揭示了与胡伯曼(1993)研究相反的结论:教学中期是个分水岭,因为此时的教师开始决策如何平衡工作与生活,开始思考是作为课堂教师更重要还是要追求事业的进一步提升,后者也许会让他们离开课堂担任领导角色。此阶段的教师向我们证明,虽然他们仍抱有责任感,但是来自官僚制度的要求、学生行为恶化、个人生活条件的改变,这些所带来的压力会让他们处在责任感的十字路口。

第六章,"经验丰富的老教师:维持责任感,锻炼心理弹性",聚焦于处于后期职业生涯阶段的教师生活。对于当前资深教师的概念缺乏共识和了解往往意味着这群教师的专业同质化。本章指出有着24年教学经验的老师与处于教学后期的老师(多于31年教学经验)有着不同的专业关注和身份认同。此章还显示,随着教师年龄增长,要在复杂、颇具挑战性的工作环境中保持教育年轻一代的激情越来越难。教师是否重视及坚信他们对于学生带来积极影响对于领导、同事,更对于年轻一代有着极大的重要性。

第三部分,"成功的条件",由四章组成,对第二部分提出的问题做了更加深入的讨论。前三章讨论教师责任感与成功的关系,校领导力对教师生活的影响,以及心理弹性的重要性。这3个方面是教师达到最好教学能力的核心。最后一章讨论在21世纪的学校做一名"好"老师究竟意味着什么。

第七章"教师的责任感:成功的必要条件?"。此章认为责任感是学生成功和进步的关键因素。责任感是职业认同的一部分。个人、工作场所和外部政策及社会环境的变化会使责任感在职业生涯中有所增减。

第八章,"领导力的影响",讲述了校领导对教师个人幸福感、工作满意度和效率的影响。他们应切身关心教职员工与学生的成就,营造追求高期望的校文化、积极效能感,发展学校成员之间个人的,彼此的和组织的信任。

第九章,"心理弹性的重要性",依据国际研究,基于本书中教师们的亲身经历,心理弹性对于教师在保持责任感上十分重要。本章将心理弹性视为既是心理学也是社会学构建的概念,受组织和个人因素的影响,并受个体应付个人、专业、环境结合在一起因素能力的决定。要长期在不同的环境中取得较好教学成果总是需要弹性。然而,随着教师工作的日趋复杂,心理弹性急需维持与加强培养。在不利条件下反弹的能力对于校领导、教师,以及对全身心投入到学校与课堂的教师的去留拥有决定权的人更加重要。本章指出,心理弹性不是一项选择,而是所有老师面对政策、学生、工作场所和生活经历这些因素对他们士气和幸福感带来挑战所必须具备的素质。

第十章"有影响力的教师：崭新的生活，古老的真理"。这里讨论了前几章提出的主要问题，也讨论了是否21世纪教师的生活与20世纪如此不同。本章开头根据研究报告比较了帮助孩子和年轻人获得成功的"高质量"教师与其他教师的不同。然后，对"素质"的概念进行了定义。如果教师想成功适应新生活，必须做到以下几点：

（1）将技术与个人能力、深厚的学科知识、移情与激情相结合。教师的专业化与个人特点是紧密相连的。教师对学生的关心和学生取得的成就是界定教师责任感的主要因素。

（2）强烈的道德意识和积极的专业认同及主体意识对于教师获得激励感和达到最好的教学能力至关重要。

（3）理解并能处理自己及他人情感问题的能力。

（4）责任感。

（5）心理弹性。

在日渐复杂，挑战性不断加强，社会和政策压力也不断加大的环境下，校领导、同事对教师的支持很重要。他们支持教师的现状与成就，关心他们与学生的关系，关注他们关心的、需要勇气和希望的事情，在意他们的情感认同及他们的激情，这对于教师在新环境中工作最重要。

对于关注提高教与学的水准，提高学生成绩和幸福感的国家和地方决策者，教育者和校领导来说，本书提供了5个关键信息：

（1）关注教师工作的生理、心理、情感和社会条件。

（2）教师的工作与生活有着千丝万缕的联系。

（3）教师的责任感是教师教好、学生学好的关键因素，也是他们成功的必要条件。

（4）教师心理弹性与个人、集体意识、自我效能、主体意识及职业认同相联系。

（5）不同的生活事件、关系和组织状况，特别是给个人或者职业带来挑战的事件会影响教师的责任感和心理弹性能力。

理解教师保持责任感的方法和原因对他们教学能力的培养很关键。下面这些话语生动地表述了这样做的重要性：

这是个逻辑性问题。那时我没有深入思考，所以即兴给了答案。我认为结论是对的。"询问你周围的朋友一个问题'你最喜欢的老师是谁？'然后将这些老师列表并去听他们的课——不管他们教什么无所谓科目。"不管他们是教希腊神话、微积分、艺术史还是美国文化，只要听他们的课。因为当我回忆自己最喜欢的老师时，我已经不记得他具体教授什么课程，但我清晰地记得学习时的激情。留给我的不一定是他们已经远离我们的事实，而是他们激发我学习时的激动之情。学会如何学习，你必须热爱学习——至少你要乐在其中——因为很多时候是学生激励自己自学，有些人好像天生有这样的激励感，而更多的人是要逐步发展或是需要合适老师的指导。

（Friedman，2005：310）

第一部分　教学的环境

第一部分　薄層層析法

第一章
教学的新环境

引 言

教学质量不仅取决于教师（尽管这是有挑剔性的），也取决于教学环境。如果教学环境不能提供合适的支持、足够的挑战或者回报，即使有能力的教师也未必能发挥他们的教学潜能。

（OECD，2005：9）

教师们进行教学的学校及历史、社会和政策环境都会对教师在目的、行为、意愿及发挥最好的教学能力方面产生重要影响。本章主要通过经济、社会和技术变化的视角来研究这些环境的变化及这些变化对教师工作所产生的影响。

变革的简史：遵从时代追求质量的驱动力

一系列重要的事件永久改变了战后（第二次世界大战后，下同）英格兰和威尔士教师教学和学生学习的环境。有呼声认为英国的教学标准与其他竞争对手国家相比在下降，而这是与增长经济和社会融合的需要格格不入的。在此背景下，历届政府试图重新定向教育的目标，从以坚信内发性、非工具性教育价值为特色的自由人文主义教育传统转向功能性的目的，其特色是以能力及结果为导向进行教学（Helsby，1999：16），和根据中央政府的间接统治和结果来支付报酬（Lawn，1996）。作为变化的一部分，政府给教师的自主带来新的限制。在预算管理、规划、教师招聘、课程、评估等方面非中心化的政策下（Bullock and Thomas，1997），他们变换了教师工作的条件，实行一种奖惩体系，来奖励成功遵守政府指令、完成政府规定目标的人，并惩罚那些不能做到这些的人。

史蒂芬·鲍尔（Stephen Ball，2001）描述了提高质量的核心动力主要包含在三个技术层面：市场、管理及绩效（Lyotard，1979）——并把它们和战后福利国家等进行对比。教师被认为表现好比做得好更重要。而对他们专业评价的信任在过去20年正在逐步减少。而这与标准测试、客观评价意见及通过职业标准使教师知识和行为的量化的不断普及形成不对称的比例。

这种新的工作秩序在英格兰等地确立之前，政府、家长和学校间就已经存在一种契约。大体上说，政府很少干预学校的治理、课程、教学和评估，老师们被赋予了很大程度上的信任。英国督学创造了"质量保证"（一个在20世纪70年代还没出现的术语）。英国皇家督学是一个曾经由教师和讲师的公务员组成的团体。基于他们在教育质量上的鉴别能力，他们承担着监控和维护标准的角色。地方教育局（最近被重命名为地方当局，相当于学区）仍负责提供课程与专业支持，并且聘任学校顾问或督学（如英国督学，其成员包括前校长和高级教师）来对学校进行监督。除了小部分的核心课程，地方教育局和学校在课程的均衡设置上（尽管大多数中学遵照对16～18岁学生进行的全国大学统一入学考试的要求来设置课程）拥有很大的自主权，这通过居住在不同学区的学生拥有不同的机会得到了体现。通过四年制的大学本科课程培养大量教师的教育学院同样能在可能设置上做出选择，就如同大学在研究生一年课程的设置上一样。持续专业发展（continuing professional development，CPD）的机会在相当大的程度上取决于教师个人的选择；"教师发展"是一个被广泛使用的术语，而不是被滥用的"培训"；学校课程是被教授的，并不是被传递的。学校的课程开发是由地方教育局或全国性的学校委员会发起和负责的。学校委员会由政府资助，但它由教师专业协会与政府合作共同管理。"附加价值"、"目标"、"责任"、"培训"、"绩效"、"审计"及"绩效管理"，这些在政策制定者看来不值一提。英国小学的校长们在他们的王国里被赋予了极大的权力，得到全世界的羡慕。

1988年，一切都改变了：

> 随着1944年教育法的颁布，在英国的公立学校里仅有的政府规定的课程是体育和宗教，包括每天做礼拜。而剩下的课程，在地方当局的建议下则由校长来决定。自从1988年教育法的重新出台，过去的一切都被改变了。有了全国统一的课程大纲，所有科目的进展和成就都会被定时地监督和评估。
>
> （Aspin, 1996：55）

新方案

那么，为什么曾经相对稳定的学校教育会发生变化？为了回答这个问题，我们首先应认识到教育的变革实质上是关于成本、管理及公共服务的成本效益的争论。在英国，作为公共服务事业的教育自20世纪70年代中期开始便成为激进改革的"实验田"。并且，随着"新右派"、"新自由主义"和经济实用主义思想的诞生，那些战后在教育、健康及社会服务领域的专家们的权威也受到了挑战。

1988年，一部新的《教育改革法》颁布了：

> 这部里程碑式的法案对第二次世界大战（以下简称"二战"）结束后实施的教育体系进行首次实质性的挑战。它向公众呈现了国家统一教学大纲、地方管理学校、拨款模式及城市技术学校等一系列新概念。
>
> （Chitty, 1992：31）

这不仅在很大程度上改变了英格兰和威尔士的教育体系，同时也解除了现存的"进步主义"实践的束缚。战后一代的进步主义"恐龙"已经逐渐被屠宰并且逐出牧场，取而代之的是新的政策。它的出台使得孩子的权利、学校的公众责任及老师的权利得到了进一步发展。在英国，20世纪60年代中期Risinghill学校的关闭和20世纪70年代Tyndale学校的关闭标志着所谓的进步主义教育（King, 1983）的结束，也标志着学校和政府之间的关系发生了根本性改变，这种改变所带来的影响渗透到了教师工作的各个方面。自此，学校学会了如何适应新的教育环境，使课程大纲和教学更加紧密地符合市场及国家政策的需要。

根据"新公共管理"（Clarke and Newman, 1977：ix），学校面临着市场压力，被赋予经济自主权，并期望教师和学生在表现方面逐年取得进步。这类进步一直受到独立的外部监督。例如，在11岁、16岁和17岁的学生中开展全国性的测试及一直到2008年在英格兰进行的在14岁学生中开展英语、数学和科学测试，对教师个体进行年度的绩效管理评估。"学校效能"、"学校改进"、"目标设定"、"监督"和"持续专业发展"成为新的标语。学校排行榜频频出现在媒体中；家长们被鼓励为他们的孩子选择学校；由于学校逐渐变成了地方管理、中央控制，校级管理者也承担了更多的责任。

为了确保学校遵循这些教育体系上的创新，它们目前受到学校改进伙伴组织（School Improvement Partners，SIPs）的监督。在全国目标体系框架下规定地方学生学业成绩的目标。同时也受到教育标准局（The Office for Standards in Education，Ofsted）的常规检查。教育标准局的判断标准是基于全国性的评价体系和学校每年对外披露的自评表上的内容的。如果学校被划分为"重点改进"或"特殊措施"的类别，它的校名会被公开披露，这也意味着如果它无法在限定的时期内做出显著的改进，该校会收到关闭通知。办学成功的学校和它们的校长会被授予"全国教育领先奖"并会分配到更多的教学资源。此外，英国政府2004年颁布的绿皮书《每个孩子都重要》确保了学校应致力于提高学生的公民权、健康和学业成就。有些教师对教育体系的这些改变表现得愤世嫉俗也就不足为奇。

在美国已建立了一套高风险的测评机制。为了促使学校致力于教学质量的提升，要求所有学生能够在国家授权的测评中达到规定的学业成就标准。同发生在英格兰的教育体系改革相同，美国的这套高风险测试机制所传递的信息是显而易见的：如果学校不能改进，它要么被接管，要么就面临关闭。西斯金（Siskin）和她的同事（Siskin，2003）对这套高风险的测评机制在得克萨斯州、肯塔基州、纽约州、佛蒙特州中学的发展效果做了三年的评估调查。他们发现，尽管这些学校在部分课程教学大纲和教学目标上更加明确，但与没有推广这套测试机制的学校相比，这些学校用于测试的费用及传统核心课程的教学大纲审核费用呈现出大幅度的增长。尽管教师和教师协会对新的课程大纲和教学标准的引进和发展表示欢迎，但他们对新的测试机制用来作为他们的工作表现的评判标准表示失望。此外，并不是所有的人，如英格兰人，都认为这套测试机制有助于提高学生成绩，尤其是在那些社会经济不发达的地区。的确，在英格兰，政府声称因为教育体系的改革，学生的素养标准在逐渐提高。这一点一直引发学者的争论。这些学者指出，在11岁学生的成绩中，在外界因素的影响中有不到1%的变量归因于先天素养和家庭收入（TES，2006；Tymms et al.，2008）；对15岁的问题学生排除考试也被考虑进去。（Gorard，

2006；TES，2006）。尽管教育开支从1998年的380亿英镑上升到2008年的820亿英镑，且这10年间的教育总开支达到6500英镑，但是据2009年的报道，1/6的学生在全日制义务教育阶段就辍学，没有获得一个有价值的证书。其中，约10万名学生甚至没有达到普通中等教育证书的C级；如果把英语和数学也包括进去，超过一半的学生（85万名）对照政府的基准没有得到A+级到C级的好成绩（Randall，2009：10）。

在近期的一项关于英国政府从1988年出台《教育改革法案》后的政策回顾性调查中，受到广泛尊重的前教育部长（1976—1979）和前自由民主党领袖（2001—2004）雷利·威廉姆斯（Shirley Williams）评论道：

"学校排行榜和中央政府对全国课程大纲的详细规定逐渐驱走了教育的创造力和学习的快乐。这种无情的体制，使英国学生相比于其他西方国家的学生受到更多的测试，而这与很高的不合格率相关联。24%的16岁孩子因此辍学了。这是欧盟国家中比例最高的。"

（Williams，2009：7）

她继续指出，尽管从1995年以来，在每个学生身上投入的教育经费增加了29%，英国学生的阅读、数学和科学这些学科的相对标准却仅仅比经济合作及发展组织的成员国的平均水平略微高出了一点。她总结道，教师们被强迫地遵从一系列的指令、规则。他们的专业自主权被破坏了，他们的士气也因为年度的监督报告而持续低迷。

（同上）

专业化的"新"时代

这些制度改变了教师的意义，因为控制核心由个体变成了体制管理者，合同代替了契约（Bernstein，1996）。许多改革对企业管理方式的强调使专业的性质发生了重大变化。现在每位教师必须：

达到公司管理的目标，有效地管理学生，本着对公众负责的原则，要记录学生所取得的成就和碰到的问题。在企业模型下专业人士应该既有效果又有效率地达到成功学生和教师的专业标准，并对学校的发展做出贡献。

（Brennan，1996：22）

这个新的时代就是鲍尔（2003）所说的后专业化，在这个时代里，教师和其他公共服务人员只能通过满足他人对自己的工作定义达到成功。他指出，在学校里占主导地位的职业道德体制正在被企业式竞争体制所取代（同上）。

一些研究人员提出教师职业无产阶级化、集约化及官僚主义趋势（Campbell and Neill，1994；Helsby，1996，1999；Ozga，1995）。他们提出教师的工作一直受到外界强制政策的干预，从而导致在教学中教师自主权的减少及"主体性"观念的减弱（Gilroy and Day，1993）。

安迪·哈格里夫斯（Andy Hargreaves）陈述了在许多国家专业主义的发展经历了4个历史阶段。前专业化时期（管理严格但是教学方法简单）；自主时期（主要表现为针对统一的教学方法产生挑战，个性化教学的兴起，更多领域的全权决策）；学院派时期（强大的协作文化的建立，并且伴随角色的延伸和强化）；后专业化时代（在这一时期，教师们努力应对统一的课程大纲和测评体制及外部的监督和市场经济的压力）。在他和其他研究人员的著作中（Helsby and McCulloch，1996；Robertson，1996；Talbert and Mclaughlin，1996）都论述了越来越多的来自政府对教育机构的挑战，对教学内容控制的争论，以及从历史角度论述教学方法和评估与教师专业发展的关系。

作为更加传统意义上的专业人员，教师们被赋予一种期望，那就是在一定程度上行使自主权，在教育学生方面表现尽职尽责。专业化与专业知识（知识基础）、专业伦理（尽职尽责满足客户的需求）、专业责任（强大的个人和团体意识）以及专业自主（教学控制）相联系起来（Etzioni，1969；Larson，1977；McLaughlin and Talbert，1993）。

学术界、政策制定者和政策实施者一直争论在英格兰和其他地方进行的政府改革及与之相联系的压力、契约式的责任、注重结果的课程大纲和迅速发展的官僚主义是否在一定程度上影响了教师的士气、专业认同感和主体意识。但有一点很明了，我们正在目睹21世纪不同的利益相关者对于教师专业化定义的争论（Whitty et al., 1998: 65）。

为了提高标准和促进家长选择的机会，世界上许多国家的教师正遇到政府相类似的干预，如以全国统一的教学大纲、全国性测试、外部监督和制度化的标准来衡量学校的质量。尽管学校通过校长的努力能缓冲这些改革导致的集约化和工作重心的转移（Apple，1986），但这些影响还是削弱了学校的自主权，对教师的个体意识带来了挑战。而且这种改革通过教师职前培训的变化得到强化，如学生必须达到规定的教学大纲要求及为了成功必须具有以工具化为导向的能力培养。

超越有限的能力

具有讽刺意味的是，尽管在所有的层面都有对教学标准日渐强化的监督，但纵观教育的历史，在现代需要教师发挥超越其能力的教学显得尤为必要。现在教师和学校正面临着学生成长的社会环境性质改变的挑战及来自关心经济竞争的政府的挑战。最近发表的4份研究报告显示了在英国青少年所经历的教育和生活的不利情况及学校在这些不利情况所带来的影响中所起的作用（Child Poverty Action Group，2009；Day et al.，2009；DCSF，2009；The Sutton Trust，2009）。在为英国儿童协议撰写的具有重要意义的报告《美好童年》中，Layard 和Dunn（2009：156—157）认为：

学校具有重要的作用。它们应该不仅促进孩子学业的发展而且能培养他们快乐可爱、容易融于社会的个性……在很多学校纪律很差，主要特点就是教师和学生之间的斗争。贫困地区的孩子能享受与其他地区相同质量甚至更好的教学是至关重要的。

这些和其他相类似的陈述（Lindsey，2007；McLaughlin and Clarke，2009；New Economics Foundation，2009）不仅代表着英国社会及其价值观点的控诉，也是对教师教学现实真切的挑战。这里我们列出了现代学校所面临的并随着时代发展有可能会更加明显的五大挑战。

（1）青少年一代情感因素的不稳定。

（2）职场需求的改变。

（3）通信革命。

（4）"每个孩子都重要"的章程。

（5）教师队伍情况。

1. 不稳定情感因素的出现

每个国家的青少年一代都生活在经历巨大变化的社会经济环境中，容易出现情感不稳定的现象。21世纪信息技术不仅在全世界范围起着提供信息便利和营造游戏文化的作用，而且同时也减少了面对面接触的机会。随着与单身父母亲生活的孩子数量的增加，家庭单位正在破裂。根据2005年美国统计局的数据，18岁以下的孩子能与父母双方一起生活的从1970年的85.2%下降到1980年的76.7%，而到了2005年只有67.3%的比例。英国的情况也并没有好多少。2009年，12～15岁的孩子只有60%是与双方父母生活在一起，而在1990年的比例是75%。另外根据《美好童年》的调查结果：

尽管英国在过去50年平均收入翻了一倍，但今天的人们整体上并不比50年前感到幸福。实际上有证据显示，特别是年轻人正好出现了相反的情况：改善的经济状况和日益严重的感情问题相关联。20世纪80年代中期以后，15～16岁的青少年在精神方面的消沉和焦虑日益严重，出现所谓的"非攻击性行为问题"如撒谎、盗窃和不遵守纪律。

（www.goodchilhood.org.uk）

被调查的年轻人超过一半（58%）说担心他们在学校的考试，近一半（47%）说他们对学校的功课感到担心。声称我们所教育的孩子所处的环境一直在改变已经是老生常谈。一份2007年关于世界上最富的21个国家孩子生活状况的综合报告表明，英国的孩子们比其他任何国家都遭受更多权利的剥夺，与父母的关系更差，更容易有酗酒、吸毒和不安全性生活的危险（Guardian, February, 2007：1）。英国在6个调查的项目中有5个项目都在调研的21个国家中排名最后，排在英国前面的是美国。这些项目包括物质财富、教育状况、家庭和同龄人之间的关系、行为和风险及主观幸福感。关于学校教育的经验，英国排在第17位。尽管英国学校15岁的学生在阅读、数学和科学方面的得分相对不错，但在调研中超过30%的15～19岁的青少年没有接受教育或者培训，安心于低技能的工作。（同上：2）。关于健康和安全，调研中36%的青少年最近受到过欺负，31%的青少年曾经酗酒一到两次。而且英国少女怀孕的比例在所有欧洲国家中也是最高的。

世界卫生组织2008年关于健康关怀的统计数据对于英国儿童生活状况的担心增添了解释。大约1/3的15岁孩子一星期和父母一起吃饭的时间只有几次，11～15岁的儿童有13%超重。15～19岁的少女每年有将近3%生育，而在其他西方国家这个比例是1%。在这一年龄段，22%的孩子不再接受教育。还有重要的一点，19%的青少年都承认在过去一年中食用过大麻。

这些事实综合在一起表明，孩子们特别是与技术相关时也许正变得更加世故，但也更加脆弱，不确定自身的价值，在学业上缺乏学习动机、自尊和自信。这对于教师的招聘、入职培训和在职培训有一定的意义。在《美好童年》的报告中，莱亚德（Layard）和邓恩（Dunn）（2009：10）强调儿童需要好的学校去培育，"在那里他们能获得价值观和能力的培养"。而要做到这些，我们"吸引优秀的师资"是至关重要的（同上：109），因为这些教师理解孩子，能帮助儿童建立起一个安全的环境，指引他们获取知识。

很多研究表明，上学和不上学的儿童和年轻人他们的精神障碍和情感障碍出现平行增长。在美国，1/5的年轻人有精神、情绪或者行为障碍（Evans，2009；National Research Council and Institute of Medicine [NAS-IOM]，2009；*Science Daily*，2009）。在英国，根据国家统计局对儿童心理健康进行全国规模的调查结果，5%的儿童被诊断有行为障碍，4%的儿童有情绪障碍，而11%的男孩和8%的女孩有精神障碍（Office for National Statistics，2004）。在过去10年，有越来越多关于学生缺乏学习动机的报告，具体表现为破坏性行为、旷课，特别是社会弱势领域。《美好童年》的报告显示，1974年在英国15～16岁男孩和女孩经历情感问题的比例分别是8%和14%，而到了1999年分别是15%和20%。从这以后一直比较稳定。而关于行为问题也是如此，在1974—1999年之间经历较大的变化，但此后变化不明显。总之，随着教师工作环境越来越具有挑战性，对教师的情感投入要求也越发强烈。

因为学校在学生的社会化过程中起着关键作用，教师有必要关注学生关系的"黑暗方面"。2004年，有10000名学生被学校开除，其中一半人是因为对教师实行暴力或暴力威胁。而在这一年中因为骚扰，有85000名学生休学。总共20万名学生接到休学通知，而中学生占到了84%。当时，全国校长协会的秘书评论道："不可避免的是校长们开始不得不对暴力采取措施，那就是开除更多的学生，让他们懂得必须遵守学校的规定。"（*The Times*，2005b：9）

一个学校健康教育组织通过调查发现，超过4万名10～15岁的儿童担心在学校受到欺辱；超过三分之一的10～11岁女孩害怕去学校；四分之一的小学生称被同学经常或每天欺辱；另外四分之一的男孩和18%的女孩称他们的朋友离开家时都携带武器防身；60%的受访者称知道有人吸毒：

学音乐的17岁学生Lhamea Lall将近3年一直生活在恐惧中，担心学校的一群学生每天会设计不同的形式来折磨她。好的时候她们会聚拢过来进行谩骂，坏的时候她们会拳脚相加。

（*The Times*，2005a：17）

目前学校被默认为对学生的情感和公民"幸福感"应该比以前承担更多的责任。现在很多教师在课堂上都要面临很多少数民族的学生对教师和其他学生的学习构成破坏性行为（*TES*，2009）。

2. 不确定的未来工作状况：工作职场需求的改变

在学校里，不仅老师有责任调节来自学生世俗经验的价值观，而且学校也处在占主导地位的社会经济价值观和环境中，并对其产生作用。大约15年前，麦克雷（McRae）提到联合国机构国际劳工组织（the International Labour Organization, ILO）的年度报告，认为目前欧洲的失业率达10%，问题在于国际市场的压力给工业经济结构被迫带来的迅速改变。产业正从生产低附加值产品和服务转向生产高技术和高质量产品和服务。例如，在美国，这一改变的一个结果就是高技术工人的需求增加，从而逐渐代替低技术的工人。分析指出，如果这种转变在欧洲持续下去，

唯一使我们能持续发展或者改善人们在发达国家相对较高的生活标准的，就是我们是否能进行相关的教育和培训，并有动力去生产高质量的产品和服务。

（McRae, 1995：4）

12年后，一份由"技能和学习委员会"所作的《2007英格兰技能》报告再一次敦促企业雇主要抓住高价值的市场，把技术作为企业商业计划的核心以保证英国能为世界经济生产高附加值的商品，保持它在日趋激烈的国际竞争中的竞争力：

技术和全球化将会成为技能需求的主要驱动力。在新技术和技能方面的投资和革新将会对保持竞争力具有关键作用。科技对缓解劳动力的缺乏提供了解决的潜力，但也带来了许多对新技能的需求。

（Learning and Skills Council, 2007：13）

美国也认识到，企业需要受过较高水平教育和有激励精神的员工，他们能够把自主权和技能的应用与灵活的科技和工作过程结合起来，从而使每个工人能产生更多的效益。一个由教育界、商界和政界领袖联合组成的强大机构——美国劳动力技能革新委员会在2006年发表了一份白皮书，主题为"重新思考美国从学前到12岁及以后的教育，以便使学生更好地适应全球经济"。

我们需要知道在21世纪我们教什么及怎样教。现在我们的目标太低了。过于关注"没有一个孩子落下"阅读和数学的能力的测试是远远不够的。科学技术是必需的，但并不够。今天的经济不仅要求在传统学科领域要高水平的能力，而且需要所谓的"21世纪的技能"。

（Wallis and Steptoe, 2006）

公认的基本技能应该包括以下几点。

（1）对世界有更多的了解；

（2）创造性思维；

（3）对信息的新来源变得更加敏锐；

（4）培养人际交流技能，因为在今天的职场，情商和智商一样重要。

（同上）

国家经济教育中心（the National Center on Education and the Economy，NCEE），为了回应前所未有的全球经济下滑，委员会开始在2009年3月着手"艰难的选择或者艰难的时光"的改革方案，主张重新规划国家教育制度，以便大幅度提高学生的学业成绩，帮助他们在学校和职场上都能获得成功。

在20世纪末一本最前沿的商务书籍《非理性时代》（1989）中，查尔斯·汉迪（Charles Handy）预测在21世纪的求职市场，公司将不太会愿意许诺每个人的职位终身化。更多的合同会有固定的期限，而一些工作的任命也由于工作角色的分配而不会保证将来的提升。（同上：25）

确实：

个人将会有越来越多的责任确定所提供的机会能增加明智的职业选择。在这种情况下，如果教育是充分的而不是浅薄的，它将是一种投资、经历和财富。

（同上：127）

21世纪开始前，在加拿大不列颠哥伦比亚地区，苏利文委员会撰写了一份关于"2000年学习框架"的报告（教育部，1991）。报告认为，社会在改变，经济结构正从"主要以资源为基础"向综合型经济转变，更加强调信息和服务行业。报告声称：

面对新的社会和经济现实，所有的学生，无论他们毕业后的计划如何，都需要培养一种前代人所不能想象的灵活性和多才多艺。他们逐渐需要学会运用批评和创造性的思维方式来解决问题，做出决定。无论从技术或者传统意义上都是有文化修养的人，有不错的交流能力。另外，他们也需要培养良好的人际交流技巧，能与他人友好合作。最后，他们需要终身学习。

（教育部，1991：6）

这和在英国学校的教学大纲中仍然占统治地位的高度强调学术知识的形式并不吻合。很明显，在今天的学校教育中思维不能过于狭窄，同样很显然的是教学在针对学生的认知、情感和社会发展需求时，需要更加复杂化、个性化和区别对待。21世纪，终身化教育一直被政府和企业强调是至关重要的，因而对教师的资格和他们的教学质量也同样有较高的要求，从而有助于实现终身化教育的目标。

尽管在学校获得的资格证书并不保证能就业，但最近的数据统计显示，获得资格证书的人比没有任何资历的人更倾向于做得更好也更容易找到工作。而且一个人获得的资格证书越多，他们的收入也有可能会随着时间的推移而增加。根据英国"学习和技能委员会"（2007）的统计，收入平均上会随着学校教育每增加一年而增长10%~15%。综观一个人的职业生涯，一个有学位的人应该比没有任何资历的人多67%的收入。另外，就业模式似乎也为受过不同层次教育的人提供了不同的岗位。随着英国制造基地的衰落，服务产业开始兴起。伴随生产在国别之间转换，开始出现跨国性经济，替代了经济民族主义。除了公共事业外，不再有长期在某一职位就业的确定性。由此所形成的众所周知的结果便是政府通过测试的方式不断要求提高人才标准。尽管对于这些测试的效度、信用度和相关度从来没有停止过争论，但不可否认的是对考试的强调已给各个教育阶段的教师带来压力。他们不仅要培养出成绩好的学生，而且要直接对学生的成功或失败负责。政府对质量保障的机制是，一个独立的学校监督体系，每年对教师进行绩效管理，常规和严格的内部监督体系，对学生成绩和进步的评估。然而我们在后面的章节中也有论述，好的教学和成功的学习之间并没有直接的因果关系。教师本人也许在说服不少学生关于正规教育的价值时会更加困难，因为他们也在承受经济动荡的结果。

3. 通信革命

如果我们想清晰地知道21世纪的教学环境，还有一点需要简短地讨论一下。校内外信息技术的使用在持续增长，通过虚拟现实、学习平台和其他互动交换的技术会给学生——实际是我们所有人更多的机会。它能使来自世界不同地方的人在同一时间相互交谈、网上冲浪、在"高速公路"上巡游、合着信息空间的节拍跳舞。

毫无疑问的是：

通信革命扩大了个人的角色，使得人们有更多的渠道获取信息、更快的速度执行决定，以及更大的能力与任何人或者更多的人在任何时间、任何地方进行交流。所有的趋势正朝着一个方向发展，那就是全球经济中最小的玩家正变得越来越强大。

（Naisbitt, 1994：357）

确实，多亏了信息技术革命带来的强制力量，20世纪末21世纪初经历了前所未有的改变。这种改变表现在人员、信息、资金、知识和专业的流动量和速度都在成指数性上涨（Appadurai, 1996, Friedman, 2005）。根据一些人的观点，世界正进入全球化的第三阶段。在这个阶段，全球的人开始苏醒，意识到他们作为个体有比以往更多的力量走遍全球,并且有更多的机会与其他人一起工作,相互竞争(同上:10—11)。但是尽管弗里德曼(Friedman)声称全球各个角落的个体由于信息革命获得更多的权力,许多学校、教师和父母却担心新的信息技术在为孩子开拓了知识、娱乐和友谊的奇妙的新渠道时,也给他们带来了严重的危险(Layard and Dunn,2009)。如何利用新技术并将它在教学中变成有价值的资源已给今天的学校和教师们带来了最重要的挑战。

4. "每个孩子都重要"

各个机构的一系列忽视会对一个孩子的福祉造成很大的损害。这份(《每个孩子都重要》)绿皮书使得地方教育局及学校在教育理念及管理方面发生了极大变化,甚至连机构的名称也改变了。然而,直到2004年,学校还是在地方教育局(LEAs)的资助下进行管理的(现在更名为LAs地方教育局)。在地方教育局设有儿童和青年服务中心(Children's and Young People's Services)。在这里,心理、社交、健康和教育融合在一起。这种整合至少在理论上关注了每一个孩子的需求。国家政府的学校教育部门,其正式名称原为教育与技能部(the Department for Education and Skills, DfES),现更名为"儿童、学校与家庭部"(the Department for Children, Schools and Families, DCSF);国立学校领导学院(the National College for School Leadership, NCSL)被重命名为"学校及儿童服务领导学院"(National College for Leadership of Schools and Children's services)。在地方上,建立了"儿童中心"以便于与家长、照管人、学校和其他服务机构进行合作。

英国政府2003年颁布的新的《每个孩子都重要》的绿皮书为儿童和青少年的心理、社交、健康和教育的一体化服务铺平了道路。然而,这也给教师,尤其是在贫困社区的学校工作的教师,增加了更多的责任。在关于社会和文化的现实教育中,教师对儿童和社区的健康、成就及可持续发展方面的贡献,通常受到变化的国家政策、社会环境、当地需求和个人责任感的影响。这些因素综合在一起总是对教师长期坚守他们的天职构成了持续的挑战。

5. 教学的新的人口统计

随着这些针对儿童和青少年的心理健康、公民权及提高他们对绿皮书关注度和参与度的措施出台,教师本身的特征也发生了变化。苏珊·摩尔·约翰逊(Susan Moore Johnson)和她的美国同事在调查中发现,"下一代的教师在年龄、过去的经历、准备及对工作场所和职业概念的期望这些方面表现得更加多元化"(Moore Johnson,2004:7)。

最近，一些证据表明，在英国和其他西方国家5年内辞职的教师达到50%（Darling-Hammond，1997；Kados and Moore Johnson，2007。详细论述在第四章）。但是也有相对比较稳定的教师把"教师"作为他们终身的职业。在过去对已婚女性选择教师职业的动机一直有一些冷嘲热讽，认为她们选择教师职业主要是因为学校的假期。但这些教师也经常提起她们的职业感（Ball and Goodson，1985；Nias，1989a，1989b；Troman，2008）。相对稳定的教师队伍给大多数学生带来教育的持续性——尽管这一点并不适用贫困社区学校的学生，在这里每年都要经历频繁的教师更换。这种体制的结果是教师队伍的老龄化。在英国，如苏格兰，美国和其他经合组织的国家，最多招聘的一批教师现在都已超过40岁（Aaronson，2008；Chevalier and Dolton，2004；Grissmer and Kirby，1997；Guttman，2001；Matheson，2007；OECD，2005）。

教师的老龄化分布根据目前的估计意味着在接下来的20年，平均每5个教师就有3个面临退休（Matheson，2007）。确实，阿伦森（Aaronson，2008：2）估计美国2010—2020年退休教师的数量将是二战后人数最多的一个时期。考虑到许多西方国家学龄人口的增长更加缓慢，即将到来的退休教师的增加也许不太会给师资短缺造成很大的影响（同上），但可能会给学校教育的质量带来影响。因为许多教学经验丰富的教师离开，而取而代之的是相对年轻和缺乏经验的教师在学校管理和任教。我们并非认为经验意味着专业——事实上，早些时候的研究也证明未必如此（Day et al.，2007）。但一种压倒性的争论认为那些负责提高学校教学标准的人需要采取措施尽可能保证这些教师的质量。实际上这意味着教学条件方面需要吸引人才而不是排斥，需要激励而不是压抑热情，提倡合作而不是孤立，能提供继续学习和发展的机会，倡导社区实践（Lave and Wenger，1991），并创造一个人道而非机械化的环境。在前一部著作中我们发现领导艺术的质量，与同事及学生的关系是引起许多教师责任心的关键因素。这样的学校在约翰逊（2004）的研究中所发现的不是很多。

尽管在英国和其他一些地方，许多教师把教学作为他们的第一份职业，但在过去10年中，政府通过教师职业发展署（the Teacher Development Agency，TDA）提倡通过更多的途径来吸引其他行业成熟有经验的人加入教师队伍。目前占主导部分的是大学和学校合作的模式。在这种模式中，学生2/3的时间都在学校学习。另外两种新的途径是研究生教学项目（the Graduate Teaching Programme，GTP），和以学校为本的初任教师入职培训项目（School Centred Initial Teacher Training，SCITT）。研究生教学项目为一年时间，以就业为导向，是为想改变工作有工作经验的人设计的。受培训的教师可以被聘用临时雇员能力的学校所聘用。接受此项目培训的对象应该对当地社区的学校教学有强烈的责任感。而SCITT是一个培训小学教师候选人的全国性项目，其校本课程与全国52所学校联盟进行合作。在两个项目中大学都起着质量保障的作用。还有一个"注册教师"项目，该项目的培训对象没有学位，但等同于两年的高等教育，也是校本结合，持续两年时间。还有比较创新的项目是为那些报有雄心壮志的学生设计的，他们还没有考虑好是否会当教师或把教师作为长期的职业（学校培训与职业发展署网站）。在这里，毕业生在特别挑选的学校和企业工作，"一方面在具有挑战性的中学内进行教学，另一方面在一些领头企业进行培训，积累领导艺术等工作经验"（学校培训与职业发展署网站）。

通过主流途径增加有经验的入职者（Hobson et al., 2009; Smithers and Robison, 2004），教师这个职业比以前更加多样化，特别是在过去把教师作为终身职业这一特点正在改变。

结论：新的教学环境

每个国家关于学校的改革在内容、方向和步伐方面都不相同，但有6个共同点分别是：

（1）改革主要是因为政府相信通过干预、改变学生学习的条件，可以使学生进步得更快，提升学业成绩的标准，从而一定程度上提高经济竞争力；

（2）改革表现了政府的隐性担心，认为社会和个人价值观正在破裂；

（3）导致了教师工作量的增加；

（4）改革没有关注教师个体的身份认同——主要争论在于激励感、自我效能、责任感、工作满意度和幸福感；

（5）代表不完整的教师观点；

（6）没有认可教师幸福和责任感的重要性。

毫无疑问的是这些改革，特别是管理比较差的改革，至少在短期内干扰了教师工作的稳定性，教学的条件，他们的职业发展、信仰、实践和自我效能，概况地说，就是给现有的专业化理论带来了挑战（Bottery, 2005; Goodson and Hargreaves, 1996; Helsby, 1999; Sachs, 2003）。因此，很重要的一点是校内外的改革者们要承认关注学生幸福和教师幸福之间的联系。教师的幸福感与他们自己对教师专业化的定义及别人如何定义教师专业化密切相关。存在分歧，就存在紧张气氛。教师的职业发展能改善他们的职业认同感和幸福感，因此理解职业发展条件的变化需要考虑组织的功能需求及教师个人生活的需求；需要了解这些组织和个人之间的摩擦及如何处理这些摩擦，从而树立、维持和提高而不是耗尽责任感。而责任感对于教师在新的工作环境中发挥最佳的教学工作能力是至关重要的。

第二章
从事教育的专业人士：学习，职业身份认同，情感状况

引 言

正如在第一章中所论述的，当代知识社会性质的改变、学生的需求、政策的变化和长期对教师专业化与自主权之间联系造成的威胁给教师的使命感、现有的教学和知识的持续相关性及合适性带来了挑战。然而正是通过个人和职业的发展，教师才能在自身和他人的身上塑造个性、成熟和美德。使学校成为美德的场所（Hargreaves，2003：48）。本章主要对于教师学习、支持其学习的社区、教师身份认同（专业化的人）和给他们的幸福带来的挑战进行论述。

教师学习

温格（Wenger，1989：9）认为，"当今快速变化和交错复杂的世界上，毫无疑问有理由重视学习。"他建议在不同环境中从3个层面进行支持和理解。

（1）对于个人，学习是参与和对社区实践的贡献。

（2）对于社区，学习是提升行为和保证成员的新生力量。

（3）对于组织，学习是维持相互联系的社区行为，并且组织也了解它所应知道的，从而变得更加高效和有价值。

(同上：7—8)

从支持个人和集体的需求、创造和加强学习的条件而不阻碍教师的学习和发展这个角度来看，这3个层面的学习是相互关联、相互依附的。但这些建议只是从学习的层面来进行分析，而没有分析其性质和效度。传统的阶段理论把教师的职业发展概念化了，认为教师的职业发展是由几个线型的技术发展阶段构成的——从"新手"到"有进步的入职者"，然后是"有能力"，"经验丰富"到"教学专家"（see Benner, 1984; Day, 1999; Dreyfus and Dreyfus, 1986）。教师学习和职业发展的线型模型受到"经验是成人学习者活生生的教科书"这样观念的支持（Lindeman,1926：7），并且（不正确地）认为教师的职业学习来源于他们的教学经验。通过对经验的学习，教师逐渐在工作场所发展他们的能力。

尽管对于"从发展的角度，个人学习的需求会受到经验等因素的影响"（Bolam and McMahon, 2004：49）这一点来看，我们不太会有疑问，但是把教师学习的特色重点定义为经验和直线型方式过于简单概念化，而没有考虑经验、环境和专业之间的关系。研究显示，经验未必能形成专业化（Bereiter and Scardamalia, 1993; Day et al., 2007）。讨论学习环境的变化时，富兰（Fullan, 1993：138）认为，动态复杂条件下的现实是非线性的，他建议为了有利于组织的提高，教师学习必须着重于内部的学习（内心的）和外部的学习（人际的）。布鲁克菲尔德（Brookfield, 1995）认为把成人学习的特色仅仅定义为积累经验有两点缺陷：

首先，经验不应该被认为是一个客观中立的现象，是一条思想的河流，只是偶尔涉及观念和感觉；与此相反，我们的经验受到文化的影响和改变。我们如何经历事件及我们所进行的相关阅读都是有问题存在的。也就是经验会根据我们分析的语言和范畴而改变，并随着文化、道德及意识形态而改变。从一个重要的意义来看，我们在构建经验：我们如何意识和解释发生在我们周围的一切都是从文化的角度来察觉和理解的，而我们本身却并没有意识到这点。其次，经验的时间长度和数量未必和它的丰富或者强度相联系。

(Brookfield, 1995)

确实成人"在不同的环境中学习并用各种复杂的方式继续着"（Evans et al., 2006：17）。通过对4份关于成人学习研究的综述，布鲁克菲尔德（1995）认为，

第二章 从事教育的专业人士：学习，职业身份认同，情感状况

文化、种族、个性和政治主张的变量在解释学习如何发生和经历方面远远比年龄的变量重要，教师的学习也同样如此。尽管教师有丰富的经验，但不是所有有经验的教师（根据年龄和教学经验来判断）都是教学专家。

为了能在教学生涯中持续学习，教师必须坚持终身学习的观点。胡伯曼（2004：52）认为：

除非学校也是名副其实的学习场所，否则经常让学生去信奉的终身学习的目标只会成为空洞的说辞。在这里，教师积极参与有意义的学习活动……在这个学习环境中，教师追求两个知识的领域——职业发展和为了学习而学习。前者的重要性是不言而喻的。至于后者，热爱学习是教育学生成为学习爱好者的最好方式。学生会以他们所尊敬的教师为榜样——那些有强烈的兴趣爱好、热爱学习、总是阅读一些有益书籍的教师。

理想地说，教师的职业学习是一个自我激励和自我规范的过程，需要情感和知识的投入。它会丰富教师的知识基础，改善他们的教学行为，提高他们的自我效能并投身于高质量的服务（Hargreaves and Goodson, 1996：7），并且对于教师本人和作为专业人士都有裨益。热爱学习和教学的使命意味着最好的教学需要手、脑和心的配合（Sergirovanni, 1992）；所有良好教学本质上都是建立在求知欲和情感投入的基础上的。

现实是教师工作的条件并不总是能促进他们的学习：

尽管诱人的工资对于吸引教师很重要，但政策却比报酬更重要。教师更注重他们与学生及同事的关系，感受到学校领导的支持，有良好的工作条件，以及发展教学技能的机会。

（OECD, 2005：169）

教师的工作环境能改善或减少他们的空间感、学习的时间和精力、身份认同、自我效能和效率。同样工作环境也会影响教师是维持还是丧失在不同情境下进行高质量教学的激励感和责任感（Sparks and Loucks-Horsley, 1990; Smylie, 1995）。

这种对话的性质在教师的职业生涯不同阶段会不同，而同一学校的教师对于相同的刺激源也许会反应不同，如课程改革的引入或者新的政策："个人对于工作、职业规划和学习的处理方式（不同）将会影响他们理解和利用工作中学习的机会"（TLRP research Briefing, 2004）。

因为课堂和学校是教师学习最常见的场所，因此学习机会与教学及学科知识的

学习需求相关就显得很重要。尽管这样的培训和发展是必需的，但如果不关注对他们激励感、责任感和自我效能的支持，这种作用也是有限的。

持续职业发展的互动特点意味着教师在职业发展上无论从时间和空间都受到特别情境的影响。这种影响不是决定性的关系而是双向的对话。通过对话，教师意识到他们的经验并相应地采取行动，即使这种对话是由结构性条件部分决定的。

（Kelchtermans，2004：225）

在一个关于早期职业学习的课题中，迈克尔·劳特（Michael Eraut）和他的同事（2007）注意到下面的一些因素会影响到工作场所的学习。

（1）反馈——与自信心、学习、记忆力和责任心相关；
（2）挑战——合适的层面；
（3）正确评价——别人对他们工作的评价；
（4）支持——个人主体意识。

然而，学习的有效程度也取决于其他因素：

工作的分配和结构对于参与者的进步是重要的，因为有如下影响：① 工作的难度或挑战性；② 个人还是与他人合作的程度；③ 与更多或不同专业知识的人交流、听课和工作的机会；能形成提供反馈和相互的机会。

（Eraut *et al.*，2004：9）

尽管这项研究是在有资格证书的护士、工程师和会计培训员这些行业入职前三年进行的，但这项研究的结果与其他关于教师职业发展所必须条件的研究不谋而合。劳特（Eraut）的双三角形模型（如图2.1所示）很好地显示了发展相关策略和文化来支持教师信心、责任感和主体意识需求的必要性。

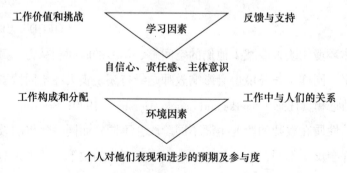

图2.1 影响在职学习的因素：双三角形模型

学习社区：为学习而形成的共同体

课题"学习的生活"（教学研究项目，2008）分析了120位年龄为25～85岁的成人学习传记，并把这些和英国家庭调查委员会的数据结合起来。课题的作者们（Biesta et al., 2008: 4）使用比较宽泛的学习概念调查学习在成人的生活中意味着什么及是如何学习的，如正规教育、工作场景中的学习、日常生活中的学习。研究发现，教师和学生会经历不同的学习环境，以及学校成为学习社区的必要性，从而使教师和学生在学习上取得成就。

人们能参与学习，但感到并不是他们生活的重心，或者对于自我认识来讲是次要的。还有一种情况是他们把学习看作生活的一部分并认为对于他们自我意识是至关重要的。

（同上：5）

在有成就的学习社区里，学习是被认为是中心的而非边缘的，这对于教师为了提高教学而继续努力是很关键的，可以使学习成功，这个课题提出4种途径：

（1）提供有计划的课程、研讨会等（"正规"的教育和培训）。

（2）对学习者提供个性化的支持，这也可能是专业的（就业指导、工作场所指导、辅导、提供学习材料等）或者通过朋友、同事、家庭和当地社区来获得。

（3）提升学习文化，也就是改善在一些特别场所（工作场所、当地社区等）的学习机会。

（4）提供自省的机会，如谈话、写作、思考我们的生活史和生活状况。

（同上：6）

米切尔和萨克尼（Mitchell and Sackney, 2007: 32—34）论述了加强学习社区的进一步发展的5条参与原则：

（1）从一开始就有的尊重；

（2）集体的责任；

（3）欣赏多样化；

（4）以解决问题为导向；

（5）积极的角色模范作用。

斯特鲁和路易斯（Stroll and Louis, 2007: 2）声称："通常认为专业化学习的社区有能力促进和持续一所学校专业人士的学习能力，并以提高学生的学习为集体目标。"

与"知识构建社区"（Bereiter and Scardamalia，1993）、"社区行为"（Wenger，1998）和"学习社区"（Stoll and Louis，2007）相关联的特点是，分享知识和进步的话语，相互尊重，超越个人专业知识的集体专业知识的发展，真正的探寻，决心改善专业学习者积极并重视的社区（Aubussion et al.，2007：134）。然而，构建这样的社区也是一个复杂、高要求和长期的过程（Grossman et al.，2001）。在实际操作中，工作的结构、文化和工作条件阻碍而非促进课堂教学经验和其他专业知识的分享。正如很多研究者所观察的，克服教师多年来与组织的隔绝、孤立和沉默的感受，形成社会化的、平等的社区，并不是一件简单的事（Grossman et al.，2001；Hargreaves，2000；Pomson，2005）。

奥伯森（Aubusson）和他的同事们通过研究澳大利亚82个学校参与校本式学习项目的9个案例发现，尽管这些项目"把教师聚在一起，并支持他们建立起一定程度的学习共同体"（2007：139），但社区相互交往的范围和深度并不相同。尽管促进社区发展的因素是相同的，如固定专业化交往的时间、注重询问、讨论教学行为和领导艺术，但是能形成成熟、令人信任的专业化学习共同体，关键不在于评估，而是形成达到支持和变革目的的教师间的互相听课机制。

另外，拥有相同的目标和致力于一起工作的相对稳定的教师员工也能实现这一目标——对于幸福感有着强烈的集体意识，有专业认同感和自信心的员工。构建和维持文化的发展是以"社会资本"为基础的。通过社会资本，学习共同体的成员、学校之间，以及共同体系之间的联系才能加强，而这对于即使有管理技巧的学校领导者，也需要信任的建立和时间过程。

社会资本来自于有着相互信任和尊重的关系，从而使一个团体能更加有效地追求它的目标……它从来不会仅仅是个人的所有或特征。它来自于一个团体的沟通能力。

（Szreter，2001：32）

由于员工的新旧更替、招收新的学生及地方和国家新政策对学校提出新的要求，学习共同体（社区）的发展不可避免地会出现波折。安迪·哈格雷夫斯（Andy Hargreaves）通过研究，信奉7条原则能维持学习共同体（社区）的专业化发展。在这些原则中，他综合了在许多国家所有情景下、所有成功的以人为本的学校所经历的特别教育理念和教育行为。

（1）深度：可持续的专业化学习社区关注什么是最重要的。他们通过关心别人，在所有人中通过深度、广泛的学习保持、保护和促进成就与成功。

（2）广度：可持续的专业化学习社区的发展依靠分享式学习和领导力获得成就与提高。

（3）持久度：可持续的专业化学习社区能持久下去。即使一年又一年时间的更替，或者领导的更换也会保持和促进学习及生活中最有价值的方面。

（4）公正度：可持续的专业化学习社区不是教师的特权，而是学生、教师和学校都能平等享受。

（5）多样化：可持续的专业化学习社区不仅在学校内而且与其他学校一起提倡教学方法的多样化，通过以人为本的领导方式、网络及跨领域的沟通等行为方式及明智地参考数据和证据来达到多样化。

（6）多谋善断：可持续的专业化学习社区保留和更新人们的能力和资源。它们比较谨慎和多谋善断，从而不会浪费物力人力。

（7）守恒（保护）：可持续发展的专业社区在追求创造更好未来的过程中尊重为之构建的过去。

（Hargreaves, 2007：185—196）

很明显，教师的专业化学习将会受到其对一系列因素态度的影响：对工作环境和积极参与的认识，领导成员的支持，积极的专业认同意识，自我效能，期望职业提升及校外生活中的事件（Maurer and Tarulli, 1994）。这些因素很重要，因为它们积极或者消极地影响着教师的积极性，专业化学习的投入，以及从这种投入中学校和教师得到的益处。

教师在应对教学情况和生活工作压力过程中，经验及能力的不同及在工作场所中所得到的不同层次的支持，会对他们的专业学习和发展创造不同的条件，并且导致教师在他们职业生涯和个人生活中不同关键阶段的担心和需求的不同。有效的专业化学习特别需要学校领导者的认同，他们应该认为专业化学习的发展需要依靠作为个人的专业教师与作为组织的学校之间关系的质量。同时，它也需要强烈的职业认同。

教师身份认同：专业化的人

很多研究文献表明，教师个人生活的经历与他们的专业角色的表现密切相关。（Ball and Goodson, 1985; Goodson and Hargreaves, 1996）。阿克（Acker, 1999）通过对教师工作现实的研究，认为教师的压力不仅来自他们的工作，也来自他们的个人生活。个人生活的复杂性可能会和工作中的问题交织在一起。伍兹等（Woods et al., 1997: 152）认为教学与价值观相关。人们教学因为他们有信念，有着"美化社会"的意象。如果我们需要理解教师的新生活，就有必要从专业角色的角度来讨论。这一点至关重要，因为很多文献都把教学看作本质上是人类的事业，教师本人和他所教的内容一样重要（Beijaard, 1995; Bullough and Knowles, 1991; Hamachek, 1999; Kelchtermans, 2009; Korthagen, 2004; Nias, 1989a; Palmer, 2007; Russell, 1997）："注意到个人和专业化教师的联系将有助于达到超越教师个人发展的教育目标。"（Meijer et al., 2009: 308）

一些研究者（Hargreaves, 1994; Nias, 1989a, 1996; Nias et al., 1992; Sumsion, 2002）注意到，教师的身份认同不仅构建于教学的技术层面（如班级管理、课程知识和学生测试结果），而且也来自教师个人日常接触的社会、文化和组织环境（Sleegers and Kelchtermans, 1999: 579）。

教师的职业认同——他们是谁，他们的自我定位，他们对于自身和工作所赋予的意义及别人赋予他们的意义——都和他们所教学的课程（特别是中学教师），他们与所教的学生的关系，他们的不同角色，以及这之间的联系，他们的价值观，他们的校外生活等联系起来。

萨克斯（Sachs, 2003）认为有两种相反形式的职业认同。

（1）企业家型。她认为这种类型的教师有效率、负责任，显示遵循外界的指令，并根据外部的指标达到高质量的教学。这种职业认同以个性化、竞争性、控制性和规范性为特色，并以外部标准为导向。

（2）行动主义者型。她认为这种类型相信教师按照学生学习最大利益进行安排的重要性并改善实现此目的的条件。在这种职业认同中，教师主要关心创造和实施给予学生民主体验的过程。

她认为，前者是绩效管理方案的满意产物，而后者则以询问为导向，倡导协作型的课堂和学校，在这里教学与社会理想、社会价值相关，教学的目的超越目前改革方案中狭隘的工具主义。她认为5种核心价值是形成专业化积极、负责任的基础：

（1）教学，教师和同事、学生一起学习；

（2）参与，教师在他们的专业化过程中有积极的主体意识；

（3）协作，在外部和内部共同体之间实行团结协作；

（4）合作，通过合作，教师发展共同的语言和技术来记录和讨论实践行为和结果。

（5）行动主义（能动主义），教师公开参与和教育直接或间接相关的问题，作为他们道德目的的一部分。

（Sachs，2000）

格尔特凯特曼斯（Geert Klchetermans，1993：499—500）认为，专业化自我和个人一样，随着时间的推移逐渐发展，包含着5个相互关联的部分：

（1）自我定位：教师在他们的职业经历中如何描述自己；

（2）自尊：作为教师自我的发展，由自己或者别人来评判好坏；

（3）工作激励感：使教师做出选择，维持责任感还是离开这个行业；

（4）任务意识：教师如何定义自己的工作；

（5）未来的打算：教师对自身工作未来发展的预期。

除了这些，他们还与教师进行个人交流。根据对荷兰教师的研究报告，杜伟·贝佳德（Douwe Beijaard，1995：288）教师的职业认同会有不同的变化模式：

玛丽记得在开始教学时的满意感，因为她把它当作挑战来经历。但是当她不得不面对人数众多的班级，还不得不教很多科目时，这种挑战感消失了。而她经历的第二低谷是由她耗时过多的学习和家中的个人状况引起的。但现在她对自己和一些同事们设计的以学生为中心的教学方法感到比较满意。彼得目前对他的教学很满意，他认为自己目前的教学方式很合适。在他刚开始的教学生涯，遇到维持纪律的问题。在这个阶段他曾几次考虑辞职。他的经历中第二个低谷由个人状况和与同事的关系引起的。

这里我们可以看到个人和职业的环境对教师的工作起到积极和消极的影响。个人和公众的相互影响——教师的个人生活和职业生活——是教师情况认同和工作满意度的关键因素，也是维持他们在教学效果方面的关键。在玛丽的案例中，班级规模的扩大和角色的多样化及强度与她刚入职时相比，她的工作满意度降低了。而在彼得的例子中，"痛苦的开始"（Huberman，1995a）使得他几乎很难继续下去。这两个人的共同之处是教室之外的个人问题都给他们的教学态度带来了不利影响。

情感幸福（心理健康）的挑战

自我是教师本人解释工作性质的关键因素。

（Kelchtermans and Vandenberghe，1994：47）

职业认同，作为人们经验和意义的来源，不同于角色。通过角色，人们的职能在一个机构和组织中进行协调（Castells，2004）。教师在教室内外扮演不同的角色。尽管这些角色在教师构建职业认同的过程中起着不可替代的作用，但他们没有对这个作用进行定义（Beijaard et al., 2004；Day et al., 2007）。例如，在教学的情感舞台上，学生的进步和成长经常是教师工作满意度和动力的催化剂。据说通过积极的情感体验，教师能够转化自己"成为更加有创造性、有知识、适应力强、能够融入社会健康的人"（Fredrickson，2004：1369）。教师从失望和逆境中重新振作，继续致力于他们的职业，从而增长他们的自我效能和幸福感，这种情感能力对于促进学生各方面的成绩是至关重要的。

通过分析和评论专业化构成教师新生活特色的不同文献，哈格雷夫斯和古德森（Goodson）（1996：20—21）提出了7条原则。

（1）增加对教学大纲及关心学生实行评估的机会和责任。

（2）对教学大纲和评价等所包含的道德目的的期望。

（3）致力于在协作的文化氛围中与同事相互支持与帮助，分享专业知识来解决教学实践中的问题，而不是把共同工作当作一种激励手段来完成外界的指令。

（4）职业的他律而不是自我保护的自治，教师权威坦诚地与更广泛共同体的伙伴进行合作（特别是家长和学生），他们在学生的学习中有着重要的作用。

（5）致力于对学生积极的关心而不是镇痛剂式的服务。哈格雷夫斯和古德森建议，专业化在某种意义上应该承认和欢迎教学中情感和认知的维度，并认可对于负责任和有效关心至关重要的技巧和素质。

（6）进行与自己专业知识和实践标准相关的继续学习，而不是遵从完成别人无休止变化要求下的义务（常常以继续学习或者提高的名义）。

（7）对高度复杂任务的认可，以及与这种复杂程度相应的地位与回报。

专业人士在这些方面有不同的核心道德目的及职业道德准则（Day，2000a；Hansen，1995；Jackson et al., 1993；Pels，1999），即把教学当作一门艺术、技巧（技术）和科学来追求（Brown and McIntyre，1992；Friedson，1983；Galton et al.,

1999）。据称，教师们这种较高的道德目的正受到来自教学方案的威胁。这些方案侧重于通过在有限的、可以检测的学科和能力范围内来改善学校和提高学生的成绩（如在英国），并通过现在主要是学徒型的方式进行职前教育和培训项目。然而，多年的研究显示，尽管英国学校的教师职业认同受到个人价值观、组织文化、职业生涯不同阶段的影响，并受到他们为之筋疲力尽的工作和生活环境的挑战，但绝大部分教师（74%）的投入还是很高的（Day et al., 2007）。

教师是怎样的人是至关重要的，因为"我们作为教师如果不能代表什么是不能站在讲台前的……教学是一种证明"（Patterson, 1991: 16）。在职业认同和个人身份之间有着不可避免的关系，是因为大量的证据表明教学需要重要的个人投入。

教师形成职业身份认同的方式既受到他们对自身感觉的影响，也受到他们对学生感觉的影响。身份认同帮助他们调整和学生的关系，并且与学生相处时，在教学行为和信念方面也做出适当和有效的调整。

（James-Wilson, 2001: 29）

教师的幸福感在研究文献中是一个比较宽泛的概念。这里我们从两个构成部分来进行定义：教师的组织行为，包括他们的工作满意度和缺岗意愿；他们关于健康状况的自我陈述，即如果经历劳累、紧张和焦虑的症状，就被衡量为消极的；如果有较高的自我效能、激励感、责任感和心理弹性则被衡量为积极的。因此，它是一个心理和社会的构建："一种动态的状况，个人能够发挥他们的潜能，工作更加有成果和具有创造性，与他人建立积极牢固的关系，并对他们的学校共同体做出贡献"（Foresight Mental Capital and Wellbeing Project, 2008: 10）。

为了达到和维持积极健康的职业身份认同和情感状态，教师需要成功地处理一系列情感和认知的挑战。这些挑战根据生活经历和事件会各不相同，甚至是困难的，如与学生及家长的关系、对教育理念的深信不疑、教学效能感和主体意识、同事和学校的领导支持等。正如摩尔·约翰逊（2004: 10）所提醒我们的，"任何熟悉学校教育的人都知道，教书是一项轻松工作的说法纯粹是一种想象。即使在最好的工作环境下，要能教得好是要求很高并且艰苦的一件事。"

结论：专业人士

经验和研究表明，在促进专业技术能力和通过专业学习达到个人成长之间进行的两分法是错误的，忽视教师的情感幸福对教师教学能力提高的贡献是不明智的。教师应该在工作中把他们的专业知识与个人自身结合起来，要认识到教学不能没有学习者的兴趣和参与。换句话说，学习者、教师和教学内容呈现的程度将会影响教学过程的质量和结果。此时此刻教学中个人和专业路径的发展就是契克森米哈（Csikszentmihalyi, 1990）所说的"流动"，罗杰斯和雷德·罗思（Rodgers and Raider Roth, 2006: 267）所说的"现场存在"："存在从教师的观点来看就是让自己完全引起学生注意的经历，从而意识到此刻发生的事情。"

"存在"尽管对于成功的教学是必要条件，但要达到最理想的学习状态还是不够的。学生也必须愿意和能够表现自己。许多关于教师教育的作者们关注课堂中教师的角色和呈现，强调个人优点或者核心价值的必要性（Meijer et al., 2009），如关心、勇气、公正、善良、诚实和有毅力（Frederickson, 2002; Noddings, 2003; Palmer, 2004; Seligman, 2002; Sockett, 1993）。还有些人把这些和研究教育的性质、目的及形式结合起来，发展人文主义的教师教育；强调理解教师的个人信念体系及教学情境与目的间的互动对良好教学行为的重要性。尽管我们的研究没有对这些观点表示不同意见，但在研究中辨识了另外两个对于"存在"必要的条件：积极的自我认同和情感幸福。

许多教师加入教学的行列都有职业感，并有热情尽最大能力关注学生的学习、成长和成就。但对于这些人，这些激情都随着时间的流逝、外部和内部工作环境的变化及不能预测的个人事件的发生逐渐被磨蚀了。他们丧失了目的和幸福感，而这些与他们的职业身份认同、教学效能、主体意识及能促进学生成绩和进步的信念是密切相关的。能在提高积极认同和情感幸福的环境中学习的机会是使教师们管理不稳定和动态情感教学情境的必要条件。在第二部分我们将通过教师入职期、发展期和成熟期的经历，关注影响教师责任感、情感幸福和职业身份认同的一些关键因素和条件。而这些对于教师的成功意识和尽最大能力发挥教师的教学能力是至关重要的。

第二部分 教师的职业生活

第三章
对教师职业生涯的关键影响

引 言

> 职业发展是一个过程,而不是一系列的事件。对于有些人,这些过程是线性的,而对于另外一些人,有平稳发展、有后退、有困境、有飞跃,还有中断。因此,对不同阶段的认识需要认真对待,把它作为启发式的、描述性的,而不是常规性的构建。
>
> (Huberman,1989a:32)

这一章我们将讨论一些在教师职业生涯中对教师幸福感产生影响的关键因素。理解这些对教师产生不同影响的因素,对认识在教师职业生涯中形成他们责任心、心理弹性及达到最好的教学能力所具有的关键作用。

职业发展阶段

很多文献通常把教师的生活用"职业"这样的词概念化。这种视角被认为把

"重点放在人的生命周期的研究上",且是不同职业,而且含有"心理学和社会学的变量"(Huberman,1993:4)。但是这种概念化也是有局限的,因为它不能对教师生活轨迹中的复杂性和变量提供详细和整体的描述(Day et al.,2006)。我们选择使用教师"专业生活阶段"而不是"职业阶段"这样的概念,因为这会让我们对作为一名教师的意义理解得更清楚,并能明白教师生活和工作的复杂性。它使我们能描述一幅职业图从而把教师这个职业和其他职业区分开来。我们同意戴维·汉森(David Hansen,1995)的观点,用"事业"而不是"职业"的说法来探索教师的内心世界,理解影响他们工作的积极和消极因素。"职业"是一个太个性化的概念,它代表了在工作中经济的支持或者表示一系列不同的工作。但"就生命的意义却不能提供很多解释"(同上:7)。它使我们脱离教学的职业和个人道德,而这些是许多教师生活的核心特点(同上)。塞利格曼(Seligman,2002:166)延伸了汉森的观点,认为一种使命是"最令人满意的工作形式",因为从满足感的角度,它是为自身的原因而不是为所带来的物质利益工作。

你从事一份"工作"是为了一周结束后拿到报酬,你不会从工作中寻求其他的回报,它只是达到其他目的的手段(如休闲、赡养家庭)。如果没有薪水,你就会辞职。"职业"意味着在工作上有更多的个人投入。你不仅通过金钱而且通过职位的提升体现你的成就。每一次提升都会给你带来更高的威望,更多的权力及薪水的增长……"使命"(或者事业)是为了自身的缘故对工作的激情投入。一个有使命感的人认为他们的工作有利于更高的利益。因此,这种宗教的含义应用是完全合适的。工作的成就在于自身,而与金钱或者提升没有关系。

(同上:168)

世界上许多研究者不断表明,大部分的教师投身于教学主要在于他们相信自己能为年轻一代的生活做出贡献(Danielewicz,2001;Day et al.,2007;OECD,2005;Sachs,2003)。对于那些有使命感并不断为他们学生的成长和成就而尽可能努力的教师,尽管他们也遇到挑战和挫折,但教学不仅仅意味着"工作"或者"职业"。

普华永道会计师事务所(Pricewaterhouse Coopers,PwC,2001)关于英格兰和威尔士教师工作量的调查表明,尽管在一年中,教师的工作时间与经理或者其他职业人士相近,但他们日常工作的要求却更高。而且PwC报告中指出,许多学校的教师认为他们对工作没有主导权,主要是因为政府在实施一些措施的过程中适得其反的步骤和方式,以及越来越大的压力,这些压力主要表现为社会对学校寄予过高期望，学生的表现变差，家长缺乏足够的支持。正是由于需要在生活中如何"把自身、科目和学生交织在一起"（Palmer，1998：11）导致对于教师情感和知识、能力持续不断的要求，才把教学的本质和其他行业的本质区别开来。尽管所有的人都意识到人文的关怀，但并不是每个人都像教师一样需要发展关心别人的能力的发展，特别如果是他们需要学生投身于学习。

当我们深层次讨论教学和师生关系时，可以看到教师不仅创立关怀互爱的关系并成为关心者，而且他们也有责任培养学生关心别人的能力。

（Noddings，2005：18）

"专业生活阶段"而不是"职业阶段"的概念不仅囊括了影响教师生活和工作的心理和社会因素（"职业"的概念也是如此），而且也包含了个人、经济和组织机构的影响因素。理解教师专业生活进展中的变化需要考虑政策、组织和教学的环境，以及这些因素和教师个人生活事件的相互影响，教师如何成功或不能成功地去应付这些影响。因此，关于教师专业生活阶段的研究比陈述影响教师生活的个别条件更能为影响教师学习、发展的复杂和动态的性质提供深刻的理解。而这些因素也对教师职业生活中的幸福感、责任和发挥最好的教学能力产生影响。

教师的生活：研究背景

30多年前，胡伯曼先是对30位教师进行了初步的研究（1978—1979年），接着又对瑞士日内瓦和沃州的160位中学教师（1982—1985年）展开了进一步研究。1995年，胡伯曼（1995a：193）在论述职业生涯和职业发展中写道：

假设显而易见，教师们在他们的职业生涯中不同的时间段有不同的目标和不同的两难处境。他们寻求获得信息、专业知识和专业能力的愿望也会相应地变化。一个关键的核心是教师专业生活的发展顺序有着共同点，而专业发展的一种特殊形式或许对这些有共同特点都是合适的。

他建议道：

（我们）能辨认教师职业的典型概况，从而决定"成功"或"满意"的职业……能辨认决定教师职业周期中幸福或痛苦阶段的条件，并根据这些条件建立起一个合适的支撑框架。

（Huberman，1995a：194）

胡伯曼对中学教师的研究所揭示的职业发展"过程"成了这个研究领域的试金石。他的研究"原则上"提供了一个既定的阶段理论的标准。正如在前一章（第二章）中所讨论的，线性的"阶段"模型忽略了组织生活的复杂性、动态性，学习的中断及对经验进行有规律反思的重要性（Schön，1983）。这些正如研究所经常揭示的，能在更加广泛的环境中定位和延伸对职业的理解。教师在职业生涯中不同阶段的发展会后退或者前进，这是由各种原因引起的，如个人以往的经历、心理、社会和组织的因素及能预见或不能预见的事件。转换一个新的角色，换学校，教一群新的学生或者教授新的大纲都不可避免地，至少暂时造成发展中断，而且并非个人生活中的所有事件都可以预见。职业生涯中的职业发展不可能是平稳线型的，专业技能也未必会随着年龄和经验的增长而增长，同样，发展的需求也不会在某一点突然终止。通向专业技能的道路并不是一条笔直的道路（Day et al.，2007）。

教师的职业生活阶段：特点和轨迹

关于分析和定义教师生活和工作的特点有很多方法。我们赞同胡伯曼对社会学家和心理动力学家关于人类发展的批评。这些论述认为，内部或外部的力量完全决定个人行为的性质和方向，从而把人类行为归结为易反应的状态（1993：18）。

个体不是被动的，不会像木偶一样被牵制。人类发展总体上是目的论的，也就是人们会观察、研究和计划他们所有遵循的步骤，在这样做的过程中，能够定位甚至决定每个后续阶段发生的事项。

（同上：18）

我们也关注到职业的旅途是一个辩证的过程，在这个过程中许多教师是积极的专业人士（Sachs，2003），而不是社会和教育背景下的牺牲品，他们有时候能够设法在克服逆境的情况下获得工作场所和家中的支持，并从他们的职业责任、热爱所教的科目和道德目的中获取力量（Nias，1999）。

胡伯曼的结论认为，教师的"职业生涯并不是充分的线型"，因为"大部分的职业发展既非个人的设计也非外部的规划，而是间断的"（Huberman，1993：195）。我们的研究超越了胡伯曼的结论。我们所识别的一些模型是与胡伯曼的观察相冲突的。他认为教师的发展是"不可预测"的，而且"经常事实上用我们所掌握的工具也无法解释。"（同上：264）相反，我们发现在教师的职业生活过程中有着独特的不同阶段。在每个阶段，教师群体们显示相似的职业需求、关注点和职业身份认同的特点。这些关注点和特色显示，这与他们在这个行业工作的时间长度而非年龄有关系。这些不仅揭示了专业人士自身在心理、精神和感情方面的不同水平（Palmer，2007），而且也显示了他们成功或不能成功地应付复杂的外界和内部影响的能力。这些影响将会给他们的工作投入、最好的教学能力及心理弹性带来负面的威胁。

胡伯曼把对教师职业阶段特点的辨识重点放在教师的心理状况的变化上，如从"简单的开始"到"自我怀疑"、"重展活力"、"觉醒"和"心理的宁静"（Gould，1978）。我们关于教师职业生活阶段特点的分析正好与胡伯曼相反，是基于包含有教师认知、感情、个人和道德投入的理论框架。我们发现，当教师描述作为教师的意义和什么使他们在变化的政策、社会和个人的教学环境中继续这个职业，他们提到最多的是自己的情感和知识及他们的激励感、责任和效度等。我们对于教师专业学习和发展轨迹的阐释及对教师职业生活性质的认识，主要是基于特别关注这些能在教师工作和生活的社会、政治和个人环境中给教师的责任感和幸福感带来影响的因素。

另外，我们的研究也扩展了胡伯曼对中学教师的研究，增加了对小学教师的研究，并增添了在他的研究中没有包括的教师个人和职业生活的更多范畴。

专业生活阶段和轨迹

"专业生活阶段"指的是教师一直进行教学的年限，而不是年龄或职责。我们发现教师的工作和生活可分为6个职业阶段：0～3年，4～7年，8～15年，16～23年，24～30年和31年以上的教学。尽管教学经验和教师年龄通常来说紧密联系，一些教师相对于他们的年龄却有较少的经验，这主要是因为他们较晚加入教师这个行业或者中间有过职业的中断。通过研究这些教师的经验表明，在同一职业阶段，他们和年轻的同事有类似的职业关注。但是，不出意料的是，教师的个人经验（和压力）与那些在同一年龄层次但在更高职业阶段的人更加密切相关。我们在别的研究中也详细论述过6个职业阶段的特色（Day *et al.*，2007）。关于不同阶段教师的特色和轨迹总结如下。

专业生活阶段（0~3年）：责任——支持和挑战

分类：

（1）发展自我效能；

（2）减少自我效能。

专业生活阶段（4~7年）：课堂上的身份认同和自我效能

分类：

（1）保持强烈的身份认同意识，自我效度和效能；

（2）保持身份认同，效度和效能；

（3）身份认同、效度和效能存在风险。

专业生活阶段（8~15年）：应付角色和身份的变化——逐渐增长的焦虑和变迁

分类：

（1）保持投入的状态；

（2）丧失激励感。

职业生活阶段（16~23年）：平衡工作与生活的压力——对激励和责任感的挑战

分类：

（1）进一步的职业提升和理想的学生培养成果导致激励和责任心的增强；

（2）保持激励感、责任感和有效性；

（3）工作量/设法应付竞争的压力/工作上的停滞不前导致激励感、责任感和有效性的减少。

职业生活阶段（24~30年）：对保持激励感的挑战

分类：

（1）保持强烈的责任心和激励度；

（2）坚持但在丧失激励感。

职业生活阶段（31年以上）：保持或减少激励，应付变化的能力，准备退休

分类：

（1）保持责任；

（2）感到疲惫和受束缚的。

从这些总结可以看出，教师的专业生活阶段不是静态的，在本质上是动态的。在他们工作和社会场景中一系列关键影响的相互作用是一个复杂和持续的过程，这种作用根据它的强度和教师的情感和认知能力，会在教师职业生活的各个阶段对教师的职业产业不同的影响。

理解教师专业生活的变化：从关键的事件到关键的影响

为了探索教师对责任感和效能的认识，以及他们在这些年（包括我们与其工作的三年中）的教学生涯中所形成的影响其效能和责任感的各种因素，我们使用了关键事件技术。在叙述性采访中，我们让教师回忆其个人和职业生活中对他们的责任感和效能意识有积极或消极影响的"转折点"（Strass，1959：67）。为了有助于直观的理解，教师们画了一幅工作时间表来表明这些转折点（见附录）。这给我们提供了能够记住，以历史为依据的关于经验的陈述，从而完善了教师在这三年参与调研中的"真实生活"。

关键事件技术

关键事件技术源于心理学领域，在二战期间军事研究方面得到发展。技术的起源可以追溯到19世纪末期弗兰西斯·盖尔顿先生（Sir Francis Galtion）的研究。直到1954年约翰·弗拉纳格（John Flanagan）发表了他关于关键事件发展的评论，为这种研究方法的进一步发展，特别是在心理学领域，奠定了深厚的概念性和方法性基础（Flanagan，1954）。

在他的评论中，弗拉纳格认为，关键事件技术"由一系列过程组成，用来搜集对人类行为的直接观察，从而促进他们解决实际问题的潜在作用和发展宽广的心理学原则"（同上：327）。为了显示关键性，这些所观察的事件或人类行为的状态必须为"行为目的或意图对于观察者来说是清晰的，行为结果充分确定从而对其效果不会留下什么疑问"并且"允许对被观察者实施行为进行推理和预测。"（同上：237）弗拉纳格认为，该技术本身不能提供解决的方法，但它提供了从代表性的样例中收集详细特定的行为记录过程，从而可能辨识、决定和形成一项活动的关键性要求，确立标准，评价结果和实行有效举措的建议。

考虑到起源和发展该技术领域的性质，更多的关注应该放在过程的发展上。该过程遵循系统的量化标准，并从已知心理学的范畴上确保客观性和精确性。（同上：355）。然而，在以心理学为基础的关键事件技术应用过程中，识别、阐释和评估关键事件性质的任务及它对一项活动的消极或积极作用的描述主要是研究者而不是被研究者的任务。

关键事件：把个人和职业连接起来

在教育研究，特别是教师和教学研究中使用关键事件的方法受到弗拉纳格所描述的概念性和方法性原则的启发。

大卫·崔普（David Tripp，1993）建议，关键事件可以作为发展教师专业评价和形成他们对于自己工作理论的方法。他认为，一个关键事件主要产生于我们如何对待一个情况及反映我们对于一个事件或者情况重要性的阐释。"把一件事当作关键事件表明是我们在做一个有价值的评价，而评价的基础是我们对事件的意义赋予重要性。"（同上：8）。

因为这些事件源于教师的日常现实，崔普相信对关键事件的理解为教师作为个人回答"我们是谁"和作为受训练的专业教师回答"我们是什么"，提供了专业反思的动力。通过这样的视角，这种研究技巧使教师在理解和提高教学实践的研究中既是客户又是合伙人（同上：152）。

从关键事件到关键影响

施特劳斯（Strauss，1959）论述了"转折点"作为具有关键性的、转变性的经验有着显著的影响，它不仅标明新的方向，而且示意身份认同的新变化。在施特劳斯研究的基础上，塞克斯等（Sikes，1985）通过英格兰中学教师的小部分样例，研究了关键事件或者"危机"是如何影响教师的责任感和职业生涯轨迹的。与施特劳斯的观察相一致,他们的研究也发现了关键事件对于教师生活、教师本人及教师职业结构的影响。他们论述到关键事件"引发个体选择特别的行动,从而引领他们转向新的方向,最终给身份认同带来新的含义"(Measor,1985:61)。塞克斯等(1985:57)因此描述这些关键事件如同闪光灯泡,帮助揭示"人们生活中主要选择和变化的次数"。

如上所述,关键事件的研究也许会揭示教师工作和生活中重大变化的次数,但研究文献中仍然缺乏对教师职业生活中这些重要经历范式本质的概念化的描述。

在现有的文献中,对于关键事件的分析方式是研究者关注教师在长期或短期经历关键事件后所采取(或不采取)的行为。我们对教师的经历和职业轨迹的分析显示,这些关键事件被教师认为对他们的职业世界和个人生活都产生了重要影响。这些影响被认为有两点重要原因。

首先,它们对于教师的责任和士气都会产生强烈的影响,从而导致教师效能感的增加或减少,从而产生重大的危机或底谷。例如,学生逐渐恶化的行为可能会在教师职业生活的某个阶段对他们的士气产生特别大的影响;而另外一些因素,如是否获得领导的支持、员工参与管理等会在教师职业生活的各个阶段对情感和专业知识上产生更长期的积极或消极的影响。

其次,这些影响对教师士气、责任和幸福感产生积极或消极的效果显示出教师主要关注被认可的程度和对发展需求的满意度。根据关注(担忧)理论(van den Berg,2002:593;Richard and Placier,2001),"关注或担忧反映教师缺乏以一种负责的方式开展教育活动的能力。"在处理这些关键影响对他们在职业和个人生活的某个阶段或某段时间形成担忧时,教师个体在认知和情感能力方面存在差异。这种差异反映了需要提供做出相应的和恰当的高质量支持,从而满足他们主要专业需求和关注。因此,对他们责任感和幸福感产生积极影响的效果会被最大化,而消极影响的效果达到最小或被控制住。

因此,我们最初的分析使我们把重心从分析关键事件的意义和重要性转移到辨识这些事件所揭示的关键影响形成的模型上,以及对于教师的责任感、心理弹性的影响和教师应付这些影响的能力上。

关键影响的模式

通过对比这些关键影响发生背景的性质,我们把已经识别关键影响的构成因素再进一步分层次,把它们列为4个不同的范畴。

(1)个人影响(与校外的个人生活相关,如家庭的支持、个人关系和健康问题)。

(2)学生(与学生相关的因素,如学生的特点、学生态度和学习动机、学生表现、师生关系)。

(3)教学环境(与教师工作环境相关的因素,管理层和员工的支持、教师承担的额外角色和责任、晋升、工作量、专业发展机会)。

(4)政策(与外部政策相关,如教育政策、政府的措施和变化)。

通过对教师所回忆的他们在职业生活中高峰和低谷的经历的分析发现,教学环境、学生因素、政策和个人事件对教师责任感、幸福感及教学能力的影响强度是不同的。为了能总结这4个范畴的关键影响在教师职业生活各个阶段的作用,我们对179名教师的关键影响强度进行了分析。图3.1~图3.4显示了每一类关键影响在教师各个职业阶段高峰和低谷的比例关系。

这些关键影响的模式显示学校环境对于教师责任心、心理弹性及身份认同的强大影响。总之,不出意料的是,教学环境对于教师的工作,特别是他们后职业生活阶段(16年以上的教学经历)既有最大的积极影响,也有最大的消极影响。

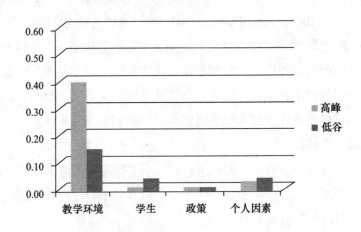

图 3.1 关键影响效果的强度:0~3年专业生活阶段($n=179$)

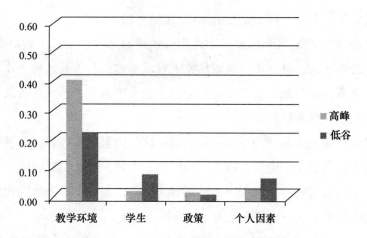

图3.2 关键影响效果的强度：4～7年专业生活阶段（n=160）

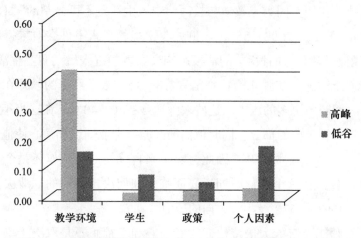

图3.3 关键影响效果的强度：8～15年专业生活阶段（n=115）

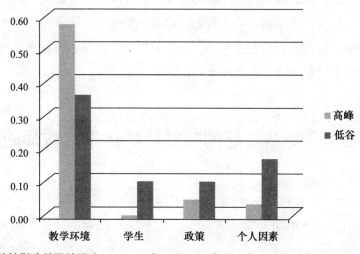

图3.4 关键影响效果的强度：16～23年、24～30年及31年以上专业生活阶段（n=57）

这些肯定了麦克劳夫林（McLaughlin，2005：70）的陈述：

> 背景（环境）以宏观和细微的方式影响教师的工作和职业，同样也影响着政策的实施。任何一天、任何课堂的教学特点和质量都比个体教师的个性、精力和专业知识揭示更多。教师把他们多样化背景的条件带进课堂作为规范性框架和具体支持，形成对教学实践感知或实际的约束。

对于教学环境关键影响的详细研究表明，这些因素在教师职业生活的不同阶段对于教师的责任感和个人意识都有不同的影响。例如，在他们职业生活的早期和中期阶段，在学校被提升、支持和工作认可对于提高他们在工作上激励和自我效能有着至关重要的影响。这一点将在第四～六章详细论述。

教师的个人生活背景对于持续（限制）教师的责任感、自我效能和幸福感也起着不可或缺的作用，因为"教学与教师的个人生活是不可分割的"（Zembylas，2001；van den Berg，2002：585）。例如，逆境的个人事件会对维持他们自我效能的能力起阻碍作用，并且相关的消极影响会在教师进入后期职业生活阶段8～15年，及16年以上时进一步强化。特别是有着8～15年教学经历的教师在他们的个人和工作责任之间经历更多的压力。这些教师通常在30～40岁，在这个年龄段，家庭和健康成为越来越重要的部分，同时他们的经验、专业知识和信心使他们中很多人有资格得到进一步职位的提升。因此，除了来自优先对待工作还是个人责任及关系的压力外，教师在这个关键时期还要面临"如何决定他们的职业去向的压力"（Huberman，1993：257）及生活去向的压力。

总之，教师能否有能力保持他们的责任心和幸福感不是取决于单个关键影响因素。这些关键影响因素综合在一起的强度和教师应付这些影响的能力给他们在不同的职业生活阶段的教学能力带来差别。因此，给管理者揭示的清晰和明确的信息是——如果关注提高和保持教学标准，关注教师的幸福感和留住高质量的教师——需要在教师的不同职业阶段给予教师不同的学校支持。

维持或阻碍教师责任感的关键影响：来自教师的3个故事

我们选择了3名教师分别在他们职业生活阶段早期（4～7年的教学经历）、中期（8～15年的教学经历）和晚期（24～30年的经历）的3段经历。这些经历论证了关键影响有助于或者阻碍教师责任心、心理弹性和自我效能的性质。虽然我们并不认为这些教师的经历代表了所有的教师，但他们的情况是这些对其他教师职业生活阶段的工作和生活也产生影响的关键个人、职业和背景因素的典型，并代表了他们在面对逆境时如何应付这些因素并是否能维持他们的激励和责任。

1. 故事1

管有专业方面的担心，但仍保持责任和专业的发展——一名职业早期阶段的教师（4~7年）

我认为我达到了效果。我想这是使我能继续这份工作的原因之一。不时地你会带过来个奇怪的学生，感谢所做的一切。如果只有一个学生这样说，也仍让我意识到我达到了效果。

（克里斯）

第一例子表明，早期的职业提升可以在这个阶段激励教师的自我效能，尽管有个人的问题，但与工作相关的关注显得更加重要。这个例子显示，尽管这个教师有责任心和职业感，但他的专业发展、激励和心理弹性都会受到因为缺乏来自管理层的支持及与工作量相关的压力的挑战。

> 克里斯，30岁，在一个以白人学生为主的综合学校里，教11~16岁学生的数学，他是数学教研室的副主任。在这个学校里，6%的学生可以享受学校的免费午餐（FSM2）。

克里斯在孩童时就喜欢数学。在参军时他喜欢一名教师的课程并决定也从事教学工作。在从事5年教学后，他仍旧喜爱和孩子接触，帮助他们学习和取得进步。克里斯的工作线显示在3年中有3个重要影响对他维持他的责任心形成负面作用——由工作量引起的劳累；因为教师的更换造成的学生考试的额外压力；与一位同事的不愉快交往经历。这其中有两件事与工作量相关，有一件与在学校环境中来自同事的支持相关。最近他在数学教研室被提升到副主任的位置很大地提高了他的自我效能感、士气和责任，并对他在情感和体力上处理平衡工作和生活之间的压力带来积极的影响。他的工作线（图3.5）明显地证明由于工作量和同事关系的压力也可以对最有责任心教师的自我效能带来挑战。

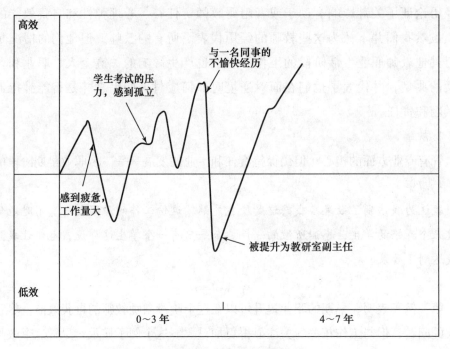

图3.5 克里斯的工作线

1）学校支持的变化

克里斯描述他的学校是一所"确实很好的学校"。学校和教研室的管理层在他喜欢这份工作方面起了很重要的作用。

他很感谢教研室主任在工作和个人生活方面给予他的支持，把他提升到副主任。主任的支持也使他在这最初5年增强了责任和效能感。"我得到教研室主任的很多支持，他真的很不错。"同事的支持对他也很重要。"我在这个教研室里工作感到很愉快——主要是与我年龄相仿的男同事，兴趣也相近。"总之他喜欢这份工作，感到大家都相互支持。

但是最近"在一节课上与一个同事的争吵"使他对同事间的团结有了新的认识。当他注意到他同事的班级"有些吵闹"，就在下课时走了进去，与孩子们进行交流。他想帮助同事"做一件正确的事"，但不幸的是他的帮忙没有被认可，而适得其反。克里斯感到"沮丧"、"失望"和"生气"："我教书的目的就是在生活的各个方面帮助和教育孩子。被周围的同事在背后发牢骚和暗箭伤人让我感到这份工作更不被人理解。"

似乎这件事情对于他自我意识的消极影响是长期的："我感到这件事情会一直

困扰我，我们都需要支持，但一些人看到了这方面的不足。难怪很多人离开了这个行业。"

2）事业的进步

克里斯被提升到副职极大增强了他的自信心，也提高了他的责任心和自我效能感。尽管在教研室承担了更多的责任并向一个管理者的方向发展，他还是对这些变化感到很积极。他对比较快的职业发展感到很愉快，认为自己已经从偶尔承担一些管理的事务发展到管理的顶端。

提升后，我感到比前几年更加稳定，并开始意识到作为教师的积极作用，也希望把这种热情传给我的学生。我认为我做得不错……我感到很积极。

谈到作为教师的角色，他认为这是他最好的教学状态："我开始在这个行业稳定下来，孩子们都知道我。"他与他的学生快乐相处，这也使他能专注于教学。当看到自己所教的学生表现进步并获得好的成绩，他感到极大的满足。他感谢学校组织的持续职业发展机会，认为这在行为管理方面提高他的自我效能有着重要的作用。他希望能继续学习以便有更多职业发展的机会。

3）应付工作量的压力

对于克里斯来说，学生的学习取得进步是他的激励和责任感的中心。但他的激励感也会随着学年的课程发生变化，这主要是来自学生考试的压力。"激励会在一年的这个时候（学年末）陷入低谷，当考试结果出来时又会达到顶峰，因为我看到长期努力的成果，但有的时候确实很低。"克里斯能区分他的工作和生活，感到基本上能保持"不错的工作与生活之间的平衡"。他善于优先处理一些事情，有着稳定的个人生活。他不太苟同政府引进新措施的方式，否则"确实很快乐"。

2. 故事2：为一个教师很满足——一名职业中期阶段的教师（8~15年教龄）

我感到自己处于事业的顶峰。很遗憾我只有8年时间了。我现在可能处于最好的状态。我找到了合适的工作——做得不错……（但是）……一天下来，它只是一份工作。我仅仅做了特别相关的事。我没有浪费时间，能决定什么是我优先需要去做的事。

第二个例子表明了政府的举措和学校支持对于一个教师责任感和职业轨迹的影响。莎伦在职业中断9年后返回教学岗位，因此她比具有相同教龄的教师都要年长。在她职业生涯的转折点，她决定留在教室里做一名好教师而不是寻求升职。

> 莎伦在一个有在校生170名的农村小学担任六年级学生（10~11岁）的教师。这个班级成绩很好，有不到8%的学生享受学校免费午餐。莎伦已经51岁，有15年的教学经验，因为需要抚养孩子而中断了9年。她在目前的学校教学4年，并在其他7所学校工作过。她说在对孩子的学习能力更加了解和具有更多关于孩子的知识后，她再返回教学岗位感到"精神振作"和更加"镇定"。

莎伦的工作线如图3.6所示。

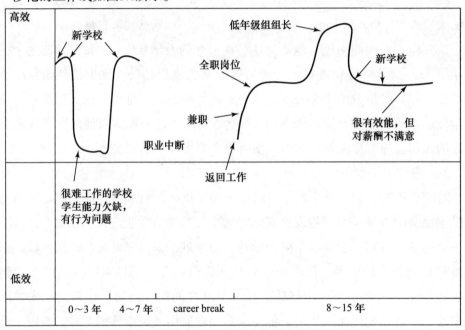

图3.6　莎伦的工作线

1）职业感

莎伦一直想从事教学因为"它适合我的个性"。莎伦描述自己有点"爱指挥别人的，有条理的，不太在乎钱"。现在仍然是这样。她是学校的董事，并额外负责7~11岁孩子的音乐、数学和评估。自从到了这个学校，她的激励和责任感也提升了，也很少感受到来自工作的压力。

2）学生：工作满意的来源

莎伦积极性很高，投身于教学，有着较高的自我效能和工作满意度。她认为目前学校的学生各方面都很"出色"——"形象、表现和独立性"。但她发现很难处理家长的建议并厌恶中产阶级家长这种"相对傲慢的态度"："我们要忍受一些傲慢的孩子。"她在教学上很"严格",确保这些傲慢的孩子不会影响她的班级。她坚持自己的学生理解这点,并能喜欢自己的严格,因为到最后他们可以从能够完成更多工作中看到这样做的好处。

学生的高分成绩进一步增强了她的激励感,"得知学生学业上表现很好,得知自己正在给他们的生活带来变化、正在培养他们向社会输送好公民,我就感到很兴奋"。

3)获得学校的支持

莎伦认为,最近学校管理层的变化对于学校的教学环境有着积极的影响,并感到正从"静态"向"动态"改变。她认为这些变化也减少了员工的更替。她喜欢在学校工作的原因之一就是领导愿意倾听她的意见。

她得到同事们很好的支持。她强调大部分同事都不错,但也"有一些同事很难相处",他们总是"抱怨工作量",她不得不从这些人手中接过一些工作,从而对自己的工作量增加了很多感到不开心。

4)对政府举措的不满意

她对缺乏时间对政府的新举措做出回应表示不满意,正如她的工作线所显示的,她对目前的薪酬水平也不满意。

5)处理平衡生活和工作之间的压力

莎伦对于作为教师有着积极的感觉。她感到在学校很稳定,也有着稳定的家庭生活。她的两个孩子已经长大,这使她有更多的时间投入到教学上。她很高兴自己有较少的个人压力和更多社交生活时间。

最近的一场病,改变了她对教学的一些观点。她现在正在不疾不徐按照自己的节奏工作。还有8年退休,她决定不要因为过量的工作导致健康状况差而使自己提前退休。她除了做好一名一线教师外,在工作上没有其他抱负。"我没有令人压力过大的工作量。我不会为追求一个管理的副职而在工作量上去冒险。"

莎伦想在做教师前充分利用她做教师的时间。她感到做一个一线教师比做一个高级管理者更有意义,并认为已处在职业生涯的顶端并享受这种持续的投入工作的感觉。

3. 故事3:越发对工作没有积极性,责任感受到威胁——一名工作后期阶段的教师(24—30年教龄)

我不认为还能有所发展。我专心于教学,但似乎已不再重要。我不清楚我的周围发生了什么。你年纪越大,就越不想提升。我认为自己到了这样的阶段。

(劳拉)

第三个故事证明了在改革的管理和举措方面对人敏感的领导方式的重要性，特别是对那些教龄较长、经验丰富的教师。对于他们来说，变化也许意味着长期持有的价值观、行为方式和职业身份认同的动摇。

> 劳拉是一所学校里6～7岁孩子的二年级教师。这是一个主要服务于贫困人口，有450名学生的城市小学，学校里有21%～35%的学生享受免费午餐，30%的学生需要特殊教育。劳拉46岁时已经教学25年了，其中10年都是在目前的学校担任低年级课程协调人。
>
> 在调查报告中他描述道："提供高质量的教育，培养学生对工作的态度、行为和人际关系等"，总体教学质量是不错的，但也注意到有"不少学生来自有社会问题的家庭"。

尽管劳拉从事教学是因为"待遇不错"、"不乏味"、"有工作满意感"，但其实最后一点已不再存在了。

劳拉的工作线（图3.7）显示了一系列的高峰和低谷。经过许多次在其他学校寻找岗位没有成功后，她现在已经"对升职丧失了兴趣"。

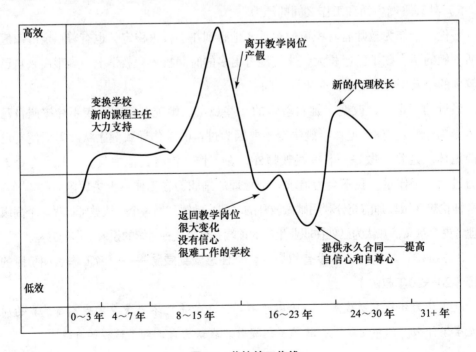

图3.7　劳拉的工作线

1）对政府举措的不满

值得关注的是，在劳拉短期休产假返回教学岗位后经历了一个低谷期。当时她对政府实施的关于课程改革的举措特别不满意。这些措施使她更加没有机会在教室里与学生一起进行创意教学，从而使学生有兴趣去学习。她在工作上经历了"高度的压力"，并声称对她的教学造成了负面影响。

2）难以管理的学生行为及缺乏家长的支持

劳拉返回工作的学校的学生大部分来自对教育不太重视的家庭。但她仍旧喜爱和孩子们在一起，并认为自己可以给孩子们带来教育效果。但是"学生的整体行为正在下滑，他们变得更加难以管理。"她对"缺乏家长的支持和信任也感到不满"。

3）学校支持的变化

学校领导的不重视使得劳拉的自信心降低。尽管她是低年级的课程协调人，但这不是一个永久的岗位，她不参与决定，也不能影响别人。她感到自己只是传达别人的指令："我不想来学校，而且还要准备全国统考的教学。这一切都很艰难。"

尽管她认为作为一个教师不是很有成果，但最后她的学生都获得了"比较好"的全国统考成绩，这也重新恢复了她的信心。

所以我想我表现不错，尽管我在那个时候并不是这样认为的。这使我意识到自己仍旧是一名好教师，我在课堂里的表现也是无可置疑的。但对于将来的提升，我目前认为几乎没有机会。

校长调到另一所学校，在新的代理校长的管理下，她又进入了一个积极的阶段。她认为这位代理校长很"棒"。"自从领导更换后，我被赋予更多的职责，感到比以前更有价值。这使我成为更加有效率的教师，也可以说更加有效率的领导。"

同时，劳拉决定每星期安排两天准时下班进行运动。回家早一点有助于保持工作和生活的平衡。这样与她对工作更加积极的心态相一致。"我认为整个学校当时都有不同的感受……有更加开放的氛围。"

但是一个新校长的任命又引起了不稳定。劳拉发现很难适应他的工作方式。这个新校长"非常急于改变一切"，而劳拉认为对于教师来讲已经有"很多的变化"。她对于低年级组所建议的一些变化感到"不稳定"和不满意。在重组中她也不再担任课程协调人的职位。这些变化给人们带来"阴影"因为"我们不希望改变，这真是一个遗憾。"因此对于她来说这个新校长给在"这里工作比较长的教师带来负面的影响"应该是预料中的事。

尽管这样，她仍旧"喜爱与孩子们在一起"，尽管束缚了在课堂里施展创新教学的机会，然而她还是继续感到自己可以做一个效率的教师。

结论：教师生活的差异和进展

关于教师早期、中期和晚期职业生活阶段的论述表明，理解教师职业生活的进展不仅需要考虑他们工作场所带来的影响，也要考虑这些影响是如何与他们个人生活的事件及经历联系在一起并被管理的。教师职业阶段的分析显示，理解教师一段时间的工作和生活需要调查教师工作和生活的各种背景状况，以及影响他们个人和专业生活幸福质量的关键因素。对于一线教师、学校领导者、政策制定者和教师教育专家们有以下意义。

（1）对于教师：有助于教师反思他们的教学历程、身份认同和相关效能。

（2）对于学校领导者：需要深入了解同事的关注和需求；提供多层次能力建设的框架（环境的、个人的和专业的）。

（3）对于政策组织：在教师专业发展的设计方面，需要设计一个以关注为基础的差异化的方案。

（4）对于教师教育专家：需要在将来与职前培训的学生一起探讨思考影响教师责任感和效能的因素。

显而易见的是，对于大部分教师，在他们职业生涯的不同阶段，除了个人和工作环境不同外，还有关键影响、压力、个人及工作上的关注，职业轨迹的不同等。在职业生涯中，正是不同关键影响的相互作用及个人、专业身份认同的作用导致在教师责任感、心理弹性、幸福感及最好的教学能力方面产生积极和消极的影响。了解这些因素的影响及其相互作用对于理解教师的专业生活及教学质量的变化至关重要。

第四章
初任（新）教师的写照——学校很关键

引 言

> 支持教师的学校不仅在聘任新教师，而且在留住和培养新教师上做得很成功。这些学校能发现人才也能留住人才。他们很少指望机会，不会认为好的教学不可避免地源于内在的潜能，与外界隔绝，只靠个人自身就可以达到。反而，他们从新教师刚入校，就有意识地使教师积极融入学校的文化和实践……面对教师短缺的问题，必须注意到这些经验并且特别关注新教师入校时的学校条件。
>
> （Moore Johnson，2004：225—256）

30多年来，政策制定者和研究者一直对如何维持新教师的责任感和幸福感感兴趣。一个主要和持续的挑战是如何在教师教育中解决理论和实践的不一致，以至于新教师在现实课堂教学中更加有准备地去面对体力和情感上的更高要求（Allen，2009；Johnson and Down，2009；Kariacou and Kunc，2007，Neville *et al.*，2005；Shulman，1987）。但从20世纪90年代后，在许多发达国家，初任3～5年的新教师令人吃惊的30%～50%的辞职率和快速老龄化的教师人口使人们越来越关注新教师在离开学校（流动）或者这个行业（离职）决定过程中学校层面各种因素的作用（Darling-Hannond, 1997; Gallo-Fox, 2009; Ingersoll, 2001, 2002; Kardos and Moore Johnson, 2007; Kelchtermans, 1996; Moor Johonson, 2004; OECD, 2005; Smithers and Robinson, 2003, 2005; Ulvik et al., 2009; Wassell and LaVan, 2009）。这是因为至少教师离职和流动会对学生学业和成绩带来不利和破坏性的影响。一些文献通过实证性研究表明，缺乏学校的支持，不好的学生行为和过多的工作量是对新教师决定是否留在这个行业的关键负面影响因素（Achinstein, 2006; Achinstein, 2006; Betoret, 2006; Chan, 2007; Dorman, 2003; Egyed and Short, 2006; Goddard and O'Brien, 2003; Hobson et al., 2009; Kyriacou, 1987; Maslach, Schaufeli and Leiter, 2001; Schaufeli and Enzmann, 1998; Webb et al., 2004）。

研 究 视 角

初始任教时，教师们都有强烈的职业感（Day et al., 2007; Hansen, 1995; OECD, 2005）。在职业生涯的初始阶段，他们在工作上都有内在的激励和情感责任，要为学生提供最好的服务。他们从工作中获得的"利润"就是看到学生进步的程度。他们通过培养学生认知、社会和个人知识、品质和能力来衡量这些进步的程度。与其他服务行业一样，教师的情感投入是他们尽最大能力进行教学的重要因素并与关心学生幸福的职业道德相关。但是在职业生涯中长期关心别人需要有足够的知识和情感责任。对于新教师，在管理课堂教学中，情感方面不可预见性的支持，与在培养他们的教学技能和课堂管理技巧方面的支持一样重要。在工作场所是否能得到这些支持及支持的程度是否恰当，是保持教师责任感并决定继续长期留在这个行业的最有可能的关键因素。

与他们更加有经验的教师相比，新教师的挑战主要来自于两个相互区别又相互联系的现实：一个是与同事、家长和学生的交往中发展专业自我意识，另一个是在学校和工作的社会化过程中发展归属感（Allen, 2009; Cherubini, 2009; Lortie, 1975; McGowen and Hart, 1990）。因此，很多新教师发现他们处在已确立的学校团体里很复杂的社会关系和专业教师角色当中（Lee et al., 1993）。而在这同时又要努力意识到本身的经验，并理解作为一名教师的意义。在1969—2005年关于职前教师从实习教师到专业教育者的文献综述中，凯鲁比尼（Cherubini, 2009: 93）总结到，归属一个学校的文化会对新教师的自我意识带来不安全感。

已确立的学校文化似乎已把自己认同为精英团体，新教师并不能轻易融入。归属于这样独特的文化团体依赖于学校的文化守门人，他来示范对于这种文化什么是可以接受的……新教师被当作一种更加具有挑衅性力量的被动对象，驱使他们来适应这个行业的文化。新手首先沉浮全凭自己，然后去适应相关的文化。这一点非常重要地影响了他们的专业和社会稳定性。

在专业社会化的挑战性过程中，布鲁默（Blumer, 1969）40年前就强调新教师在不同的自我间的变化：

有不同的自我，内在的或者核心的自我，情景自我。大部分自我都是情景式的，随着环境进行变化。但我们也有防护很好、相对不太灵活的实质性自我，在这其中包含了我们自我概念的珍贵部分及与之相关显著的态度和价值观。

（Cherubini, 2009: 85）

同样，哈格里夫斯（Hargreaves, 2003: 48）论述道："通过专业和个人发展，教师为自己和他人培养了个性、成熟和其他品质，使学校成为一个有道德的场所。"（Mitchell et al., 2009）在研究工作场所的条件对教师工作责任感的影响时，Rosenholtz 和辛普森（Simpson）（1990）发现那些帮助新教师专注于提高他们效能的任务的学校通常会使教师产生更多的责任感。将近10年后，琳达·达林·哈蒙德（Linda Darling-Hammond, 1999）论述到，如果新教师获得比较多的指导和专业学习的机会，他们将会更快地发展他们的教学能力，从而更加有可能留在教师行业里。最近，弗洛里斯（Flores）和戴（2006）强调了学校协作文化的重要性。特别是当新教师进入教学行业，作为教师的意义、价值和理想受到挑战时，协作文化可以帮助他们理解教学，建构专业自我，并促进他们的专业学习和发展。在论述对支持新教师提高他们工作热情的关键挑战时，卡都斯（Kardos）和摩尔·约翰逊（2007）敦促政策制定者和学校管理者能在学校创造"综合专业文化"——一种专业支持的文化，"促进具有不同经验的教师经常相互友好交流；认识新教师的需求，培养教师间为学校发展共同分担责任的能力"（同上，2083）。

因此，学校专业文化的质量对于支持和稳定有能力、有工作热情和责任感的新教师很关键，同时在影响他们是否留在这个学校或者这个行业的决定也起着重要作用。

阻碍或者维持新教师责任感的因素——4名教师的描述

在这个阶段,教师对于教学开始有持续的责任感,并有摆脱严格监督的必然自由感。教师享有专业团队的归属感,开始在课堂教学方面积累巩固教学方法和材料。

(Huberman,1993:244)

胡伯曼介绍了初任教师时两种相反的经历:"从容的开始"和"痛苦的开始"。与学生良好的关系可以给新教师带来发现和热情,从而比较容易地开始他们的专业生活。努力去对付具有挑战性的学生行为会经常带来疲倦甚至痛苦。但在研究中我们也发现尽管破坏性的学生行为会给新教师的能力和维持责任感的意愿带来不良的影响,但只要有强大的学校管理者的支持和相应的专业发展的机会,许多教师仍能够建立他们的职业感和恢复心理弹性。

在VITAE项目中(Day et al.,2007),绝大部分(75%)教师在职业生活的刚开始7年能保持比较高的责任感和积极性。但1/4的教师($n=25$)发现很难应对教学中的文化和社会现实,有对这个行业感到迷失方向的危险。另外,有更多有3年教龄的教师比有4~7年教龄的教师显示消极的责任轨迹(表4.1)。这项研究和其他许多国际研究表明,学校的支持对于帮助这些不足3年教龄的教师有着特别重要的意义。教学前期"可能是他们的教学生涯中最有压力的时期"(Flores,2006;Kardos and Moore Johnson,2007;Moore Johnson,2004;Roehrig et al.,2002)。

表4.1 早期职业生活阶段教师的专业责任轨迹(0~7年教龄)

	职业生活阶段	
	0~3($n=26$)	4~7($n=75$)
积极轨迹	15(60%)	59(80%)
消极轨迹	10(40%)	15(20%)

1. 0～3年职业生活阶段：责任——支持和挑战

在VITAE研究中，这个职业阶段的大部分教师刚开始教学时都有精力和热情。超过一半（61%）的教师认为这份工作对他们有吸引力，主要是因为他们的家庭中有人做教师或者他们期望能与孩子们在一起并帮助他们取得进步。

在这个职业阶段，教师可以分为两种类型。

（1）类型a：逐渐增加效能感（+15）（小学6名=67%，中学9名=53%）。

（2）类型b：减少效能感（−10）（小学3名=33%，中学7名=41%）。

在类型a中，教师希望有职业的发展并有强烈的自我效能感，而类型b中教师有可能调换到不同的学校，或者离开教师行业寻找其他工作。

图4.1和图4.2显示对两种类型的教师工作和生活产生关键影响的权重。学校领导和同事的支持、与学生的良好关系及合适的专业发展对他们面对挑战，在情感和认知管理方面起着关键作用，也对他们决定留在教学行业有着重要作用。相反，如果对学生纪律失望、缺乏领导和同事的支持及在个人和职业生活的需求方面努力寻找平衡点，对教育政策和专业发展的机会不满意是新教师减少效能和责任感的主要原因。

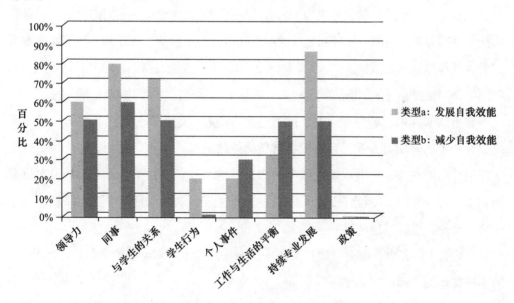

图4.1 类型a（n=15）和类型b教师（n=10）所报道的积极关键影响

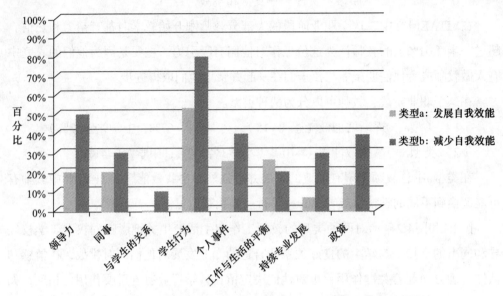

图4.2 类型a（n=15）和类型b教师（n=10）所报道的消极关键影响

2. 4~7年的职业生活阶段——课堂里的身份认同和效能

在这个职业阶段，对如何成为一名有效率的教师，主要关注他们的自信心、自我效能和情感方面。但职位提升和额外的职责在他们的幸福感、责任和自我效能感方面起着重要作用。58名教师（78%）有着其他的职责，在他们当中，23名教师（31%）特别强调职位提升对他们增加效能感的重要性（小学6名，中学17名）。

在不同研究中，教师职业发展的轨迹也有不同，这主要与不同的教学环境和开展研究的不同时期有关系。在英国，教学岗位的结构方面一直有所变化，除了一些责任岗位的增加外，一些成功的教师因为良好的绩效表现，在薪酬方面有更大的不同（DfES，2003）。因此在21世纪，在这个职业阶段，教师们除了巩固课堂上的专业化自我外，也有其他的挑战。

在VITAE研究中，根据教师在工作中的激励性程度及对学校的责任感，区分了3种不同类型的教师。

（1）类型a，成长型——教师有强烈的自我效能感，期望在教学生涯中持续发展归属感、责任感和成就［14名小学教师（39%），22名中学教师（56%）］。

（2）类型b，应付和管理型——教师有适度的自我效能和责任感，并有可能继续在下一个职业阶段管理好自己的工作［16名小学教师（44%），7名中学教师（18%）］。

（3）类型c，脆弱或者下滑型——教师们因为工作量和一些棘手的事件感到自己的效能和责任感存在风险，可能发现他们的职业生活轨迹比较脆弱，他们的效能和责任感在下降［6名小学教师（17%），9名中学教师（23%）］。这种类型的教师中很少有提升的机会。

正如图4.3和图4.4所显示的，学校或部门的支持、同事间的协作、与学生的良好关系继续对这个职业阶段的教师形成关键的影响。但是与新教师不同的是，他们通常会提到繁重的工作量对他们责任感、自我效能和最好教学能力的破坏作用。特别是类型c的教师，他们努力去应付工作量和平衡工作与生活间的压力。这些与缺乏领导的支持和不顺的个人事件一起给本来已存在风险的幸福感及责任感带来压力。

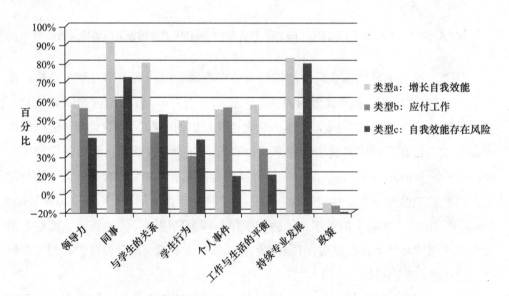

图4.3 类型a（n=36）、类型b（n=23）和类型c（n=15）教师所报道的积极关键影响

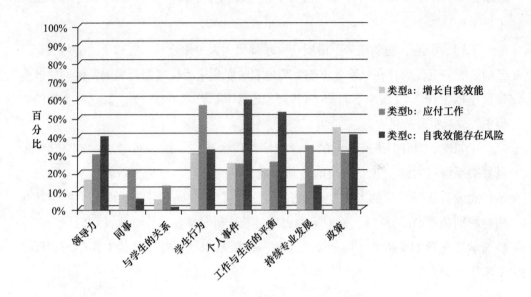

图4.4　类型a（n=36）、类型b（n=23）和类型c（n=15）教师所报道的消极关键影响

总之，这两个早期职业阶段的教师与他们有经验的同事（第五章）一样，面临着一系列个人和专业关键影响的挑战。正如下面对4个教师的描述所显示的，在这段教师们主要关注在课堂上确立专业自我意识的时期，获得支持对于他们决定离开或者留在学校或者这个行业至关重要。所有的学校都是新教师的"伯乐"（finders）（Moore Johnson，2004），但好的学校能培养和留住教师。为了能持续他们内在的热情和精力，这些学校在被称为"综合专业文化"（Kardos and Moore Johnson，2007：2083）的氛围中给他们提供与同事们进行合作的机会。那些帮助新教师在课堂教学上获得成功，并给他们提供职业发展机会的学校是教师们工作热情、责任感和激励感的"守门人"。

这4名教师的描述显示与一些主要文献对新教师的研究有所不同。在这些研究文献中通常以概念化的方式勾勒教师疲倦、压力和脆弱的负面形象（Cherubini，2009；Kechtermans，2009；Terry，1997）。尽管有"碰撞"的时候（Romano，2006），但许多教师都能从个人价值观和利他信念中吸取理论支撑，在工作场所建立起支持框架和积极的知识与情感方面的经验，从而最终能面对挫折，在工作中获得满足和成功。（见第9章关于教师心理弹性恢复的论述）。

1. 故事1：提高自我效能感——领导力的影响

绝对的筋疲力尽！但我热爱这份工作，只要能看到孩子的哪怕一点点进步的迹象。激励、树立自信心、培养独立是我给他们生活带来不同的主要部分。

（帕特）

第一个例子显示了强大的学校领导支持和一个好的领导创造、形成的学校合作文化对新教师职业发展和成长的益处。正是在这样积极的工作中，新教师能够再次获得效能和责任感，并为学生的成就和自己专业的发展而欣喜。

> 帕特，36岁，在第一个学校是一个一线教师和科学课程的负责人，她在这个学校教了3年。在这之前她办了一个幼儿机构。
>
> 这是一所有220名学生的具有社会经济地位的城市小学，学生来自种族比较多样化的社区。除了75%的学生是英国白人种族外，其他均来自不同的种族。最大比例的有来自东欧、巴基斯坦和中国背景的学生。需要特殊教育的学生占27.8%，超过了全国平均水平。在帕特的班级里，24个学生中有15个学生共享同一门语言，有3个学生有比较复杂的学习支持需求。在目前的学校教过两年后，她被提升为高级领导小组的成员。她描述自己在"我希望获得提升的时候"获得了升职。

帕特一直喜欢与孩子们在一起，热爱教学，觉得孩子给自己带来"快乐"。她从学生的成绩、进步中获得巨大的满足和愉悦感。因为孩子们取得好的成绩，她的自信心和自我效能感也大大提高了。学校里孩子的普遍进步给帕特和她班上的学生关系也带来了很大影响。尽管学生们的社会经济背景对教学有些影响，但她感到孩子们的整体行为还是不错的。"有一些行为表现差的学生"，但每个人都会来处理纪律问题，而不是仅仅靠单个的老师。纪律改善了，这与大家比较高的期望有关。

在帕特进入学校不久，学校正处在"特殊的措施期"（因为没有达到基本的教育要求，面临关闭的威胁）。一年后，在正副校长的领导下，学校发展起来。这对于教学也有重要的影响，教师可以有更多的自由培养孩子的技能，"而不必严格遵守时间表"。因此，学校经过两年的困难时期，终于进步了。用Pat的话说，"学校正在超前发展"。正如她的工作线所显示的，她向上的职业轨迹和学校的发展相平行。

即使因为没有充分准备，课上得很糟糕，它也会让你很兴奋。教学是很令人开心的事，但也会让你很疲倦。尽管每天时间都不够，但你只想做得很好。

帕特的工作线（图4.5）显示，帕特学校领导强有力的支持与认可以及学校消极文化的变革对她长期的教学责任感起到了巩固作用。毫无疑问，她对学校领导有着较高的评价。"一切都井然有序，一切事情都公开讨论，所有员工一起来做决定。每个人都有机会发展。"她描述新校长"很优秀"。

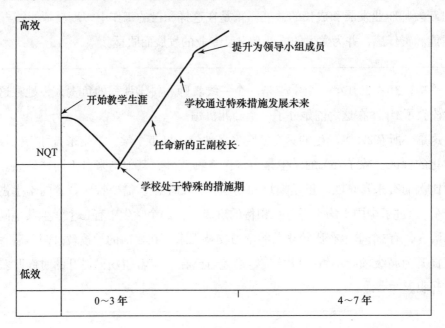

图4.5　帕特的工作线

我们的新领导对我们在岗位上的发展很支持，如鼓励或为学校做出决定。另外，LA（学区）的文化顾问也很不错；团队教学，一起听课，很棒。她很优秀。

帕特经常描述她学校的教师不论是在生活上还是在工作上都会相互支持。她的同事有助于保持她的强大的责任感。因为自我效能的增强，她意识到不能让自己落后，错过机会。"如果你让机会错过，就会有越来越多的机会错过，因此你就不会对自己很有信心。"正因为如此，她给自己确立目标，并且越来越有条理。

尽管她也需"兼顾"家庭生活，但随着教学经验的积累，她能够花较少的时间去备课，能够根据学生的需求进行教学而不是"赶教学进度"。来自外部和内部的积极反馈，来自学校管理层和同事的良好的专业和个人支持鞭策使她更加努力："没问题，我可以做得更好。"

我希望能负责一个我热爱的课程的教学……体育、宗教或者艺术。我想因为强调识字和数学，孩子错过了学这些的机会。从个人角度……我希望学会弹钢琴和其他某种乐器，不仅仅是为我自己，我希望学生因此在教室里能够得到享受。

2.故事2：较高及不断增加的责任感——归属感

我认为对工作的投入和你在课堂外所做的事情很大程度上与你获得的支持有关。如果没有人支持我，我会不太愿意去做的。我们部门的两位正副领导一直都很支持我。

（金）

第二个例子证明，除了领导的支持外，归属感及能够在这个团体中相互学习和帮助对于新教师，特别是那些服务于贫困社区的学校教师的专业发展和情感幸福也产生了关键的影响。

金目前在一所有将近700名11～16岁的学生的学校工作，现在是她教学的第4年，她喜爱她目前的工作。学校位于城市的贫民区。这个学校70%的学生都是亚裔，英语是他们的第二语言，这个比例远远超过了全国平均比例。

学校被政府教育督查描述为"充满活力，优点多于缺点"，"有当地社区的强大支持"和"好的学习风气，在这里每个人都很重要"。总体的表现和关系都不错，学校的管理者被认为"很果断，有明确的目的、强大的团队精神，极好地做到了关注学生的表现。"

金来自一个教师世家。当她是学生时，她喜欢数学，一直希望成为一名好教师，帮助学生改变一下对于数学的消极观点。与她前面所教的学校不同，在这个学校工作一年后，她就成为一个有效率的教师。她也参与课外活动，对专业、个人和机构有着清晰的身份认同，并寻求更高的职业发展。

我为孩子们做了很多。我愿意在更多的方面进行参与。我和孩子们在一起很放松。在你教学的第一年，你通常会很严肃，但我和学生的相处却感到很自在。

领导和管理团队及同事们的良好品质在她积极的工作经历中起到了很大的作用，为她作为一个一线教师及在管理学校发展的职责中和作为数学教研室的副主任都提供了很大的支持。"我毫无疑问感受到我属于这个教研室团队的一个成员……（因此）……学校的宗旨就是我们是一个大家庭。"

在这样一所金描述"不畏艰难"的学校教书，按照她的观点要求对工作有很高的投入精神和融洽紧密的同事关系。在课堂外"一起做事情"是她工作获得满足感的主要来源。尽管这种感觉会随着需要管理班级行为的水平而有所起伏，但金相信她的教学是有效果的。"我努力做到有效果，但发现有时候孩子们并不愿意按照你的要求配合你。"

她最大的挑战是那些"懒惰"或者"过于自信"的学生。

在过去3年里来自管理层的支持、政府实施的新措施和幸福的个人生活对她的自我效能和幸福感有重要的影响。尽管她对新的措施感到不错，但仍希望在实施过程中能放慢节奏，从而在一段时间内能集中做好一件事情，并把它做好。

金的工作线（图4.6）显示了她相对较短的教师经历。到目前为止，她表明自己正在维持职业感。正因为如此，来自同事和领导的支持、外界对学校办学成功的认可、与同事的友好关系、对学校周围环境的熟悉，以及她相信自己能做得很好，这些使Kim的职业轨迹线正在清晰地向前发展。她希望能被提升为教研室主任，从而能在学校层面进行改革，为培养学生"起到很大的作用"。

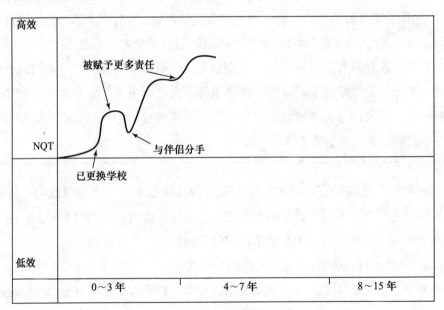

图4.6 金的工作线

3.故事3：继续应付具有挑战性的环境——与学生和同事的关系

太多工作了，工作量大得可怕。我几乎没有时间参加其他活动，也不会有社交的时间。它使我的生活范围很局限。

（海利）

第三个故事显示，尽管由于缺乏领导的支持、繁重的工作量和政府关于绩效措施带来的负面效果，但学生的学习、进步和成绩及对相互支持的教师团体的归属感会有助于新教师责任感的维持。

> 海利40多岁，已经有5年教学经历。她教书的学校是一所城市平困区的天主教小学。她也是这个学校的艺术课程负责人。在250多名学生的学校里，35%的学生来自少数种族背景，26%的学生需要特殊教育。根据一份独立的教学督查报告，学校表现"不尽如人意"。
>
> 尽管学校有一些值得赞扬的地方，但有些方面还是存在严重的不足。学校管理不是让人很满意……尽管学校教学标准是合格的，但在办学的一些地方确实有严重的欠缺。

海利选择教师的工作是因为她想变换职业，认为教书正是她所需要的，而且她的姐姐也是一名教师。

她喜欢天主教文化，这种文化"渗透在我们所做的一切活动中"，并且"确实带来相互支持的关系"。她表明其他同事的支持和相互分享经历和想法对她的自我效能感、责任感有着积极的影响。

如果没有人支持你，你不会对自己很有信心，你的激励感也更低。如果你没有支持、鼓励或者反馈，是很难被激励的。所以没错，因为我们有一个相互支持的团队，我认为效率确实提高了。

但是，她所描述的学生的"贫困背景"确实对她的教学产生了负面影响。因为缺乏家长的支持，一些学生不能完成家庭作业，有着"行为问题"。她的班级里25名学生有9名需要特殊教育。她感到，从那些帮助有严重学习困难学生的教师那里获得的支持有助于她在课堂里的教学，使她能够专注于教学，"使教学秩序以最小的干扰进行下去"。

在进行教学的最初两年，海利感到整个学校比较差的管理水平对她的教学产生了负面影响。由于这点及评价学校有"严重不足"的外部督查结果，她感到自己的压力一下子增大了，她疲惫不堪，缺乏激励。她对在首轮外部督查后的"目标驱动文化"感到不满。在两年为迎接第二轮外部教学督查的"努力工作"过程中，海利的激励感和工作热情都下降了。她批评政府的"外界人士"给教师施加了太多的文书工作。繁重的工作给她的工作与生活间的平衡带来了不利影响。尽管她由于获得了教育标准局督查比较好的评价,从而带来了巨大的满足感和自信心,但她也憎恨这种督查带来的高度压力。她工作线(图4.7)上的两个低谷点显示了这种比较明显的负面影响。

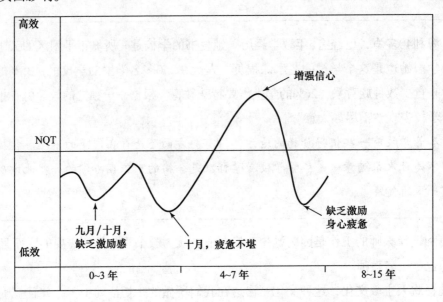

图4.7　海利的工作线

海利对于外部对自己工作量要求带来的影响仍感到不满,尽管有她丈夫和宗教信仰的支持,这种影响仍给她的个人生活带来了冲击。但不管怎样,在课堂里海利对于鼓励学生,为学生的学习和成绩带来起色的能力还是很有信心的。

确实很复杂,但我们有不少少数民族,当然有文化差异,因此来自家长的支持也不相同,这也影响了孩子的阅读、识字技能及家长的激励。因为他们不会有这些技能或者不会有这些知识或者经历,很明显在你备课时你得考虑这些因素。

海利不太确定她是否想提升到副职的职位,但想继续从事教师的工作,并考虑专门辅导需要特殊教育的孩子。

4. 故事4:退步和成长——变化的角色

我过去是一匹真正的赛马,我每小时都在工作。但现在我感到不值得这样去做,来学校更多的是一份职责。过去我很热爱这份工作,但去年我不再有很多热情。这份工作不再有趣,我不再像过去一样愿意去接触新事物,做更多的事情……我肯定我的学生现在已注意到这点。

(莱恩)

第四个例子很好地说明了新教师专业角色的变化会重新唤起他们的责任感和自我效能,改变他们的自我专业意识,从而最终使他们能够恢复心理弹性,达到最好的教学能力。

> 莱恩30多岁,现在正处于教学的第7年。目前的学校是他的第二个学校,有750多名11~16岁的学生。学校位于城市的极度贫困区,已经有4年的长期高失业率。

莱恩一直"想和孩子们在一起相处",并且仍然喜欢每天去学校。他对学生的进步很满意,在他教学的第二年,教育标准局对学校的检查结果也很好。"我从来没有接受过教育标准局的检查。我们教研室和我都顺利通过了检查,我感到很开心。"

但是,在每个人都投入了巨大努力的检查结束后,士气也开始下降:

我想这是普遍的感觉。我认为我的士气也随着其他人一起下降……没有支持没有回报。人们经常等待着你出错,然后来纠错。所以,我只想不要出头露面,做好自己的工作,不被人注意。

他一直担任英语教研室的副主任。但因为学校工作风气的变化,特别是高级管理团队的一些行为变化,他的责任感开始下降。

我不认为谁有过错。我不认为他们是故意这样做的。毫无疑问,在教研室和更高层面,每个人都在按照自己的规则做事,确定把事情做好。没有人关注团队精神,因此也就不再有相互支持,因为每个人都在提防着别人以保护自己。我想这就是学校形成的气氛。我想这份风气的形成是管理层的决定……有一种感觉是,不是有人检查你的工作确定你是否做得正确以便指导你,反而是人们检查你的工作看什么时候能奚落你。

不出意料的是,莱恩在教学过程中经历了"自尊心的缺乏"。

我可以说我的教学没有受到影响。我一直是一个精神饱满的教师,现在也是。但我的教学计划没有以前那样多样化或者吸引人。孩子们也会注意到这点。

这种不振作的情绪导致莱恩的工作热情衰退。他不再有好的憧憬,因此也抑制了他的主动性。他举了他计划远足的一个例子。

如果你想到一件你自己想去做的事情,就像你决定准备去旅游一样,人们让你去行动只是为了看到你失败。有时候你会有好的想法,但是马上你会碰到一些障碍。这会让你失去信心,再也不想做了……我不再感到有价值或者得到支持。我来时本来是一个外向的人,但我意识到不能这样,我已经不再令人信任了。

他描述他的责任感从"希望做出贡献"到"履行职责"的变化。他的经历使他在戒烟两年后又开始抽烟。而这也给他与父母的关系带来了不利影响,其中一位双亲就患有与吸烟有关的癌症。

但是,又过了一年后,由于工作角色的变化,他从英语教研室主任提升到特殊教育的课程负责人的职位上,莱恩又恢复了责任感。他说自己又"有了活力"。他再次戒烟,开始"锻炼身体,保持健康"。

莱恩的工作线(图4.8)很好地显示了一个年轻教师职业生活的起伏。他在一个环境中试图挣扎着找到自己的专业身份认同。这是一个本来具有高度挑战性的学校环境,国家政策给这个环境带来影响,而在学校里管理者可能会干扰教师的工作状态。这个工作线也显示了做一名合格的教师只是专业自我发展的第一步,最初的责任感可能会受到他们工作的环境和学校文化的考验。

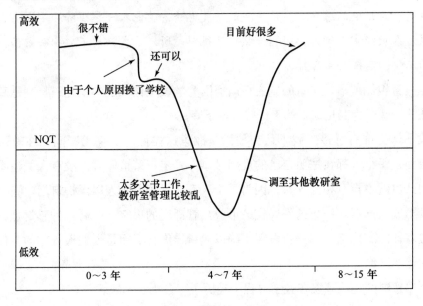

图4.8 莱恩的工作线

结论:学校很关键

学校是一个复杂、要求高的机构……对于学校领导的机会和挑战是如何培养学生和教职员工在他们的工作、思维和日常行为方面的专业知识,通过能力、专业技能和知识获得成就。

(Peterson and Deal,2009:250)

学校对于新任教师的影响很大。这是因为至少学校是直接提供挑战和机会的场所。一些学校是学习和专业发展的绿洲,在这里新教师和有经验的教师紧密合作,得到专业和个人生活方面的支持,能从良好的师生关系中获得愉悦和满足感,能继续发展专业自我意识。但另一些学校则相反,是一个布满不友善的挑战和问题的雷区,在这里学习和专业发展的乐观及愉悦被负面的事物及"有毒文化"(同上)所替代。因此,理解这些隐含在学校环境中关键影响的性质对于我们了解一些新教师如何生存和发展,而另一些新教师选择离开这个行业提供了有用的视角。

在这4个新教师的故事中可以看出,在Kim的例子中,因为她受到一些因素的积极影响,她有一个"从容的开始"(Huberman,1993),而对于海利和莱恩则是一个"痛苦的开始"(同上)。尽管在研究文献中有很多关于学校条件或者环境对于支持新任教师专业学习和发展重要性的论述,但对于学校管理者特别是学校校长在为教师创造积极的工作环境的重要作用方面,却很少有人去研究。对于金和帕特,来自学校领导的强大支持和认可在帮助他们融入学校专业团体、发展他们的专业自我意识、维持他们的责任感和职业的积极轨迹方面起到了关键作用。30年前,巴思(Barth,1976)论述道:

不是教师,不是中央办公室的人员,也不是大学的人能改变学校或对学校有影响。是坐在校长位子上的人。

(Lieberman and Miller,1992:61)

关键影响,如学校领导的支持和认可、教师间的团结和学校协作文化、与学生及家长的关系、专业发展的质量,这些综合在一起对教师的专业发展轨迹产生影响。特别是对于那些如何面对来自一线课堂新的专业生活挑战的教师,学校领导及同事的支持比其他因素更加具有关键性的影响,因为这种基于学校的支持对于他们在如何处事、如何有归属感及如何教学、如何专业化方面是至关重要的。

第五章

教学生涯的中期应对压力和过渡期：处于"十字路口"的教师

引 言

> 人们会问一些人生不同阶段目的和意义的严肃问题，教师也不例外。他们问一些个人问题，如职业的选择、学校、班级或者学区等。另一些研究还表明有些教师甚至问一个基本的问题：我是继续从事教师的职业还是离开这个行业。
>
> （Huberman，1993：138）

对于教师专业生活中期阶段的研究很少。对于何时开始教师职业生涯的中期阶段有不同的意见，这也使得搜索关于教师在这个阶段的责任感、心理弹性和幸福感的详细论述更加复杂化。如在Rosenholtz和辛普森（1990）关于教师责任感的文章中，他们认为有6～10年的教学经验为"职业中期教师"，有11年或者更多年教学经验的教师为"资深教师"。在尼亚斯（Nias，1989b）关于小学教师的研究中，她定义"职业中期"的教师年龄为32～42岁，有12～20年教学经验。10年后，格里斯摩和柯比（Grissmer and Kirby，1997）认为，年龄为30～50岁的教师为"职业中期"教师。最近哈格里夫斯（2005）在他关于教师对教学变革情感反应的研究中，划分有6～19年教学经验的为"职业中期"教师。

研究视角

关于"职业中期"划分的分歧可能在一定程度上与研究者对于这个阶段教师的研究采取不同的视角有关。一种研究认为,职业生活的这个阶段相对比较稳定,离职率最低,能力增长,信心、心理弹性和效能都在增强。格里斯摩和柯比(1997:49)发现,教师的离职率呈"U"型,"在他们的职业早期最高,中期很低,而即将退休的时候又很高"。有10~19年教学经验的教师离职率最低,不到3%,而有20~24年教学经验的教师离职率是4%左右。博比特等(Bobbitt et al., 1991)、博等(Boe et al., 1997)、德沃金(Dworkin, 1980)和林克(Rinke, 2008)也论述了关于教师离职率的类似分布数据。哈格里夫斯关于教师职业中期的分析表明,"经验"使他们更加有自信心,能够应付变化,更加有心理弹性去改变要求:"职业中期的教师很明显更加轻松,有经验,对他们的工作比以前感到更自在,但仍能够以更加积极的方式热情灵活地去应付变化。"(Hargreaves, 2005: 979)

但另外一些研究认为职业中期的教师处于经历新的挑战和压力的过渡期(Hamon and Rotman, 1984; Huberman, 1993; Prick, 1986; Sikes et al., 1985)。他们在研究教师这些年的生活和职业时,指出教师经历"中年危机"的迹象,"在仍有可能的时候",以一种紧急的意识思考其他的选择(Huberman, 1989b: 253)。胡伯曼(1993)发现有11~19年教学经验的教师特别有一种潜在的停滞不前的恐惧。在接下来对47个职业中期小学教师的研究中,尼亚斯(1989b)论述这些教师在中期职业阶段为了抵消乏味或者挫折感,追求"平行职业的形式","把家庭和学校当作在个人发展方面分别独立但富有相同成效的领域,并在生活的不同时期根据需求在两者间进行转换。"(同上:400)。同样,Rosenholtz和辛普森(1990)及辛纳蒙(Cinamon)和里奇(Rich)(2005)论述到,如对新教师的研究结果相同,积极的组织环境和合适的专业支持对于职业中期的教师经历"独立危机"也同样关键——例如是帮助他们过渡为有责任的资深教师还是使他们责任感减少,并可能离开这个行业(Rosenholtz and Simpson, 1990: 253)。

不管教师们是把重心放在职业上还是家庭上,还是两者兼顾,管理者有必要找到一些办法创造合适的专业环境使优秀教师实现他们的职业和家庭目标。否则教师们会遭受压力和挫败感,可能会离开这个行业或者以并不太理想的方式工作(Kossek and Ozeke, 1998)。

(Cinamon and Rich, 2005: 374)

我们的研究发现，从教师信任的有见识的领导和同事那里获得更多的支持很重要。它能帮助教师维持和提高士气，有能力应付来自工作和生活的压力，维持他们的自我效能和责任感（Day 和Gu，2007）。我们区分了教师职业中期的两个明显阶段：8~15年教学经验的关键转折时期，接下来是16~23年教学经验阶段。在这个阶段，尽管平衡工作和生活的压力增加，但几乎所有的教师都承担额外的行政职责，从而能增强他们的责任感、心理弹性和最好的教学能力（Day et al.，2007）。

职业中期维持或阻碍教师责任感的因素：4名教师的写照

这个阶段的很多教师在提到有"危机"或者重新评价的时候，把这些归因于学校制度的变化、不好的工作环境、个人事件、难教的班级、对教学大纲的过多投入及没有效果的教学方法的变化。"尽管职业中期也许会更加脆弱，更加需要反思，但在关于教学的实证研究中没有足够的证据说明它将必然会带来'危机'的概念。"（Huberman，1989b：353）

尽管职业中期不一定对所有的教师都是一个自我质疑或者"危机"阶段，但对于许多教师这是他们职业生活的一个转折点。一方面，有着更大的职业提升的机会；另一方面，也面临更大的挑战应付来自同等重要的家庭和工作的压力。因此，胡伯曼和国际上的一些学者论述道："尽管在职业的任何阶段都会出现困难时期，但在有些时期会更加脆弱。"（同上，1993：255；Nias，1989b；Prick，1986；Sikes et al.，1985）

中期职业的大部分教师努力做到维持责任感和激励感（表5.1）。确实，他们并没有比他们教龄长或者教龄短的教师显得更加"脆弱"。（见第四章和第六章）。与有7年教龄的同行一样，有8~15年教学经验的教师也将近1/4在努力维持责任感和最好的教学能力。在这个阶段，教师在责任感上比有16~23年教学经验的同行更有可能减少更多（表5.1）。我们的研究发现，在他们职业生活的8~15年阶段，平衡工作与生活间的压力更有可能考验他们的心理弹性。但是研究也表明，如果有来自学校领导和同事充分的支持，许多教师能够积累他们的经验、精力和热情，积极去"寻求新的想法、挑战和参与。"（Huberman，1989b：352）并且继续追求发展和加强他们教学能力的专业道路。

表5.1 职业中期阶段教师的专业责任感轨迹（8～23年教龄）

类　型	职　业　阶　段	
	8～15（$n=86$）	16～23（$n=46$）
积极轨迹	62（76%）	38（86%）
消极轨迹	20（24%）	6（14%）

8～15年职业阶段：应付角色和身份认同的变化——压力和过渡

随着家庭责任的增多及工作上更多专业要求，多数人（79%，$n=68$）承担了学校的行政管理职责，许多教师在这个阶段开始面对应付来自家庭和事业的双重挑战。既想做一个好教师，又想做一个好的管理者，一些人陷入了两难的处境。

胡伯曼（1993）也认为，8～15年职业阶段在教师的"职业年轮"上是一个令人注意的阶段，"教师开始询问自己的职业向何处发展，现在的状况如何"（同上：255）。在这个阶段，他们位于个人和职业生活的"十字路口"，会激烈地自我质疑，审视他们工作和生活的意义，问一些是继续教学还是离开这个行业的严肃问题（Huberman，1989a，1989b，1993）。几乎20年后，在不同国家背景中，我们研究还发现了一些其他问题，比如他们职业不同道路和个人生活的相互交叉和干扰——在职业上是继续追求进一步的提升和职业发展，还是在课堂一线完成教师的使命。

根据他们责任感和激励的程度，将教师分为两种。

（1）类型a，持续的投入——这类教师有强烈的效能感，可以预见他的职业轨迹是有着更多的责任感，得到职业的提升（+62）［40名小学教师（78%）；22名中学教师（63%）］。

（2）类型b，格格不入/缺乏激励——这些教师感到脱离这个团体，激励感减少，并极有可能在下一个职业阶段自我效能下降甚至更换工作（-20）。［7名小学教师（14%）；13名中学教师（37%）］。

在a类型中大约有67%（$n=42$）的教师有额外的管理职责。对于他们，领导者的角色构成了他们专业自我的重要组成部分。一些人寻求更高的提升，如教研室主任、副主任或其他部门领导角色，而另一些已在领导岗位的教师在学习如何应付一些变化。相反，在这个类型中有一小部分教师声称他们对目前工作和生活的平衡感到"满足"和"幸福"，他们不再有打算去承担更多管理者的责任。一些人希望在下一个职业阶段能专注于提高自己的教学能力，达到最好的水平，而另一些人，特别是从别的职业转来后来加入教师行业的老师和那些面临退休的教师，由于通过他们的能力对学生的学习和成长起到作用，他们体会到巨大的工作满足感。

我们观察到，那些从别的职业转来后来加入教师行业的教师，通常有强烈的职业感和责任心。这也与那些对"职业转换"的研究发现相同。这些研究认为"调换到教师行业，这种转换经常会带来相应的使命感和强烈的责任感，更加成熟、专业化。"（Mayotte，2003：681；Arthur et al.，1999；Chambers，2002；Freidus，1994；Grier and Johnson，2009）。尽管这样，但在后面章节中Sam和Jodie的例子也告诉我们他们与比他们年轻的同事一样需要个人生活和专业的支持，尽管由于年龄的原因，需求不同，性质也不一样（Madies，1989，1990；Mayotte，2003）。

图5.1和图5.2显示了对两种类型的教师正面和负面的关键影响。与他们只有7年教学经验的同事相同，他们声称来自学校和部门领导对工作和个人生活的支持、同事的团结、与学生的良好关系、合适的专业发展机会，仍是维持他们心理弹性、责任感和达到最好教学能力的重要因素。但与经验不够丰富的同行相比，这个职业阶段的更多教师需要面对平衡工作和生活的压力。两种类型中都有超过40%的教师声称，不顺的个人事件对他们责任感的破坏性影响。类型b中有将近60%的教师声称平衡工作与生活的压力对他们心理弹性与幸福感的负面影响。（图5.2）。

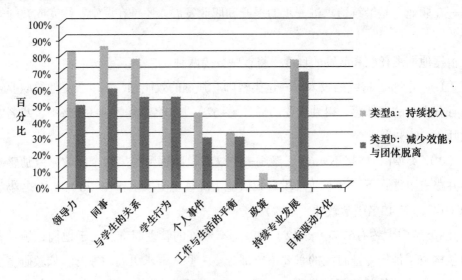

图5.1 类型a（*n*=15）和类型b（*n*=10）所报道的积极关键影响

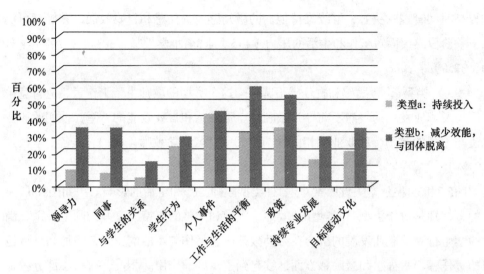

图5.2　类型a（*n*=15）和类型b（*n*=10）所报道的消极关键影响

16～23年的职业生活阶段：平衡工作与生活的压力——对激励和责任感的挑战

在教师更高的职业中期阶段，大部分教师陈述自己有比较高的责任感、激励感和积极的职业轨迹。与他们经验更多和经验更少的同事相比，这个阶段自我效能感或责任感减少的老师要少一些，这个阶段89%的教师都承担领导的职责。这与其他的研究发现形成对比。例如，普里克（Prick, 1968）观察到，年龄在36～55岁的男性和39～55岁的女性当被询问到是否留在教学行业时，都认为会有"危机"时期。当评论教师职业生活的艺术状态时，弗洛登（Floden）和胡伯曼（1989）也找到了比较"有说明性的证据"，有12～20年教学经验的教师或者35～50岁的教师感到他们正经历一个"思量未来"的阶段。"在这一阶段，教师开始设想职业阶段的终点，如果看周围更老的同行，这个终点的情形现在能很具体地推断出来，因此开始严肃地考虑离开这个行业。"尽管在我们的研究中，大部分处于中期的教师在经历一个"盘点期"，但没有显著的证据表明他们正在考虑离开这个行业。

根据他们责任感和动机感的水平，将这个阶段的教师分为了3种类型。

（1）类型a，激励感和责任感在增长——教师们由于他们进一步的职业提升和良好的学生关系看到他们的责任感和激励感在增长，并极有可能在将来继续增强（+23）［17名小学教师（63%），6名中学教师（32%）］。

（2）类型b，继续应付平衡工作和生活的压力——这个类型的教师由于归属感和提高时间管理的决心,继续维持他们的激励感、责任感和自我效能,并极有可能在下一阶段继续面对工作和生活的压力(+15)[8名小学教师(30%),7名中学教师(37%)]。

(3)类型c,激励感和责任感下降——这个类型的教师由于工作量,应付竞争的压力及职业发展的停滞不前导致激励感、责任感和自我效能的下降,他们的职业轨迹与下降的激励感和职业感相关联(-6)[1名小学教师(4%),5名中学教师(27%)]。

图5.3和5.4显示了关键因素对这3种类型教师工作和生活的影响。正如图5.3所显示的,特别是对于类型a和类型b的教师,领导和同事的支持、良好的师生关系、满意的学生行为及职业发展的机会在帮助教师应付工作与生活的压力,增加和维持他们的责任感、幸福感和激励感方面继续起到了重要的作用。相反,有一小部分教师在连续教了16届学生以后,他们的职业感和效能感下降,并认为不顺的个人事件、不利的教育政策、缺乏领导和同事的支持及缺乏职业发展机会是他们激励感减少和产生职业停滞感的主要原因(图5.4)。特别对于那些幸福感和责任感已经处于下降风险的教师,破坏性的学生行为和平衡工作与生活的压力似乎更加具有负面的影响。

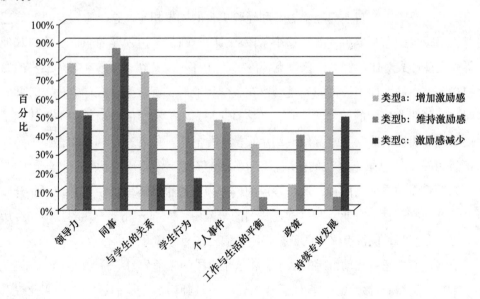

图5.3 类型a(n=46)、类型b(n=23)和类型c(n=36)所报道的积极关键影响

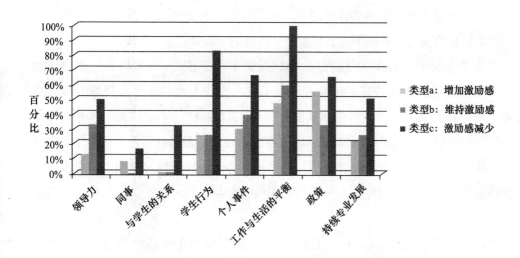

图5.4 类型a（n=36）、类型b（n=23）和类型c（n=15）所报道的负面关键影响

因此，在经历早期职业阶段的成功后，职业中期的教师更加有信心、有效率和有工作热情。大部分教师都承担了额外的领导职责，但许多教师也开始面对在额外的家庭责任和职业要求间保持平衡的挑战（Floden and Huberman，1998：462）。下面关于4位教师的描述显示，尽管工作与生活的压力逐渐增加，但只要有来自学校领导和同事的对工作与生活的支持、和谐的师生关系、职业发展的机会及在学校的提升，多数教师能维持他们的责任感、自我效能和幸福感，能继续发挥最好的教学能力。

1. 故事1：向前发展——来自个人生活和工作的挑战

我一直喜欢与孩子们一起，从来没想过做别的工作。我每天起床来到学校做我热爱的工作。不是每个人都这样说……我现在正处于我职业生涯的关键时刻。

（艾莉森）

第一个例子显示，领导支持、认可及提供晋升的机会在教师职业生涯的关键过渡期能增强自我效能、自尊、责任感和教师的积极性。

艾利森今年30岁，已经任教11年。她在目前的学校教了9年。以前在另外一所学校担任临时"替补"教师。目前这个学校在市中心，有550名学生，主要来自经济不错的家庭。她4年来主要负责小学六年级的教学，并承担行政职责［语文教学协调人，年级组协调人（六年级），特别辅导有天赋的孩子］。

成为一名教师是艾利森的抱负之一,她最早是一名护士,但由于她的领导"大力鼓励",相信她有能力成为一名好教师,她转向了教师行业。

学校领导对于艾利森在学校的幸福感起到了重要作用。3名高级管理团队的成员在管理技能上相互补充。她发现他们不仅在工作上而且在个人问题上都容易接近,并得到帮助。"这个管理团队的3个领导都是百分百地支持你,这真是太棒了。"领导们鼓励她进行职业发展,她也很感激当她婚姻遇到问题时从学校得到的个人支持。另外,她感到校长和其他领导都重视她的想法,允许她能创新自由地实施管理的角色。"领导很好,不管有什么想法我们都一起讨论,一起工作,把它变成现实。"

艾利森也喜欢她目前学校(整体上)由有责任感和工作热情的教职员工构成的工作环境。与同事的关系很好,这对她工作满意度也起到很大的作用。她特别高兴作为年级组负责人与3位同事的合作,"他们努力做好分内的工作,没有人抱怨。"

在她的班级里配了一名助教帮助一名特殊的学生,她认为这是一种额外奖励,"因为班级里多了一个人手来帮助一些特殊的孩子",因此分担了她的工作量。

艾利森感到她的学校学生行为"不是很好,孩子们很少相互关心,并经常会违背学校规章制度",当学校行为制度更新时,她会很乐观地认为学生的行为会得到改善。确实她能看到学校一些进步的迹象。让她最感到担心的是缺乏家长的支持,"当教师管束纪律时,有一些家长并不支持"。

她并不认为学校问题学生的增加影响了她与学生确立起的良好关系。她坚定地相信"你必须与学生有特殊的关系——孩子们与你相处感到安全,信任你,愿意把他们的问题向你倾诉,你也会用合适的方法去处理。"因为艾利森是一个年级组长,她总是分到3个班级中最有挑战性的一个。但她已经习惯了这点,并且每年都会努力与学生确立良好的关系。但在有些年份所招的学生更有挑战性,因为这点,正如她的工作线(图5.5)所显示的,她的整体效能感、责任感和激励感也会出现波折。

第五章 教学生涯的中期应对压力和过渡期：处于"十字路口"的教师

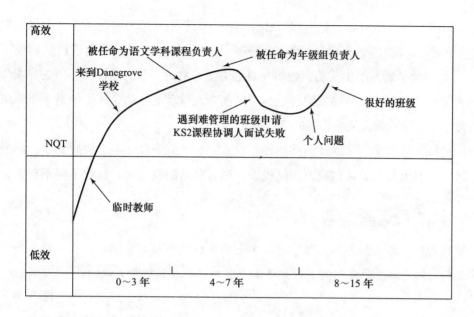

图5.5 艾莉森的工作线

她的工作线（图5.5）显示，3年内的两次晋升对她作为一名教师的职业生涯产生了积极影响。但是因为班级学生比较难以管理加上没有达到一次内部的提升及来自教育标准局检查的压力，艾莉森在激励感和责任感方面经历了一个低谷。一年以后，她成功地得到进一步提升和"可爱"的新班级重新激起了她的激励感和自尊心，从而对她效能感和责任感的提升起到了重要作用。回想她最近婚姻的破裂，艾莉森感到自己更加坚强了——因为作为一个单身母亲意味她必须鞭策自己在生活方面要更加有条理。

艾莉森感到很难看到在工作和生活之间有明显的界线"个人生活的很多时间都被教学的事务占据了，而在教学中也让我学到了很多如何做人的道理。在个人生活中的一些准则我也会带到课堂里。"

不出意料的是，尽管"工作量增加了，社交生活减少了"，但她对这份工作仍充满了热情。她已经重新参与到社交生活中。她热爱教师这个职业。在社交场合时，她发现自己经常为教师和教育体制辩护。其他行业的人和家长经常关注教育负面事件而不是教师的成就。"有时候当你说你是教师时，这就像终止谈话的利器。"

艾莉森感到她目前的职业阶段与以前有很明显的不同。她很高兴自己的职业晋升给她带来的专业认可并从她逐渐增长的自我效能中获得巨大的满足感。但是在这个阶段的初期,她感到不稳定和"犹豫不决",并不禁思考自己应该如何做来发展职业道路。"我应该离开还是留在学校?""是我应该去竞升副校长的时候了吗?"她经历了晋升的不成功。她现在感到更加"稳定"和满足,并不再去寻求学校内的晋升。她喜爱领导语文学科做到"向前令人激动的推动"。她知道下一年将要去教一个新的班级,又面临新的挑战!

经过11年的教学,艾莉森仍感到很"投入"和"有责任感"。她感到"生活津津有味",但也知道如果她想成为副校长,当有合适的机会时,她就不得不离开目前的学校。

2. 故事2:冲突的价值观

特别是对于语文和算术的教学目标都有明确规定的教学大纲时,我不能每年机械重复相同的内容。你要确实掌握住这些内容,这就是我所努力做的。

(菲利普)

第二个例子显示,尽管有同事的支持,但在实施教师不赞同的国家政策带来的挑战,以及他的教育价值观与学校领导的价值观相冲突,给他的责任感和激励感造成了冲击。

> 菲利普今年49岁,目前在一所有325名学生的城市小学教6～7岁的学生,已经有21年的教学经验。菲利普在这所社会经济地位比较低、成绩较差的学校担任低年级的课程负责人和数学课程协调人。学生中英语作为第二语言的人数比例(37%)较高,学生总共有43种语言背景。学生名单上大约有35%的学生都登记为需要特殊教育,远远超过了全国平均水平。

菲利普本来是培训作为一名会计的,但他感到自己更是一个"与人打交道的人"。是一个做教师的朋友建议他做一名小学教师,因此按照他自己的话说,决定"去尝试一下",开始了教师这个行业,"想帮助学生培养他们成为独立的有主见的人"。但他认为自己现在远远没有做到这一点。相反,他发现自己把很多时间花在没有效果的文书准备上,而这些时间可以用来更多地投入教学。他认为国家教育标准局的检查体系是对他工作的最大负面影响。并且对他不得不与同事一起工作反思表示"不满意"。

菲利普相信他的学生社会经济背景"很可能"对他的教学产生影响。因为高流动率和没有固定的受托区(Catchment area)(如许多学生都是临时住所,地区平困，种族复杂），教师不得不加倍努力得到家长的支持，"许多学生都是临时住所，存在上课迟到、缺勤和没有学习动机等问题。"

但是他对教学仍保持高度的责任感，主要因为"我有一个很好的班级……他们的表现很棒，也有很好的学习动机。他利用户外课程大纲的要求为他的班级组织了校外访问。这带来了积极的影响从而使他在工作上感到更加有动力。菲利普对于自己帮助学生取得成绩的能力更加自信，并从家长的积极反馈和学生的学业进步中获得巨大的快乐。尽管由于他的学生在全国统一考试中成绩不理想导致他自我效能暂时陷入低谷，但他仍保持较高的工作满意感。参与专业发展的机会对他作为教师也有极大的积极影响。他完成文学硕士学位的学习，拓宽了他在教学方面的学术观点，因此他感到自己更加有自主性、责任感和自律性。

菲利普的工作线（图5.6）显示，过于正式的规划和教育标准局的特殊措施对他的士气和自我效能产生了消极影响。他相信在专业和个人问题上他一直获得支持。当学校实施"特殊措施"时，副校长升为校长，他和教师们一起发现"我们向前的方向有些错误"。菲利普也感到其他教师的责任感和自我效能对他来说也是非常重要的。他享受与同事的良好合作和来自他们的专业支持。他认为自己的成就主要得益于和同事的良好团队合作，他们都相信"我们都是同一条船上的人，大家必须一起努力，否则船就会下沉"。

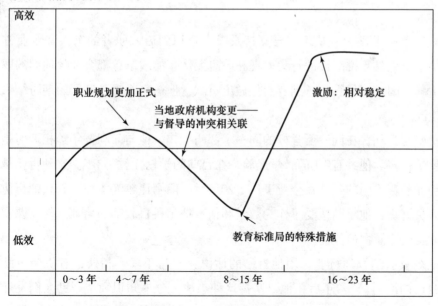

图5.6 菲利普的工作线

菲利普的教学责任感一直有变化，并与教育政策的变化相关联。20世纪80年代后期因为有更多规定性的国家统一教学大纲的出台，他感到他的"价值观受到侵蚀"。他同意目前更加整体化班级教学的建议，对政府的策略也更有信心。但他很遗憾自己在班级里进行创新教学的机会更少，并厌恶不得不遵循他称为"条条框框"的教学大纲。他相信自己是个好教师并认为狭义的考试结果与他的教学不太相关，因为这主要取决于生源的质量。他对达到指标不再担心，因为"这些目标是不现实的，如果它们不现实，你就无法达到这些目标，就这样"。

菲利普的坚定信念之一是认为教学应该是有趣和创新的，但这也与学校的信条相矛盾，并对他的自我效能产生破坏性影响。这种矛盾随着新校长的任命就开始了，对于新校长，"成绩就是一切"，"她似乎过于关注学生的成绩来衡量一切，而不是注重创新学习"。

菲利普描述新的校长很"专断"。他不再喜爱这份工作，因为他不再有"前任校长给他的自主权"。他感到越来越受到学校这种目标驱动文化的限制。当学校陷入这种无法想象的文书工作中，他感到崩溃了。这种文书工作的要求压抑了他的创造性，而且他意识到自己的工作状态正侵犯他的个人生活。他感到沮丧，感到自己不再有价值，甚至考虑从学校辞职。

3. 故事3：感到疲惫和受限制的，但还没有丢失责任感——一个较晚加入教师行业的人 （萨姆）

第三个例子显示，缺乏领导支持及没有意识到后入职者的个人和专业方面需求，加上学生具有挑战性的行为表现和政府无休止的改革，都会导致他们的职业抱负心下降。因此，尽管仍感到有责任做出贡献，但这名教师已经开始期盼结束他的职业生涯。

萨姆与菲利普在同一所学校的同一个部门工作。他与菲利普年龄相近但是教学经验要少很多。他共有9年的教学经验，在目前的学校任教了8年。这种对比是显著的。与菲利普不同的是，在企业工作了20年后，萨姆比较晚才加入到教师行业。预料到人员富余，他重新接受了作为数学和信息技术科目教师的培训。他在课堂外的唯一职责是"储物柜负责人"。

他被吸引到教师行业，用他自己的话说："与年轻人相处，有机会帮助他们发挥自己的潜力。"9年后，他仍坚持这种想法。分享知识和"帮助人们发展他们最佳能力"仍然激励他教学，并保持"比较高"水平的责任感、工作满意度和自我效能。但因为来自政府和学校管理团队的干扰，这种水平比3年前有所下降。学校已成为"它自己成功的牺牲品"，教师"不得不奔跑到以至于停滞不前。"

他描述目前学校的学生"很棒"，他和学生的关系"基本不错"。他很在乎学生的成绩并享受分享他们的成功。尽管对学生的行为日渐变坏感到不开心，但他并不认为他们"与同一地区的其他学校学生一样差"。不管怎样，似乎"一年比一年差"，并对他的教学产生了负面影响。

菲利普的观点是如果有一份工作去做，就会尽最大能力做好，但不是投入一切。例如，他讨厌把批改作业带回家。他喜欢"大部分时间"在学校工作，认可来自同事的专业支持。但他感到尽管学校很支持，但在学校和部门间缺少沟通。而缺乏来自学校高级管理团队的支持也对他的自我效能和责任感带来了负面影响。

最近父亲和一个朋友的去世，加上妻子遇到一场事故，他开始质疑他的优先处理事项。因为相信"生活比工作意味着更多"，他决定在一周的某些时间减少他的学校工作量，以至于他能把这些高质量的时间留给自己和妻子。

与菲利普相同，他对外部的一些措施和策略感到不满意，"大部分政策都没有经过深思熟虑"。他感到自己仍有责任心，但"有时候激励是个问题"。他正在考虑提前退休。

4. 故事4：维持责任感，但自我效能下降及潜在的不投入

这是一份工作，但你得学会平衡。一切都说了和做了……我不会认为自己一直会教到65岁。我不会认为我能再工作6年。

（乔迪）

在8～15年职业阶段，来自学校领导的专业认可和个人方面的支持仍是教师自我效能和责任感的重要强心剂。乔迪的例子证明，全国范围的改革及学校层面的改革加上与年龄相关的家庭担心会导致教师重新考虑是否继续投入教学——尽管他们还维持责任感为孩子的学习和进步尽力。

乔迪目前的学校有1000多人，主要是11～16岁的学生。有较高的社会经济基础，处于半农村地区。学校里有不到1%的学生英语是第二语言。这所学校是她工作的第三所学校，且她在这里已经工作5年了。

乔迪现在42岁，已经任教了8年，比较晚加入到教师行业。教师是她的第二份工作。她的第一份工作是在警察行业服务。之所以转为教师是因为她看到这份职业带来的挑战和智能的激发，以及喜爱所学的专业。因此，她与她的哥哥姐姐们走了相同的道路，他们也都是在别的行业工作后再转向教师行业的。

与在学校接触的实际孩子们数量相比，在警界你所接触的人是有限的。你必须

对每个孩子负责，而在警界你也只能做你8小时内应该做的事。

在刚开始从警界转入教师行业时，Jodie在第一个学校获得较差的评价，需要得到所在教研室主任相当的支持和帮助。

在目前学校工作的5年内，她被提升为英语教研室的副主任。尽管因为家庭的一些原因她对进一步提升没有兴趣，但这次提升最初还是增强了她的自我效能和激励感。她声称每周工作51～60小时，并需要把工作带回家做。她陈述"不管你做什么，工作总是压着你"，并"频繁"感到有一种高度的压力。因为总感到做得还不够，总是感到"内疚"。与我们所调查的其他老师一样，她发现自己没有足够的备课时间或者有时间反思她的教学。

来自学校管理团队的支持对她的责任感和幸福感有积极的影响。她也重视周围同事的支持（部门内大家关系很好），与"与同事们一起有种集体感"，"在课堂内最开心"，但是她的学生在最近的全国统考中没有取得预料的成绩，这一直"对她是个打击"。

乔迪的工作线（图5.7）显示，她在学校自我效能方面自信心增加，并且最近显示一段稳定期。

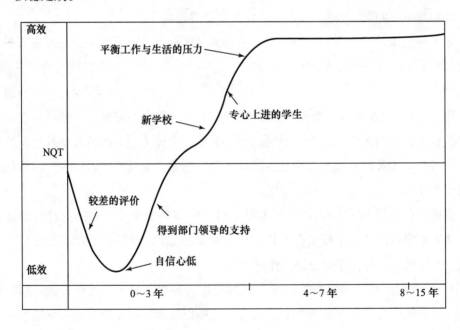

图5.7　乔迪的工作线

她认为学生是她幸福和愉悦的主要来源。她描述他们为"很好的孩子",并且与他们形成了良好的关系。学校里学生的整体表现是"基本很好的"。

与萨姆相同,乔迪强烈感受到强加给教师的外界无休止的措施和变化给她带来了负面影响。她特别对"目标驱动文化"和评价体系的变化感到不满意。她看到自己英语教学的一些见解已经"耗尽",也不太愿意去改变她的教学方式。她对学校经常的变化也感到有压力,有的变化甚至是"一天一变"。她的学校即将变为"专科型"理学院,乔迪感到不高兴的是英语可能会成为"二流学科"。因此她感到"很多不满",她的激励感在过去3年也减少了很多。她的丈夫考虑6年后退休,她也在考虑"完全改变生活方式"。

结论:处在"十字路口"的教师

到了这个职业阶段,不少教师经历了不同的体制、不同的角色。在经过了年轻时的热情和在后面的职业阶段到来之前,很多教师在职业中期阶段凭借他们的生活和工作经验使自己对一些变化仍保持开放、感兴趣和健康的怀疑态度。

(Hargreaves,2005:980)

尽管很多教师在他们的职业中期没有离开教师行业,但他们责任感的程度都经历了一个关键的过渡期。正如在哈格雷夫斯关于一些"职业中期教师"的研究中所注意到的,他们既有初任教师,也有比他们更有经验的资深教师的"双移情",他们确实感到自己处于"中间的位置"(同上:981)。以上4位教师的描述比哈格雷夫斯所研究的更揭示了教师生活具有细微差别和复杂的现象。尽管大部分人能保持责任感,但由于不断的官僚要求、逐渐变坏的学生行为、越发强调的需要达到的工作目标和个人生活的变化,这些所带来的压力还是把教师们置于责任感的十字路口。

因此,那些领导和关注提高学校和课堂教学标准的人们,对认识教师新的挑战、挫折和不同的个人及专业需求的程度对于这个阶段的教师是很关键的,因为这个阶段比教师个人和职业的其他阶段都更加有可能影响他们接下来10~20年在学校的责任感和是否达到最好的教学能力。

第六章
经验丰富的老教师：维持责任感，锻炼心理弹性

引 言

老教师并不是一直在学习和成长，他们也可能对自己的工作产生厌倦之情。此外，经验的益处和教育机会是相互作用的。老教师们在注重不断学习与合作的过程中也在持续提升着自己的效绩。

(Rosenholtz, 1984: n.p.)

虽然罗森霍尔兹的言论明确指出了学校领导和学校文化对于教师学习和效绩的重要性，但影响这两样东西的条件远远不止这么简单。这一章旨在通过研究多种具有关键性的影响来加深人们对于老教师这一重要且数量庞大而又经验丰富的群体的工作和生活的认识。本章将采用两位小学教师、两位中学教师的叙述作为出发点，引出意在揭示并了解老教师为何及如何会在他们教师生涯的第30或40个年头依旧保持或无法保持他们的能动性、责任感和心理弹性的研究。

研究视角

由于教师退休、离职等尤为突出且持续的问题,大部分对教师的研究都集中于他们早期的教学生涯(Ingersoll,2003)。与之相反的是,人们对于这些有着丰富教学经验的教师(也就是我们所说的老教师)所面临的压力和挑战知之甚少,更不用说他们是为何及如何做到不断地坚持他们的教学使命的了(Hansen,1995)。在这些教师的专业教学生涯中,他们将遭遇到来自专业、工作和个人方面的压力,这些来自不同方面的压力对于老教师们来说是一个挑战,同时也或多或少削弱了他们的价值、信念及工作能力:一些教师愿意留在自己的岗位上,而另一些教师逐渐丧失了有责任在课堂中竭尽所能进行教学的能力。

第二章中,我们讨论了在许多国家开始把教师对学生在国家测试和考试中的成绩所负有的责任作为当务之急,人们对于教师专业主义的观念开始改变,而这些"当务之急"又与国家标准和监督评估体系的发展和应用相伴而生。一些人认为这些影响正在削弱教师的独立自主和他们的传统身份认同(Friedson,2001;Ozga,1995;Sachs,2003)。在许多工业化国家中,师资队伍正在日渐衰老,尽管政府部门已经意识到了这个问题和其带来的对经验相对匮乏的年轻教师的需求,但那些教学超过24年的教师自身的素质带来的影响却并没有被提及。我们所做的名为"VITAE"(Day et al.,2007)的研究表明,更有经验的老教师们,尤其是中学老师,他们教学的责任和效率(既包含他们在课堂上的教学效率,也包括学生成绩的进步与保持所衡量出的教学效率)削弱的风险非常高。此外,对于那些服务于教育弱势群体和有"特别需求"学生的教师中还存在着离职留职的问题。其他来自英国、澳大利亚和欧洲相似的研究表明,

组织影响是教师决定去留的关键因素。大多数教师最初是抱着对教学的责任、对学生的责任入行的,但随后发现学校组织与结构方面的因素与他们的专业化认识背道而驰。

(Cetro and Engelbright Fox,2002:69)

许多对于教师留职的研究大都过分狭隘地关注"离职",即表面上教师人员的减少,而不是关注教师的责任感是怎么被削弱的。其他研究则把重点放在教师所肩负的压力上,认为是压力导致了责任感的下降。这些研究大部分是基于教师的自评报告且致力于寻找使教师留任的解决途径。例如,迪纳姆和斯科特(Dinham and Scott, 1996, 2000)的研究, 他们的研究把教师的教学特点和学校的工作环境的详细信息作为影响他们是否离职的重要因素。这些因素包括班级规模、教学资源、官僚主义、自主性、对学校和课堂决策过程的参与度及个人地位和薪水。最新的权威研究清楚地表明, 过去那套关于卫生因素的理论 (Herzberg et al., 1959)今时今日已不奏效。仅仅只是增加表面因素 (如增加工资) 吸引教师留任而不是减少教师不满意的地方 (如官僚主义的增强和课堂自主性的减少) 是不能留住教师们的 (Dinham and Scott, 1996, 2000; Nias, 1989a)。

这些研究还有一个更进一步的缺陷是它们都不关注老龄化、社会与政策的变化、工作环境和教师效绩带来的正面影响与负面影响之间的关系。然而, 正是这些在提高和维持教学和学生成就的标准方面起着至关重要的作用。从真正意义上来说, 留住教师固然重要, 但是对教师自身素质的保留更为重要。当许多国家的教师年龄分布以那些拥有超过20年教龄且大部分都不太可能因为经济和个人因素换工作的教师为主时, 我们认为调查这些教师的幸福感、责任和竭尽所能教育学生的能力是否会因为日积月累的需求和挑战而减退是至关重要的。因此, 我们把留住教师看作是一个过程而不单单只是个结果。我们知道的是这些教师已经变成了经验丰富的老教师, 但对于他们的责任感、幸福感和竭尽所能教育学生的能力有没有增加或减少却知之甚少。

随着教师年龄的增长, 他们所教育的孩子和年轻人在态度、积极性和行为上都与刚任教时所教育的第一批学生不尽相同, 而与之相应的所需精力的挑战也在随之增长。此外, 教师们自己的专业化方案会随着政策、社会改革、校领导和学生还有自身年龄的增长和突发的个人情况而发生改变。这些持续的挑战, 作为大部分长时间在统一工作岗位上工作的人都会遭遇的一种经历, 可能会削弱教师们的动机、责任和心理弹性, 而这些对于维持最佳教学能力的主观意愿是必不可少的。

因此, 对理解这些挑战的需求变得很重要。因为它们涵盖了西方国家学校中大部分的教师 (OECD, 2005)。尽管有教师会选择离职, 但还是有教师会选择继续执教。因此, 对于校领导、同行, 尤其是对那些被教的学生来说, 是什么促使教师们相信并且坚持对所教的学生倾囊相授很重要。至于人们所关注的过度劳累和离职问题, 可能仅仅只是"冰山一角"。在这表面之下存在着什么? 是什么帮助抑或阻碍了那些更有经验的教师更好地教授学生? 怎样的教师才能被称为"老"教师?

"老"教师的定义：错综复杂的网

根据牛津英语词典（2006），"老"起源于拉丁词"veteranus"，意思是"老的"。"老"的人指的是那些在某个领域拥有长时间经验的人（同上：853）。基于这个定义，老教师指的似乎是那些在教师这个领域工作了很长时间的人。然而，这个解释却没能定义究竟多长时间才能使一名普通教师够资格被称为"老"教师。在一些研究中，那些仅仅只教了七八年书的教师就已经被称为"老"教师了（Rich and Almozlino, 1999; Teitelbaum, 2008）；而在另一些研究中，那些拥有15年甚至35年教龄的老师才被称为"老"教师（Brundage, 1996; Cohen, 1998.）。定义上的含糊其辞，尤其是对"经验丰富"与"老"这两个词的替换使用（Feiman Nemser, 2003; Kauffman *et al.*, 2002; Moore Johnson and Kardos, 2002; Snoyink and Ertmer, 2002），暗示了这一群体的专业同质性，因此使人们无法了解教师在他们各自教师生涯中不同阶段的不同本质。例如，教了六七年书的老教师比起那些教龄超过30年的老教师更有可能有着截然不同的职业身份和个性特点。所以，现今老教师的概念无法详细探究在很多国家那些构成教师群体的大部分、年老却又经验丰富的教师的个性特点与教学效率。

马戈利斯（Margolis, 2008）在关于教师的职业周期的研究中指出，老教师并不一定是专家型教师。这个发现与胡伯曼（1993）的观点一致，也与其他学者对于传统的"阶段理论"，也就是把教师的专业学习和发展概念化为一些线性技能培养阶段理论（见第二章）的批评一致。因此，就教学经验与专业知识的争论而言，近期研究中得出了一个重要的结论：虽然老教师可能有多年的教学经验并精通于课堂教学，但他们未必能成为专家型教师。

考虑到"老"的本义和组织心理学中对年长工人的分级（如45岁或以上），以及基于VITAE研究中对教师职业生涯中6个不同阶段的鉴定，我们认为老教师应该是那些在教师行业中工作超过24年的人，如在最后两个职业生涯阶段的教师们。

维持或阻碍老教师的责任感和心理弹性的因素：4位老教师的真实写照

胡伯曼（1993）通过对中学教师的生活的研究发现，处于接近退休年龄的职业生涯后期的教师对教育失去热情，只是静待退休的到来。VITAE研究证实了这一说法，同时也提供了教师更为细致微妙的日常生活工作的写照。研究发现，处于职业生涯最后两个阶段的教师们（教龄在24～30年或31年以上），比起"安静"和"积极关注"，他们有着高水平的激励感、责任感和强烈的参与教学活动的主动性。然而，研究同时表明了在每组教师中愿意保持他们的责任感、激励感和效率的教师的相关比例存在着不同。但是总的来说，老教师们积极与消极的发展轨线分别为57%（$n=42$）和43%（$n=32$）。对老教师们职业生涯阶段的分析越仔细，就会发现教龄在24～30年的教师与31年以上的教师之间的差异就更明显。表6.1说明了相比教龄31年或以上的教师，在教龄24～30年的教师群体中有更大比例的发展轨迹是消极的。虽然每一个阶段的教师数量相对较少，但是这也说明了那些在距离退休年龄还有15年左右的教师们更需要特别的支持。

表6.1 教师生涯后期（有着24年以上教龄）教师的职业责任轨线

类 型	24～30年的教龄（$n=52$）	31年或以上的教龄（$n=22$）
积极轨线	54%	64%
消极轨线	46%	36%

教龄24～30年：维持激励感的挑战

比起他们年轻或中年的同行，这一阶段的教师们逐渐开始遭遇对他们维持激励感的集中挑战。52名教师中有46名教师（其中，31名为小学教师，15名为中学教师），也就是88%的教师有着额外的领导责任。与前4个职业生涯阶段的教师形成鲜明对比的是，在有着24～30年教龄的教师中，接近半数的人认为继续维持教学热情变得越来越困难，而他们大部分年轻和中年的同行却有着相反的积极向上的职业态度。被迫持续接受着新措施、工作评估和在学校的服务年限带来的挑战和磨炼所产生的不满与愤恨会对这些教师的教学效率产生极大的负面影响。

基于积极性和责任感的等级，可以区分出两组教师。

（1）组a：保持着高积极性和高责任感的老师［共28名。其中，19名为小学教师（59%），9名为中学教师（45%）］；和那些愿意继续提升自己教学效率、积极性和责任感的教师。

（2）组b：坚持着但逐渐丧失着积极性的教师，如果不给予干涉，很有可能离职和提前退休［共24名。其中，13名为小学教师（41%），11名为中学教师（55%）］。

图6.1和图6.2说明了对教师工作起着关键影响的因素的比重（见第三章）。和之前对于年轻教师和中年教师的发现相同，学校领导和同事的支持对教师维持他们的责任感和积极性有着持续的重要作用。支持的缺乏被认为是违背了教师的意志。此外，高质量的职业发展机会，作为教师实践的关键性影响环节，被认为在提升教师的士气、责任感和积极性中起着持续的积极作用。此外，在对年轻教师的研究中发现，教师与学生之间的关系有助于教师教育生涯后期的职业身份的确立。

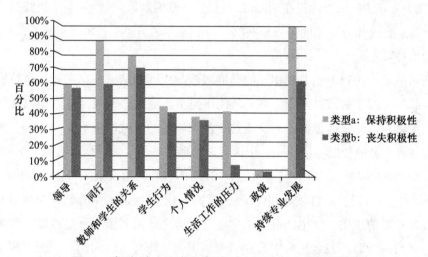

图6.1　类型a（$n=28$）和类型b（$n=24$）认为的积极影响

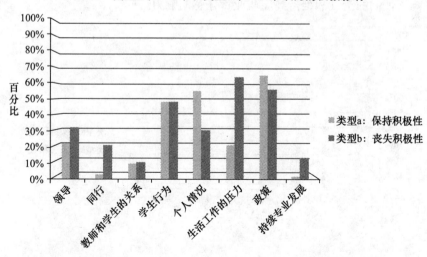

图6.2　类型a（$n=28$）和类型b（$n=24$）认为的消极影响

相比之下，关键影响（如外部政策和措施、工作与生活的压力和学生行为的恶化）对组b教师的积极性和责任感形成了巨大的挑战，因为组b教师在经济条件允许的情况下很有可能会辞职或提前退休。

教龄31年以上：保持/丧失积极性、应对改变的能力、期望退休

根据积极性和责任感的等级，可以把教师分为以下两种类型。

（1）类型a：个人、职业和组织环境发生变化，仍然保持着高度的积极性和责任感。他们的期望轨线继续发展强烈的主体意识、自我效能和高成就［共14名。其中，7名是小学教师（64%）；7名是中学教师（64%）］。

（2）类型b：积极性正在下降或者已经下降的教师。他们的期望轨线是疲劳的增长、理想破灭和对退休的渴望［共8名。其中，4名为小学教师（37%）；4名为中学教师（37%）］。

和胡伯曼（1993）的发现相反的是面对教师生涯的结束，存在着一个特别阶段的"解脱"（或宁静或苦涩）。在VITAE研究中，绝大多数教师一直抱以强烈的目的感和主体意识（坚信他们能对学生的生活和取得的成就产生重大的影响）来实现自己对教育事业的长期责任———一个因可以塑造下一代生活而变得有意思的职业。

关键性影响的模式和那些教龄在24~30年的教师身上发现的很像（如图6.3和图6.4所示）。一方面，来自领导和同事的支持和内部环境对大部分教师保持自身的责任感起着重要的作用，学生的进步与学生与老师之间的和谐关系是教师工作满意度的核心。另一方面，22名教师中有19名都意识到工作与生活间的不平衡，国家政策措施影响了他们的士气和维持高度职业责任感的能力。

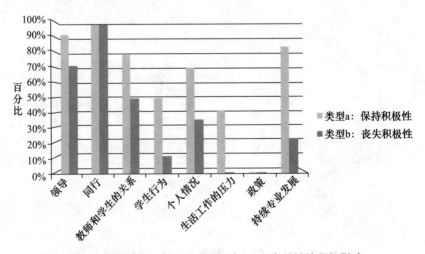

图6.3　类型a（*n*=14）与类型b（*n*=8）中关键的积极影响

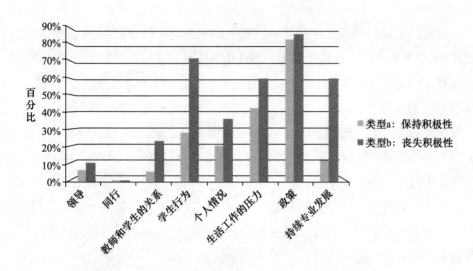

图6.4 类型a（$n=14$）与类型b（$n=8$）中关键的消极影响

总而言之，对于那些教龄超过24年的教师来说，他们从学生的成长中得到的无限价值和自尊增强并实现了他们的教学使命，也增强了他们的士气并建立了他们的心智、社会和专业资源，而这些又同时让他们有了能够对应可能遇到的负面影响所需要的精神力量。主要的负面影响包括国家政策、过分注重结果的官僚主义、学生的不良行为、身体不适、高强度工作负荷和长时间的工作。这些对教师的积极性和自我效能产生了负面的影响。对于这些老师来说，来自学校内部的支持是教师保持自身积极性并在课堂中提升自己的知识的最主要的影响因素，教师职业身份认同对他们的专业化意识也是至关重要的。我们从以下4名教师的例子中可以发现，正是教师掌控自身价值、职业竞争力、能力和他们工作生活的外部环境之间关系的能力决定了他们能够利用积极的情感和专业资源的程度，运用他们的心理弹性素质从失望和逆境中逆转并保持他们的职业责任感和他们的效绩。

1. 故事1：重拾失去的责任感——领导的关键作用

你希望让他们享受学习，你希望让他们感觉他们想去学校。如果他们开心了，他们就会学习。我仍然喜欢每天来学校工作。

（安德鲁）

第一个例子说明了学校领导对老教师保持从事教学的雄心壮志、继续追求进步的影响。

> 　　53岁的安德鲁拥有33年的教龄，其中16年是花在他目前工作的这间拥有超过200名学生的小学。他是学校领导团队中的一员，主要负责数学、设计、技术和体育方面的教育。他工作的学校在市区有着一定的社会经济地位，学校13%的学生享用着学校免费膳食，这一比例接近全国平均比例。除了英国白人血统，其他民族血统的学生比例是75%，其中最多的来自于东欧、巴基斯坦和中国。英语对于60%的学生而言是第二语言。有着特殊教育需求的学生有27.8%，在全国平均水平以上。
>
> 　　最近，学校实施了特殊的措施，但一年后在新领导的领导下结束了特殊措施。一份独立调查报告指出成就标准正在提高并且显示了"重要的进步"。新领导的管理被认为是不错的：
>
> 　　她的责任感和改善学校的决心很明确。高层领导团队已经被重组并且正在取得稳步进展……员工给她以承诺……[并且]……学生家长欣赏她开放和健谈的风格。

　　之所以当老师是因为他曾经"讨厌"学校并且认为他能比教他的老师做得更好。他现在仍然享受着在学校教书的乐趣。他每天早上七点半到学校，晚上五点半再离开。他家离学校大概一个小时左右的车程。他唯一不满的是有时候文书工作"有点多"："这些文书工作，我觉得应该是给那些刚刚开始工作的老师做的。"

　　学校领导对我极为支持并且"对现在所发生的事情很开明"。如果安德鲁需要帮助，他的同事们总是支持并帮助他。所有教师以团队的形式工作并且不会被落单独自一人处理事务。

　　我认为我们团队之前的关系非常亲密。我们团队虽然小，做起事来容易得多，但无论情况多么紧迫，我们都会试着挤出一个晚上一起出去走走。这样我们可以在一个远离工作的环境中坐下谈论，这对我们的工作而言非常有帮助。

　　安德鲁谈了谈他对过量的文书工作的不满并认为这对他的教师精神产生了负面的影响："这太可笑了，为什么我总是要把我在干什么给写下来？"他认为沉重的工作负荷导致了他所在学校教师的高流动率。他抱怨了在这个区的生活成本，就他的薪水而言。当想到社会赋予教师的"价值"时，安德鲁觉得灰心丧气。他反对"目标导向"的文化并认为SAT对于他的学生和他而言是一个"会让人丧失信心"的东西。

　　安德鲁跟他的学生和学生家长的关系很好，但是他觉得某些家长总是针对年轻的教师，对他们的态度很有攻击性是不公平的，这样的行为也让人很苦恼。安德鲁把学生不同的文化背景看成是学校的一种强项所在。

在学校你做着你所认为的对孩子最好的事。这所学校跟其他学校不一样。我们学校拥有来自不同种族的学生,这是一件美妙的事情。我喜欢这样,但是这也意味着你做事时需要额外小心。

安德鲁最近被分去教不同的年级了。他很享受教书并忙着给更小的孩子教不同的课,不用像之前教的班级那样面对最后一年的全国考试带来的压力。他总是有着高度的积极性,对教学也非常负责。学生一直是安德鲁工作满意度的源泉,他总能在学生的"成果绽放"中得到极大的快乐和欣慰:"当你看着你的学生一点点地进步,毫无疑问你会得到巨大的工作满足感。"他非常自信,认为自己对学生的学习和生活产生了重要的影响。

他们出现了。他们总是在那儿,微笑着,知道就算我想批评他们,也不是针对个人的。这是因为我觉得他们能做更多,我希望他们能如愿以偿,而这些,我认为他们都明白。

安德鲁的工作线(图6.5)表明了他从刚入职建立对课堂的管理和教学技巧及树立他自己的职业身份认同直到现在这段时间里的效能。也同时显示了在职业中期,即分水岭阶段,通过晋升去另一所学校,安德鲁寻求了新的职业挑战。他一直保持着他的热情、责任和强烈的自我效能,直到一份不利的关于"特殊措施"的外部调查报告的出现。然而,一年不到学校就在新领导的领导下恢复了:"学校的变化很多。管理层花了很长一段时间整顿并且非常努力。目前一切都进行得很顺利。"

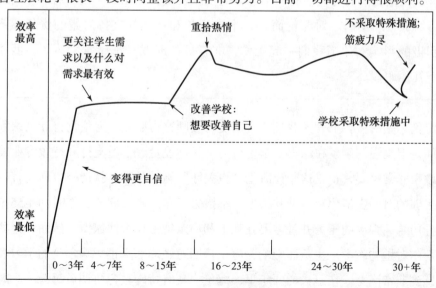

图6.5 安德鲁的工作线

这为安德鲁带来了改变，他不再教那个需要国家考试的年级。这对他的工作带来了积极的影响。随着对话的深入，安德鲁的工作线更加清晰，我们也显而易见地了解到，尽管他对改革给工作带来的影响不满意，但他依旧对学生尽心尽力。

2. 故事2：在稳定的环境中继续成长

我总是想要教书——我的家人都是教师。我不会想做其他工作。

（海伦）

在第二个例子中，我们将会说明正面的学校内的支持是怎样让教师恢复积极性和责任感，使她能管理工作和生活之间的压力并且在教师生涯的最后阶段继续实现她教人的初衷。

> 47岁的海伦之前在5所不同的学校工作过。她在现在所工作的镇上一个超过100名学生的小学工作了9年，教六年级的学生（10～11岁）。学校的教师关系紧密，工作稳定，海伦是语文科目和评估的协调员。根据外部调查报告，几乎所有的学生都居住在私家住宅里，并且他们所住区域的繁荣程度相对高于国家平均水平。没有学生享用学校的免费膳食，他们的母语都是英语。学生家长对于布置的作业量和关于孩子进步的信息并不总是很满意。学校建在当地社区中，海伦认识许多学生的家人。她的学生在收获节时会拜访他们"年长的朋友"，在圣诞节的时候会有一个全校的戏剧表演，而在下午则会有一个特殊的表演给那些朋友们。对海伦而言，来自家长和社区的支持对她的责任感产生了积极的影响："当我们一起工作得非常好的时候，那感觉太棒了。我不想再干其他职业。"

海伦总是渴望教书育人并且一直享受着教师这份职业。海伦觉得计划课程非常耗时间，但她强调学校在课程、学生行为、目标设定、学习支持和持续专业发展方面的政策非常重要，正是这些让海伦"更关注"她的学生。就消极方面而言，她说没有足够的时间去消化新举措并根据新举措去工作。她每周的工作时间是55～60小时，经历着高强度的压力并且需要在晚上和周末把工作带回家做。然而，这些仅仅只是偶尔对她的教学产生负面影响，海伦依旧对她能够真正影响学生的学习和取得成就感到非常满意。在过去的两年里，海伦一直有特殊教育协调员每天一小时课堂帮助解决读写能力问题，以及每周三小时来帮助学生的自然科学学习。除此之外，海伦还能得到教学助手每天一小时的帮助。尽管这些课堂支持也需要海伦额外的规划,但他们一起工作了一段时间也知道彼此的习惯。如果没有这些帮助,海伦觉得更加困难。

海伦总是对她影响学生的能力非常自信,虽然"这也取决于团队和小组"。她将自己的自我效能描述成是"上下起伏的"。她从学生不错的SAT成绩和进步上得到了无穷的工作满足感。她认为她给她的学生们产生了积极的影响。

总的来说,孩子们的自尊提升了,并且他们做好了继续向前的准备,所以我觉得我已经到了那里……我对他们很直接,他们知道我和他们处在一个怎样的阶段。我试着根据学生的具体需求做到公正公平。因为这个尤其不易相处的孩子现在冷静下来了,我认为我必须做正确的事情。他现在已经没有去年那些奇怪的行为,已经融入集体了。

和安德鲁类似,海伦不赞成"以目标为导向"的文化。她现在很少关心外部标准的"施加",因为她相信那些东西是不准确的且有误导性的,而且这些标准不关注学生的个人情况。她认为这些标准忽略了个人因素,并且对学生造成了负面的影响,因为学生不得不为此参与许许多多的考试。因为课程考试的变化,海伦发现让事情尽在自己掌握之中变得压力重重。虽然如此,海伦依然在课堂中保持着高度的积极性。

平衡家庭和工作问题带来的挑战对海伦在学校承担更多责任而言是一个障碍:"我的家人一直抱怨说我把所有的时间都花在了学校上,即便是我在家里,我依然处理着学校的工作。"她的大儿子最近离家去读大学,这改变了她的家庭情况。现在她的生活更加以学校为中心了。

海伦的工作线说明她的早期教师生涯是在一个有挑战的城市学校教书中度过的,在那个学校海伦没有得到任何有针对性的支持。起初,她工作的第二所学校提供了让她提高教学并承担更多领导和管理责任的机会。然而,当她顶替休产假的老师的工作时,她却只得到了很少的支持,这些支持显然不够。当海伦换了一个年级并且成为支持团队中的一员时,她的士气大增。学校检查和校领导对她工作认可及被晋升为五年级的年级组长这两件事使得海伦的士气大增,也让她感到自己作为一名教师多么得有效力。

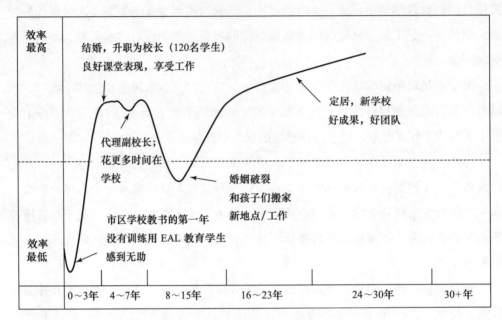

图6.6 海伦的工作线

3年后,海伦为高薪跳槽去了另一所学校。在此期间她感觉到自己的效力下降了,这与她婚姻破裂恰好撞在了一起。这种士气低迷的状态一直持续了两年,直到她带着两个孩子搬去了另一个地方。海伦以代课老师的身份又开始教书了,但最终她还是放弃了,因为去学校的路程太长,以致她没有足够的时间陪她的孩子们。她在现在工作的学校找到了工作,在这里她感到更加安定,同时也非常欣慰学生们的好成绩和同事的支持。因此,她的效力和士气再一次回升了。

学校鼓励同事间互相帮助。支持"就在这儿":"你很难指出它到底在哪儿,但它的的确确就是在这,支持孩子们、同事和全体职员。"

我在一个非常愉快的环境中工作。作为团队我们相处得非常融洽,无论高低起伏,我们都给予彼此支持和帮助。我不认为孩子们会意识到这一点,因为我们每个人都参与其中。这个环境非常好,这是个可爱的学校。有一个好的领导,你知道自己的位置。领导会支持我们并给予我们忠告。我觉得这为一切打下了基础。

海伦把"支持的领导力"看作她工作经验的一个主要特点。她非常赞赏学校领导能够理解授课教师面临的挑战并把这看作她自己经验的一部分。学校在对个人事务的支持上做得很出色。在这个计划实行期间正值新老校长交替之时,新任校长很快被教师们认可，海伦形容新校长是一名"有着新想法但是会进行双向沟通"的人。

正是海伦自身责任感、同事、良好的领导、家长的支持和如同小城镇般亲密的工作环境让她能够保持着强烈的责任感。

3. 故事3：仍然有责任感但想摆脱这份责任——平衡生活与工作间的压力

我无法想象为什么一个年轻人会如此直率地就来教书。这也是他们离开的原因——他们来学校，明白了教书是怎么一回事，然后他们尝试着去教书。我并不是这样的……这是孩子们的态度和你必须做的事。除非我死了，否则我的孩子绝不会去教书。

（费丝）

在费丝身上，我们可以看见改变带来的影响。在这个例子中，"责任"本质的改变、"信赖"的环境和学生的态度和行为会考验着教师在其教学生涯中一直保持着责任感的能力。尽管如此，教师仍然能从课堂教学中——她最初为什么会来教书——和亲近的同事的支持中得到满足感。

> 费丝在一所有着1000多名学生就读的天主教学校教了31年的书，这所学校位于英格兰北部的一个半乡村的地区。她说自己在一个相互关怀的学校和环境中工作，她可以向任何一名员工求助并得到他们的帮助和支持。她很享受在她的部门工作，在那儿大家工作相处得很愉快——"尽管有许多工作和高标准，但是你也能得到支持。"她部门的主管很"了不起"、"乐于助人"，也很"高效"，而这些都令费丝"非常受鼓舞"并且"给她力量"。虽然费丝保持着她的责任感，但是她很疲倦并且经常觉得压力大。

起初，费丝说自己是"一头栽进"教育事业的："在过去，教师对女性而言是一份很好的工作。这工作也很适合家庭和孩子。"

讽刺的是，正是这些个人因素持续影响着她。尽管她的孩子们都已经长大了，她仍然感到工作的压力让她无法建立工作与生活之间的良好平衡，这也导致了她家庭关系的恶化。最近，一位关系亲密的同事的突然离世也让她开始考虑她目前工作量的问题。

像普通教师一样，她每天早上八点十五分开始工作，晚上很晚到家并且到家了还要继续工作。这让她的自我效能（她相信自己给孩子们带来作用的能力）下降了，许多年来，她的心理弹性也退化了。她把这一切归咎于大量的外部施加措施，在她看来，正是这些措施导致了她工作负荷不必要的增加。其中最主要的就是国家标准测试（SATs），这让她的信心逐步瓦解，使她"彻底没有了自信"。这也导致了费丝在无数个夜晚辗转难眠。学生行为的恶化与学生对老师越来越不尊重也影响了她的动力。她批评了学生争取他们自身权利而无视老师权利的"集体运动"。

和安德鲁与海伦一样，弗丝也越来越厌恶外部施加的改变。缺乏学校高层领导团队的支持帮助给她的工作带来了极大的压力。用她自己的话来说就是"我们被逼着去成功，这给老师带来了真真切切的压力"。她指责SLT给教师们带来的超强工作负荷。

SLT致力于让学校变成名列前茅的优秀院校，但那些在课堂中教书的人却被遗忘了。教师们每周有220份作业需要批改，但是每周六节半小时的免费课程产生了许多额外的需要在家完成的工作。而SLT似乎完全没有考虑到这一点——每周有半数的免费课程因为要代替请假的同事而无法完成——随着时间的流逝教师所受的打击也越来越大。

除了这些挑战以外，费丝也表达了她对学生行为恶化的担忧，她认为这已经变成了社会的整体趋势："孩子们的教育变得越来越棘手。"尽管如此，她觉得学生的行为总的来说"还是不错的"，这让她能够集中精神去教书和学习而不用担心受到学生的捣乱。

费丝认为在过去的3年中她的积极性因为外部改变和被强加在教师身上的措施而下降了。她并不同意"老师应该用同一种方式教学"这个说法，因为她认为每个人都有不同的强项。她认为应该给予教师"发挥自己个性的机会"并给新举措和变化一些时间去稳定和巩固。因为这些负面影响，费丝感到自己变得越来越没有"热情"，"感召力"也下降了。

然而，她尝试着去克服这些问题。虽然它们没有影响到费丝发挥最佳教学能力的激励感，也没有影响到她享受与孩子们共度的时光，但她从教书中所获得的满足感却大打折扣。因为职业荣誉感，费丝仍旧保持着高度的责任感。尽管希望学生能超越她的期待是费丝致力于的目标，但距离她退休只剩5年了，她有了做兼职教师的打算。

费丝的工作线如图6.7所示。

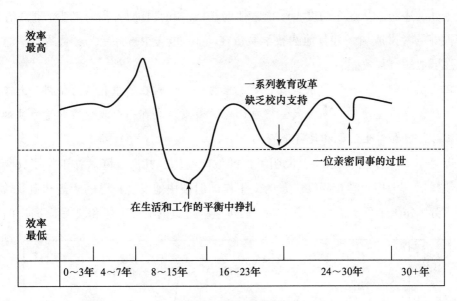

图6.7 费丝的工作线

4. 故事4：坚持着但逐渐失去了动力——学校影响

> 我个人非常喜欢在这里工作。这是我工作过的最好的地方，我所拥有的团队精神、热心和动力我们部门所有人都有。
>
> （迈克尔）

在这个例子中，我们将会看到学校内部支持的缺乏和负面的个人事件的发生是怎样挑战着大部分为教育献身的教师们的责任感和积极性的——尽管有同事们积极的支持。

迈克尔在一所拥有将近800名学生的学校教了11~16岁孩子们4年的英语，之前他在其他9个学校已经教了超过22年的书。他现在也担任着学校读写能力协调员的职务。学校大部分的学生（主要是白人学生）都来自镇上的公共住房地区，该地区之前遭受了严重的社会经济退化和毒品酗酒问题的困扰。将近43%的学生享用着学校提供的免费膳食，学生的英语成绩、数学成绩和自然科学成绩都在全国平均水平以下。经过批准和未经批准的学生缺席数量高于全国数据。这些学生大都来自高失业率的单亲家庭。尽管他认为自己和学生之间的关系是积极的，但他仍然指出不少学生的行为很难应对。

迈克尔总是乐意去教书，他从教书及和同事愉快工作中得到的满足感依然是他职业生涯的中心。从这个角度上来说，他的积极性和责任感并没有减少。他的学生有着很好的考试成绩，并且他的教学质量在Ofsted报告中被评定为"优秀"。这些都增强了他的自我效能。

在这里（部门）我很快乐。我享受这里的一切，我在这跟我认为值得一起工作的人工作，我看重他们，同时我觉得自己也被看重。我在一个我觉得非常愉快的环境中工作，我和学生们也相处得很愉快。

迈克尔的工作线（图6.8）说明了他的效能经历了几次骤降。在工作了16年之后，他找了一份担当学校年度主管的新工作。但很快他发现自己的士气和自我效能因为疲劳（每天上下班需要三小时）、后进生、过量的文书工作和政策而下降了。

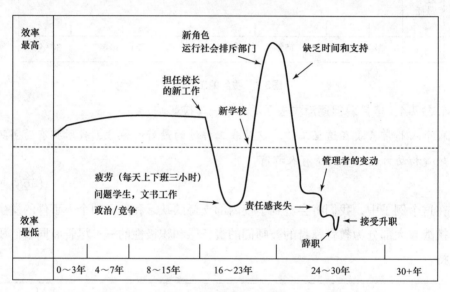

图6.8 迈克尔的工作线

他在这所学校的工作是负责社会实践的主管，这个岗位让他的士气大增。他的主要任务包括提升那些在社会实践方面有着长期或者短期、精神上或者行为上困难的学生，从而帮助他们在学习和沟通中表现得更好。然而，这份自我效能的增长仅仅持续了一两年。3个关键因素从负面影响了迈克尔的工作——缺少时间、缺少支持和管理者的变动，因此他的士气和自我效能骤减以至于他决定辞职。后来，他被说服打消了辞职这个念头并被升职到他现在这个学校读写能力协调员的职位，他的士气和自我效能因此恢复了。在此期间，迈克尔和他的妻子已经分开了20多年，并开始担忧经济问题，尽管他感觉自己开心多了，而且最近也找到了一个新伴侣，但是工作满意度和幸福感依旧在下降。尽管被提升为学校读写能力协调员，但是迈克尔并没有从校长那里得到支持并且他开始积极地寻找新工作。

他认为继续待在现在这所学校是没有前途的，他觉得学校的高层管理队伍缺乏目的性和积极性，而这些都是校长的管理不善造成的。

> 我分别和9位不同的学校领导一起工作过，她毫无疑问是其中最糟糕的一个。缺乏一致性、缺乏沟通、毫无逻辑可言，这三样我不经大脑思考就能马上说出来。和这样的人一起工作你不会感到有任何的改善，除非换一位新校长。

学校的风气受责任和担心无法达标的恐惧所支配。尽管迈克尔依旧从课堂教学中收获了快乐，但他觉得自己"坚持着但正在失去动力"。他把这些归咎于校长和高层管理团队支持的匮乏。

讨 论

四位老教师教学经验的变化表明，在工作中给予他们适当且能引起共鸣的支持和帮助对于保证及提高教学质量和职业幸福感是至关重要的，尽管存在着潜在的健康问题和其他对工作和生活的负面影响，但有了这样的支持和帮助，老教师们更能保持他们的责任感、积极性、应变力、自我效能和尽心尽力教书的能力。他们的经验、教育价值和职业感是让他们能够从逆境中反弹并继续实现他们教人初衷的智慧和力量的源泉。

安德鲁、海伦和迈克尔都是出于内心想要积极影响学生的学习和成就的"强烈愿望"而成为教师的（Hansen，1995：9）。像这种源于内心的强烈愿望，或者说一种职业感，对他们与学生相处时的自身要求和面对困境时为了保持和改善他们教学质量所需的力量和心理弹性产生了决定性的影响（同上）。对于这3位教师而言，在教学生涯的早期，他们对帮助学生激发自己最大潜能的信心增强了他们的自我效能和对自身职业的"乐观"（Hoy et al.，2008）。然而，就好像海伦所经历的那样，帮助与支持的缺乏和在工作环境中缺乏对自身价值的认可会导致教师责任感的减退、工作满足感和热情的下降和脱离感。很久以前，埃利奥特（Eliot，1871-2[1985]：896）提醒了我们："这世上没有人的内心可以强大到不受外界的影响。"（Hansen，1995：90）对安德鲁和海伦而言，来自现任领导的信任和支持让他们重拾了自己的使命感，并且给了他们动力和力量来全身心地投入到学生的进步和成长中去——直到他们教师生涯的最后一刻。

拥有24～30年教龄的教师在全体师资力量中占了非常大的比例。他们至少还能工作十年。如果这些教师还想继续保持教学标准、履行自己对下一代成长的责任和义务的话,了解那些帮助或阻碍他们管理生活与工作的因素对校方和政策制定者会变得非常重要。人们开始认识到老员工的价值,老员工和年轻的、经验少的员工表现一样,并且他们显示更为积极的工作价值观(Griffiths,2007a,2007b;Rhodes,1983;Warr,1994)。格里菲斯(Griffiths,2007b:124)声称:"许多关于老员工欠佳的表现和工作能力下降的流言和固有形象是不准确的。"(Benjamin and Wilson,2005;Waldman and Avolio,1986)利用经验显然是一个不错的投资策略。

在积极的方面,雇主可以关注老员工的强项;他们可以利用老员工的工作知识,并鼓励他们去担任指导和辅导的角色,既鼓励横向流动也鼓励纵向流动。通过探索老员工在职业生涯后期的需求,可以尽可能地最大化他们的绩效和工作满足感。

(Griffiths,2007a:55)

在这方面,我们必须注意到"外部"的支持在不同的教师生涯阶段所扮演的不同的角色。对于刚开始教书的教师而言,学校内的支持对他们在课堂和职业中建立专业自我起着中心作用,然而对中年的教师来说,当他们面临着是否应该继续教书或是申请担任高层领导管理角色还是离开教育工作岗位的决策时,支持和帮助他们应付在自己职业生涯的分水岭——来自工作与生活上的压力是至关重要的(见第五章)。

老教师,在他们二三十年的工作时间里历经了教育政策和社会价值的改变,他们需要支持和帮助来适应新的工作方式,因为改革通常意味着改变现有的(对老教师而言是长久以来的)态度、价值和方法。

老教师们或多或少都会比其他任何人更把改革看成是一种对他们在职业生涯中培养和磨炼出的价值、地位、经验和专业的挑战,无论这些改革是否抱有好的意图或是否有效。在古德森等(2006:42)从教师怀旧的视角对改革可持续性的研究表明:

随着年龄的增长,教师们对于变化的反应不仅仅会受到退化过程(丧失责任感、能量和热情等)的影响,还会受到这一代人工作章程的影响——几十年前就形成的并且教师会一直肩负着的任务。

尽管情况可能就是这样,它假设了一个没有针对个人的变化的世界,而对个人来说,他们对于变化的态度可能会因为他人的影响而改变,这是一个更为当代的干涉。

虽然某些教师经历了职业后期能量的下降，当前"痛苦的"经历（Lasch，1991）和对过去的怀念，许多人仍然表现出对工作的责任感——尤其是在有着和谐和支持性管理的环境中工作的教师，就像费丝那样。事实上，大部分教龄超过31年的教师所具有的积极的职业观似乎是退化的概念的一种挑战。

24~30年教龄的教师更可能遭遇退化以外的极端的情况。学生行为、个人负面事件、被迫对一系列新举措妥协和事业的停滞不前这些因素在我们的研究中都是能影响教师士气、职业身份认同、责任感和教学效率的负面因素。已经45岁以上的教师正在经历一个过渡期职业身份的改变，他们开始面对频繁出现的与年龄相关的缺陷和工作生活间的压力。换句话说，他们逐步迈向"老教师"和"老年"行列的进程，并通常伴随着调节适应工作环境的需求。几乎半数在这个阶段的教师表现出一种消极的职业观——虽然坚持着但是逐渐丧失着积极性，就好像迈克尔那样，挣扎着应对极端的不稳定，而这不稳定正是由于外部和内部工作环境和个人生活所带来的负面影响造成的。学校在注重帮助缓解那些令人不快的被动接受的新举措带来的影响，并帮助教师们顺利地适应这些举措，使他们保持积极性和责任感达到最佳教学能力起到了重要的作用（Day and Gu，2007）。海伦在职业生涯后期重拾教书的乐趣正是这种支持的重要性的最好证明。

结论：保持责任感

本章主要描述了学生的进步和积极的师生关系是如何在情绪上给职业后期的教师们以工作满足感、积极性和成就感的。这些积极的情感是能够被"储存"的。在面对挑战时，这些储备起来的积极情绪会激起并提升教师们的应变力和责任感（Fredrickson，2004）。其中的关键即是来自领导和同事的校内支持。

然而，正如我们在之前的章节中所说的，教师们对一系列个人事件和与政策相关的事件的掌控影响了他们的心理弹性，并且如果没有重要人物的支持和帮助，教师的热情和积极性是不太可能继续保持下去的。就这方面来说，有关教师工作和生活的研究一致指出了学校领导和亲近同事带来的影响的重要性。因此，决策者应该不仅仅关注招聘问题，也应该关注如何维持他们目前所拥有的大多数更加有经验员工的责任感。

维持老教师的责任感，相信他们教学的能力、心理弹性和幸福感是我们在早期著作所说的"保障质量"的重要部分（Day et al., 2007）。这对标准议程有着深远的意义，因为就像我们之前指出的，目前的教学现状是大部分西方国家教师人口正在逐渐老化（OECD，2004，2005）。在大部分OECD国家中，多数小学教师和中学教师的年龄都在40岁以上。在美国，2/3的师资力量在未来的十年里需要被替换。在英国，40%的教师在45～55岁，并且那些55岁以上的教师占了师资力量中另外的6%（Chevalier and Dolton, 2004）。因此，尽管大部分政府需要招募和挽留有能力并且有责任感的年轻教师，但提升老教师的意愿和在课堂中发挥其最佳的教学能力同样至关重要（Gu and Day, 2007）。

本章中4名老教师的例子给了对理解教师工作、生活和效率，如何维持和提升标准感兴趣的研究者、学校领导和决策者3个重要的信息。

第一个信息是，教师的幸福感和责任感与他们发挥最佳能力是息息相关的。研究者需要考察是什么支持并建立起教师的责任感，又是什么对他们的责任感产生了负面的影响。这4个例子表明这些因素（领导不善、课堂教学中动态变化、工作条件、对长久以来职业身份认同挑战、幸福感和年龄因素）可能会同时出现并侵蚀教师的责任感，导致早期的身心俱疲——就好像费丝那样；或者逐渐感到疲倦和被束缚——就好像迈克尔那样。

第二个信息是，对学校领导和那些在招聘并提供给教师培训课程的人而言，需要注意员工广泛的个人幸福感——通过真诚的关心和建立持续的互动信赖关系——必须伴随着期望的提高和对标准从不间断的追求。

第三个信息是，决策者应该忽略大部分老教师对于责任感和心理弹性的需要就意味着不能意识到他们和员工对于教育事业的长期投入。正是这些老教师——至少在理论上——应该处于专业知识和教学智慧的尖端，也正是这些老教师应该给缺乏经验的同事提供一个参照模式。他们应该是希望之光，应该给所有人带去乐观向上的精神，而不是与困难和挑战斗争。

第三部分　成功的条件

第七章
教师的责任感——成功的必要条件？

引 言

教育如同一个不停漏水的大水池，因为没人对其中的漏洞给予关注。也就是，我们错误地诊断问题的解决办法为"招聘"，而实际上是要留任老师。

（Merrow，1999：64）

本章将主要讨论教师的责任感作为我们在其他著作中所定义的"保持质量"的因素之一（Day，2007）。我们用这一术语来说明它不仅仅是保持教师稳定的重要手段，同时是确保教师责任感对于学生学习生活和成就造成的影响得以持续、审视和更新。过去人们没有意识到这个问题，因此，更多的资源被投入到"招募"和"前期服务"的培训发展项目上了。然而，因为这些与教学标准和学生成就紧密相关，因而确保教师获得某些支持，使教师在30多年的教学生涯中不仅仅是保证生存和最低专业标准及教学能力。这一点是至关重要的。

研究视角

教师的责任感被认为是影响学生进步和成就的关键因素之一（Day et al., 2007; Huberman, 1993; Nias, 1981）。如果你与教师、教师教育专家、学校督查、校长，或是家长谈论关于教学提升标准和质量的改革，不用多久"责任感"一词就会在你们的谈话中出现。他们知道，如果没有责任感，为改革付出的努力——这些学校和其他组织内部成员，尤其那些来自学校外部的人所取得的成就将会是有限的。

对工作单位的责任感是"组织成功的标志"（Rosenholtz and Simpson, 1990: 241）。在研究中，他们发现（同上）教师在对专业和学校的责任感在不同的职业生涯阶段是不同的。他们的研究证明了我们关于对教师工作和生活有着关键影响的因素的研究（第三章），指出了不同的组织环境对于促进或是阻碍教师维持其专业信仰和情感投入的能力有着重要作用。例如，为了避免教师的压力与倦怠，罗森霍尔兹和辛普森（同上）认为教师的责任感和工作表现会在教师的职业生涯中因符合目的的各种组织支持而得到最大的巩固。

像其他有经验的教师一样，皮特（Peter）在他21年的教学生涯中经历了太多的政策与具体实践上的变化。并不是所有的改变他都中意，他对很多政策都有相当大的疑惑。从以前的课堂上教师有相对的自主权到日渐注重结果与目标驱动的课堂教学，过多的指令性课程和校外督查致使学校被要求实施属于不成功范畴的"特殊政策"。他认为这些都减少了他给学生学习和成绩带来影响和帮助的能力。因为学校在一段时间内都会采取"特殊政策"，他感到那些倡导这些政策的人和这些举措消磨了他长期以来所具有的在课堂教学中应该具有自主权和创新性。

> 因为我的教学被地方当局和国家督学者严格监督，我感到无法轻松教学。
> （皮特）
>
> 皮特认为，一直以来教学时间过多地分配给了读写能力和算术，很少有机会来进行课外活动，那些教学纲领也是浅显易懂的。他相信许多教师放弃了教育这个职业，是"因为他们已经没有机会来跟学生一起探索他们还可以做好些什么"。对于皮特，教学也变得更加无趣，满是压力，缺乏工作满足感。他提到他对于能够给学生带来影响和作用的信念一直是起起伏伏的：
>
> 我基本上还行，但一旦遇到SATs，我的状态就会很差。

以下的话引自费丝，向我们展示了评估过程的巨大变化及对她自身信念的挑战，多年来她一直自信地认为自己的教学会对他人有所影响。

自从这些评估测试考之后，我已经完全没了自我信念。我觉得作为教师，我们就是自己最糟糕的批评者。我们十分苛刻，我们几乎评估每一节课……我们总是不停地在努力，即使30年后的我，依然不断地在学习，因此作为教师你永远不觉得满意，你总觉得自己的效率不是最高。也许他人告诉你你已经做得很好了，做出了贡献，然而我却不确定。我如今已不像以前那样对自己有信心。

（费丝）

> 费丝批评外界高标准的目标设定，这些目标远不是真正提高标准，在她看来这些只是给教师工作带来不必要的更多困难：
>
> 对于他们的干涉我感到很生气，因为他们没有改变我的责任——我依旧按照自己的方法教学。你依然想取得最好的成绩，他们的干涉对这些没有造成丝毫的改变，只是让这些变得更困难，让你在希望做到更好、希望付出更多、希望一如既往的时候感到沮丧、泄气。设定愚蠢的目标并不能让你更加努力，你也不可能会。
>
> 在我这样的年龄我常常会想，'是不是我对教学已不再有兴趣？'但是我不这么认为。我真的很想做好这份工作，但是有时候学生也变得越来越有挑战性，变得越来越难教育，他们不再像以前那样尊重老师，不知道是不是我们的教育方法已经过时……这已经影响了我的激励感。

责任感同样与教学质量相连。它被认为是教师绩效、倦怠和离职的晴雨表，同样对学生的认知、社交、行为和情感的产出有着重要影响（Day et al., 2005; Firestone, 1996; Louise, 1998），这是教师们经常拿来描述自己和他人的术语（Nias, 1981, 1989a），是他们职业身份认同的一部分（Elliott and Crosswell, 2011），责任感也许会因学生的行为、同事和管理者的支持、家长的需求及国家教育政策的影响有所加强和削弱（Day, 2000b; Louis, 1998; Riehl and Sipple, 1996; Tsui and Cheng, 1999）。富有责任感的教师一直深信着通过他们是谁（身份认同）、他们所知道的东西（知识、策略、技巧），以及他们的教学方法（信念、态度、植根于及在实践过程中不同环境下他们所表现出来的个人及职业价值观），他们会对学生的学习生活和成就（效能和主体意识）有深刻的影响。

艾博禾尔和尼克劳斯（Ebmeier and Nicklaus，1999）将责任感与情感相联系，将责任感定义为教师对所在学校经验所反映的情感的一部分，也是决定教师个人对某个学校或者一组学生投入多少的过程的一部分。（我们会在第九章特别论述教师的情感维度，因为这种关联对于教师如何解读自己工作、同事、学校领导和这几者与教师个人生活的关系是至关重要的）

在澳大利亚一篇关于教师责任感的实证研究报告中，克罗斯韦尔（Crosswell，2006：109）认为责任感有6个方面：

（1）责任感是一种激情；
（2）责任感是额外时间的投入；
（3）责任感是对学生幸福感和成就的关注；
（4）责任感是对维持专业知识的责任；
（5）责任感是知识和/或价值观的传播；
（6）责任感是对学校集体的参与。

为了解英国、澳大利亚和美国这些国家对教学中的不满而进行的关于教师留任问题的研究显示出，待遇、士气和致使教师缺少时间去进行教学计划而不断增加的工作量一直是主要因素（Binghan，1991；Day，2004；Dingham and Scott，2000；Gold，1996；Guardian，2003；Ingersoll，2003；Johnson et al.，2005；Pricewate Housecoopers，2001；Smithers and Robinson，2003）。在他们关于英国教师减少的调查中，史密瑟斯和罗宾逊（Smithers and Robinson）（同上：5）指出了教师离职的主要原因："中学老师给出的离开原因更多的都是工作量（58%的离职者），紧跟其后的是因为学生的行为（45%）。但是在2001年增加了另一原因"政府举措（37%）"。

英国领先的心理健康慈善机构2005年进行的一项研究发现教师是5个压力最大的工作群体之一——其他的是社会工作者、呼叫中心工作者、监狱管理者和警察。每天教师在学校所面对的并没有过多的负面行为（如欺压和其他形式的虐待），但是，如芒恩（Munn，1999）在他的3项研究中所作的分析，那些看起来微不足道的行为的效应。例如，学生无秩序的交谈，逃避作业和阻碍其他同学。这些是最令教师感到疲倦的（同上：116）。如果缺乏组织机构、文化、同事和领导的支持，使得那些最有心理弹性教师的责任感日渐被消磨。

> 我是那种如果自己不能保证全身心投入就不会轻易接受某份工作的人。我会自己检测自己是否有能力应付额外的工作量和出现的问题。
>
> （艾利森）
>
> 艾莉森向我们显示了个人事件和经历至少暂时会影响教师的专业责任感，考验他们的心理弹性。
>
> 她在经历离婚的时候有着一段"恐怖艰难的时光"。但是她觉得这些使她变得更加坚强。她在受伤后去了健身馆。在校外，健康是她人生的头等大事。因此，她也感觉自己变得更加健康，工作更加有动力。
>
> 她现在是单身母亲，她的孩子在她工作的学校学习。虽然回家后她仍然要做关于学校的一些工作，但这对她来说并不是阻碍，因为教育"已是我的一部分，已经融入到我的生活方式中了"。现在她的孩子也上中学了，她希望自己的工作能尽快走上正轨。

责任感被许多教师认为是专业价值观和道德目的的一部分。这种责任感不是可以选择，而是必须拥有的。因为它是教师成功的必备条件。

注重良好的教学来取得学生学习的成功不仅仅来源于教师经验的积累、反思或是其他的行为，而是领导采取有意的关心行为。领导的工作就是建立和发展有利于增加专业知识的环境，此环境应该注重芬斯特马赫和理查森（Fenstermacher and Richardson, 2005）提出的保证教学质量所必备的4个因素：

（1）教师的教学内容、任务和个人知识（包括自我认知）；
（2）学习的意愿和学习者的付出；
（3）家庭、同行和社区的环境，这些会有积极/消极影响；
（4）成功学习的必要设备、时间和资源。

正是通过对这些因素的理解和认可，通过领导的关心、挑战和支持，才能促进良好和成功的教学。然而这种教学专家在学校不是一夜造就的。也许有些教师如此，但是更多的是需要时间培养的。他们同样需要被给予关注，正如我们在此书中看到的例子，教师面对的许多挑战或许会阻碍个体或是团队的成功教学。正如迈克尔·胡伯曼在他关于教师生活的经典研究中论述道，职业发展的过程充满着"起伏、间断、后退、激进和死角"（Huberman, 1995a: 196）。

虽然许多教师工作时抱有一种态度，觉得他们的工作是充满社会意义的，能产生极大的满足感。但是这些可能会因为教学中不可避免的困难——个人问题和脆弱性、社会压力和观念而丧失。从而他们会产生一种沮丧感,重新评价这份工作和自己想做的投入。

(Farber, 1991: 36)

(1)职业发展通常伴随着"非必然性"(同上)。

(2)许多教师在中期到末期的职业生涯阶段不再抱有幻想,或者排斥学习了,不再将培养好学生作为他们的神圣使命了。

(3)缺乏自尊和荣誉感(因为没取得如期的成绩)与教学方法单一化紧密联系,从而缺乏与学生学习需求的联系。

责任感一词是基于教师关于职业和关心的内在意识(Day, 2004; Feltcher-Campbell, 1995a, 1995b; Hansen, 1995; Nias, 1989a, 1989b; Noddings, 2005, 2007; Palmer, 2007),从书中18位教师的描述来看,责任感会因教师应付不同工作和生活环境时的能力不同,责任感也有所增加或消减。我们已经认识到外部政策会如何增加工作量,而增加的责任是如何对教师的自我效力、责任感和教学成果造成负面影响的。同样,我们也认识到了这些会怎样被促进教师专业发展的学校文化所缓解,通过这样的学校文化,促进他们的归属感、幸福感和成就。

胡伯曼(1993: 194—195)在他的著作中指出,教师"在社会动荡期从事工作的,或者是在学校组织进行结构调整时工作的,与在不同社会环境下工作的同行们有着不同的专业轨道"。他写道:

教师与学生的关系如何是教育职业最大的回报之一,但是这也可能成为耗尽情感的源泉和令人失望的经历。倦怠会使教师对学生和同事的工作有很大的影响——不说教师自身的状态——对于教育事业来说这是个严重的问题,更重要的是,对于学生的学习产出会带来严重的后果。

(Huberman and Vandernberghe, 1999: 3)

这些年来,倦怠已不是新的情况,几项研究已经指出了它的影响,现举例如下。

(1)在纽约的中学,只有50%的教师期待第二天的教学(Rivera-Batiz and Marti, 1995)。

(2)倦怠的老师给予学生较少的信息和赞扬,和他们有较少的互动(Mancini et al., 1984)。

(3)在英国,一项调查中,23%的受访者声称在过去一年中得过重病

(Travers and Cooper, 1996)。

> 我觉得作为一名教师你不可能做到工作对你的生活没有影响。
>
> （克莱尔）
>
> 虽然已经36岁了，克莱尔仅教学三年。在这相对短的时间内，除去学校一开始的失败给她专业生活带来的影响外，她的侄女意外逝去，自己经历了严重的健康问题。这些意想不到的事情使得她开始注重自己的优先事项。以前，她是每天晚上和周日全天都在家工作。
>
> 去年我什么事都不顺利，我努力给自己创造时间。我去健身馆。我买了个清洁器。当我和孩子回到家中时，我不会对自己说'你必须整理一下'，我会感觉冷静许多……我试图使自己的工作和生活分开。我规定自己说'不'。我已经做了很多，剩下的时间应该留给家庭。我努力在学校做到最多，不把工作带回家。
>
> 对于许多教师来说，特征之一就是工作时间久。对于那些处于教学初期的教师及那些处于教育中期并有着全校范围责任的教师来说尤其突出。就如克莱尔的例子告诉我们的，试图合理分配在工作和家庭上付出的时间和努力不是一件易事。
>
> 克莱尔有两个上学的小孩。她说因为自己过多地投入到工作，可以投入到家庭的时间就减少了。这也是她与伴侣关系紧张的原因。她试图把自己的工作和生活分开来。随着更多的教学成果的取得，在这个问题上她也得到了一些成效。

正如胡伯曼曾经指出：

这并不是说倦怠在教学生涯中是很普遍的，从个人、组织和社会层面上来也有其他影响职业度的因素：充实意义，取得成功，保持责任感，通过增加经验和学习新技术增强专业发展，关心同行和学生，平衡工作和家庭。

（Huberman and Vandenberghe, 1999: 3—4）

在复杂和不可预知的课堂展现出的心理和社会环境中教学对教师来说是挑战——其实，这也是他们获得满足的主要来源（Danielewica, 2001; Day et al., 2007; Evans, 1998; Floden and Huberman, 1989; Nias, 1989b; Huberman, 1995b; OECD, 2005）。然而，在快速发展的社会，英国的学校和许多其他国家的学校，课程大纲的变化，服务条件和新的技术已成为标准，罗马诺（Romano,

2006）称之为"颠簸时刻"的年代，教师在"实践中要求对特殊问题做出关键决定的频率和强度"（同上：973）都有所增加。作为一名反思型教师，培养和保持成为专业教师所具备的个人和人际交往的品质，教学能力成为必需条件。虽然许多人将专业知识作为决定学生成就的唯一最重要的因素（Berliner, 1994; Darling-Hammond, 2000），但它最亲密和不可或缺的伴侣是责任感。两者都是高效教学的不可缺少的组成部分。

因此，责任感（或是缺乏责任感）似乎不用怀疑是影响教师不同绩效水准的关键（Bryk et al., 1993; Kushman, 1992）。正如我们在此书中看到的教师们的陈述，最初的责任感的保持和消减依赖于教师的生活和工作经历和他们对不同情况的掌控。早期的VITAE研究（Day et al., 2007）指出，教师的责任感既是教学的条件也是教师经验的产物。研究指出了教师责任感、职业感、幸福感及从同事那获得支持的相互关系。

个人和集体效能

过去40年，许多研究都以责任感的有力标识——自我效能作为研究主题（Bandura, 1997; Pajares, 1996, 1997）。教师深信自己"能对学生的生活带来积极影响"（Darling-Hammond, 1990: 9）。这个在保持他们的动力、持续的责任感（心理弹性）和成就方面起着重要作用。近来，研究进一步深入到"集体"效能〔组织成员关于"社会系统的表现能力"的信念（Bandura, 1997: 469），组织成员关于组织能力的认识（Goddard et al., 2004）〕。

集体效能的概念也是教师影响学校发展程度的结果，并通过他们愿意以学校的名义以超出正式工作要求的方式帮助同事来表现（Goddard, 2002; Drach-Zohavy, 2000），重要的是责任感的维持。更重要的是，高度效能也与教师愿意与校内校外的人合作，尤其是学生家长合作相联系。

个人自我效能和集体自我效能之间有着重要的相互联系。虽然在一个组织环境中即使他人没有自我效能，个人也可以保持自我效能，但是集体自我效能却不是这种状况。所以，学校如果要培养教职工的集体效能观念，必须首先关心这些个体。正如班杜拉（Bandura, 1997: 35）提到的："能力同行动力一样重要。人们处理和解决困难任务的自信心决定了他们是否能很好发挥他们的能力。"

个人和集体自我效能都是良好教学和成功学习的必要条件。有对孩子的研究发现，他们的效能观念会影响他们成功解决问题的能力（Bouffard-Bouchard *et al.*, 1991），教师也是如此："教师的效能感越强，他们在克服困难时就更顽强，面对失败时更加坚持。相应的，这种弹性会促进创造性教学和学生的学习（Goddard *et al.*, 2004：3）"，集体效能也一样。

坚信团体能力的组织能够忍受压力和危机，能够持续工作，不会带来令人丧气的结果；实际上，这种组织会在面对破坏性力量时学会怎样迎接挑战。然而，缺乏效能的组织则会给出无用的反应，相应的，就会增加失败的可能性。所以，情感状态可能会影响组织对他们所面对的无数挑战做出的理解和反应。（Goddard *et al.*, 2004：6）

（同上：6）

个人的自我效能观在保持教师追求和保持工作质量、心理弹性上扮演着重要角色，然而，集体效能观好像在促进良好教学和取得成功方面更重要。同样显而易见的是，这是来自于学校领导所倡导的组织的特定目标、文化和结构。这些学校领导有着特殊的转型品质，能通过对环境敏感的策略和关系实施这些目标。

证据表明，教师的效能与组织环境紧密相连，比如，良好的校风、较少阻碍有效指导的因素、教师权能……领导的主要影响、学校的学术压力……当团体影响出现时，人们会更加觉得此时面临的问题在他们控制以外。

（同上：8—10）

很容易看到这些发现与菲尔丁（Fielding, 2004）关于"以人为本"的学校的观点的关系。这种学校在道德和实践上都是成功的；在这种专业学习共同体的学校里，呈现着高度的个人、关系及组织的信任和心理弹性（Gu and Day, 后续）。

组织责任感

21世纪的学校肯定更多地依赖那些愿意在自己本职工作外付出努力和提供知识的老师。虽然老师会得到额外的报酬，学校仍旧变得更加依赖教师个人和组织责任感，除去这些，还依靠教师的组织公民行为（organisational citizenship behaviours, OCB）来取得成功。这些行为对于组织的成功很重要，因为"通过正式的职位描述，组织不能预测为达成组织目标所应采取的所有行动"（Bogler and Somech,

2004：280）。OCB的例子主要有利他主义、自觉性、忠诚度，对做出决定的参与，志愿提供创新型思想。在以研究教师职权与组织责任感和个人的组织责任感与组织公民行为的关系为主的调查中，柏格乐（Bogler）和索麦克（Somech）发现（同上），个人效能、专业发展机会与价值（依据地位）是专业和组织责任感的主要预测指标，而自我效能、地位、参与决定则是组织公民行为的主要预测指标。作者写道：

  教师与校组织作为一个整体，如果对学生没有做出超出预期角色的自由行为，那么这个教师团体是不可能成为专业的学术团队的。

（同上：285）

  根据定义，组织公民行为也是需要信任的。这其中的内涵和对校领导进行的其他一系列研究都是显而易见的，他们需要做到以下几点：

  （1）创造环境让教师们有较高的胜任力取得个人和团体的工作成效；

  （2）为教师专业知识的发展提供重要持续的机会，通过这些，教师会更加投入到学校的工作；

  （3）让教师参与到共同决策的过程中，这样会增强所有权意识、归属感，利于分享成功，同时，方便评估处于领导地位的那些人的价值。

  作为专业学习共同体的特点，成功教学的因素与良好的学习关系有着密切关系。然而，要取得这些，要求校长和其他领导拥有一定的品质、技能、气质和策略。一个关键的因素就是信任他人及被他人信任。

  成功的领导者不仅因他们的价值观、视野和远见而出名，更是因为他们的乐观——通过高期望值和使学校从"做不到"到"做得到"转变的过程中体现出来。我们将会讨论这些希望和乐观不是单纯或盲目的，以及领导是怎样深入到"逐步信任"之中的，这个关于信任行为发展的程度和进展不仅仅根据价值和性情，更是根据他人值得信任的情境资料。

  近期一个关于小学教师信念（Hoy et al., 2008：821）的调查显示，"学业乐观是效能、信任和学业重点的组成部分"；教师中与这个相关的4个"变量"是性格乐观、课堂上的人文管理、以学生为本的教学及教师的公民行为（同上：833）。同时，作者还指出，教师的学业乐观受到个人、课堂、学校层面的积极或是消极的共同影响（同上：323）；"通过设定结构和过程来帮助教师完成工作的校长会影响学校的学业乐观"（同上：832）。这证明了之前关于学校学术乐观性的研究，曾发现它是"学校文化的综合，与学生的成绩、对社会经济地位的控制、先前的成就和个人特征直接相关"（同上：822；Hoy *et al.*, 2006）。他们关于美国小学的研究也通过我们在小学和中学所进行的三年研究的成果得到了证实（Day *et al.*, 2009）。研究表明，成功的校长会促进个人和团体的学业乐观，相应地也会增长个人和集体的效能，定义为一名教师"对自己为学生学业带来满意成果的能力判断，而这些学生也包括缺乏动力、学习困难的学生"（Tschannen-Moran *et al.*, 1998：202）。

此外，莫兰（Moran, 2004：128）在他近期的研究中发现：

拥有强烈效能信念的教师会更加有激情，更有组织，会花费更多时间进行教学计划……此外他们更不易生气、失去耐心或是因为学生学习困难而沮丧；会长期关注学生；会想更多的策略帮助学生理解问题。

总结：乐观的原因？

近来的研究发现了对于英国学校的教师更加乐观的境况（Day and Smethem, 2009）。关于最新英格兰和威尔士教师专业标准框架的调查（TDA, 2007）同样暗示了话语的改变，在这个放弃全国性课程的时代，试图创造"相关的、有吸引力的、投入的课程学习"（QCA, 2008），鼓励课程因地制宜，注重教学环境，使教学更加灵活。在2008年，DCSF放弃了对于14岁学生的专业评估测试（最初被教师抵制，而后，讽刺性地被接受，加入到支持性的材料中）。同年，有条款规定资助教师攻读硕士学位。学校的自我评估成为大多数学校的外部督查体系的一部分。英格兰的教学环境开始变化也同样体现在授予合格教师地位裁决的33项标准上，它要求合格的教师"有着创造性和构建性的方法来进行创新"。这一小步也许意味着开始重新支持教师个人和集体的自治意识，而这一点或许以前在顺从管理文化中已经流失或埋没（Day and Smethem, 2009：151）。但是对于学校和教师仍然还有"报告卡"制度，并且在最近的政府白皮书中规定21世纪的学校教师合同将需要每五年续签一次。

并不像很多研究所表明的，在一些校长的英明领导下，英格兰的一些学校和老师并不是对政府的改革方案表现得没有胜任能力。这些学校不仅能够完成和超越国家及地方规定的学业目标要求，而且通过赋予教师自主权来达到这一点。成功的学校领导在赋予教师改革自主权的作用是显而易见的：他们和他们的教师不是顺从的,而是具有心理弹性和积极的专业人士(Day,2007)。有充足的证据表明,全国的教师知识丰富,教学技能熟练,有道德观念和责任感(Day,1997),能给学生带来积极影响。虽然很难测量,但在国际上道德目的被公认为最佳专业实践的重要元素(Hansen,2001;Jackson,1999;Lortie,1975;Nias,1989a;Noddings,1996;Tickle,2000)。在所有国家都有这样的学校领导和老师;有关他们在学生和教师幸福感及成绩方面超越政府设定目标的原因也有过论述和记录。就政府的政策要求而言,这些学校并不是完全成功的。但是,它们有充足的自主权。并不是政府而是这些抱有希望、主体意识及坚信自己能够给学生的学习和成就带来积极影响的信念的学校和老师创造了学校变革文化的条件(Barber,2001:38)。他们反对因考虑经济因素而忽视道德目的和伦理观念,或是让自己听从于"时下流行的教育政策"(Levin,1998;Ball,2001)。正如伍兹等(2001:86)所给的例子,他们已经"发现通过培养自身政治意识和精致自身的哲学思想来调和两种完全对立的话语",具有责任感的教师也会愿意学习,并在需要的时候愿意进行改革。但是,在这个过程中他们需要得到支持。因此,下一章我们将要探讨领导者如何对教师的生活和工作产生影响。

第八章
领导力的影响

引 言

如果学校想在21世纪继续生存,与以前相比,他们需要有抱负心,更有创造力。这既是对教师的要求也是对学生的要求。而这需要两个必要条件:第一,对于组织内部运行的更好理解;第二,对基于学校作为学习场所的分析和理解。

(Fielding,2006:350)

本章重点论述学校领导对教师专业和个人生活质量带来的影响,尤其是校长们,他们可以是良好教学、成功学习及信任教师的组织环境的创造者和管理者。

研 究 视 角

在英国皇家艺术学会的组织下进行的一场关于21世纪幸福生活的辩论中,马尔根(Mulgan)和其他人呼吁组织通过重视和培养他们的人才关注员工的幸福感(Zeldin,2004:36—39)。他们继而将此与"所采取的任何措施使社会公民有满足感……人们感受到他们可以掌控自己的生活和选择"（同上：39）相联系。对于作为牛津圣安东尼学院的历史学家和工作人员的西奥多·泽尔丁（Theodore Zeldin），参加到这次辩论中，他的"牛津大学的缪斯"理论的意图在于

> 设定的目标要远远高于教学胜任能力，……让日常生活充满激情，鼓励人们说通常不敢说的话和做不会做的事，让他们觉得自己有可能重新设计生活，但不是乌托邦。

（同上：39）

对于作为总理办公室前任决策者，继而担任社区研究学院主任的马尔根来说，促进工作生活之间的平衡和减少工作时间不是解决消耗精力的工作的方法：

> 如果工作消耗精力，那么仅仅减少工作时间是不够的。平衡工作和生活也不是解决办法。因为这些给了我们忍受可怕工作的借口，认为我们通过在家中休息恢复精力来补偿自己。大部分不能发挥我们才能的工作使我们成为工作的奴隶。

（Mulgan，2005：38）

多年来关于教师满意程度的调查证实了这些观点（Bogler，2001，2002；Dinham and Ccott，1998，2000；Evans，1998，2001；Kyriacou and Sutcliffe，1979；Skaalvik and Skaalvik，2009；Zembylas and Papanastasiou，2005）。关于学校的有所改善的研究一直认为向员工提供正式及非正式的注重个人创造潜力发展机会和关注组织需求的重要性。这类学校的领导者通常被称为"学习共同体"（Stoll and Louis，2007），但更精确的描述是"学习和成就共同体"，因为良好教学必须有成功学习和成就的完善，这里的成功学习和成就是一种广泛的定义，而不是指可以衡量的成绩——毫不例外地把员工的培训和发展及后续的规划作为他们改善学校的中心策略，因为领导力在影响学生学习方面仅次于课堂教学（Leithwood et al.，2006）。

校领导对于责任感和教学质量的影响是很重要的。在我们研究中的一些学校的老师，他们的专业发展模式得到了个人和组织发展需求的支持，他们得到了一系列内部和外部学习发展机会，并且这些机会满足了教师认知、情感和实践需求。他们构成了一个整体，而不是学校生活和文化的"螺栓"。在这类学校里，个人期望值，对他人的信任和对教育的责任感是很高的。专业学习来源于也回馈到了教师的工作和专业技术中，这是变革过程不可缺少的部分。这种专业学习有助于教师成为掌控自己工作方向的积极行动者，加强了教师的责任感。

第八章 领导力的影响

第三章中劳拉的故事向我们展示了在个人和职业生活发生改变的过程中，在校领导试图改革学校工作方式的情况下，一位教师在职业生涯后期努力保持自己的动力、责任感和工作满意度的形象案例。她的孩子已离开家里开始他们的大学生活。她得资助孩子的学习，所以不能如她期望的那样从全职转变成兼职。

虽然动力的不断减少源于她对某个全国性课程大纲的不满——在她看来，此课程减少了学生的社会交往和学生创造力，"是的学生承受过多的压力，使得他们不能享受学习的过程"——她很担忧她还需要再教学十年，在她的例子中同样显示学校领导和同事的支持的确能带来影响。劳拉给出了他们对于她在学校教学的十年期间的积极和消极的影响。她的工作线起伏可以分为3个时期，而每个时期都与一个不同的领导对应。第一阶段，她感觉到自己是局外人。

> 虽然我是"课程协调人，应该是学校管理团队的一员，但是却从未参与过决策"。
>
> （劳拉）

她对课堂教学的责任感和学生所取得的良好成就促使她继续了下去：

> 我意识到，有时候重要的不是你知道什么，而是你知道谁。
>
> （劳拉）

管理方面的负面影响使她变得不那么单纯，更加愤世嫉俗。校长离开学校，"代理"校长代职的期间一切有了积极的改变：

> 代理校长给予了完全不同良好的支持，她很优秀。你有任何个人问题，她都会聆听。这就很不相同。整个学校都感觉到了变化——更加的开放……我们是一个团队在工作。每个人都同以前一样努力工作却不再感觉那么拘束……更多的是开心。
>
> （劳拉）

她也被给予了更多的责任，感觉"比以前被重视了许多"。她认为这与她成为了更加优秀的领导和教师有关系。

> 我从未质疑过自己作为教师的能力。我知道自己做得到。我已经教学多年，我闭着眼睛都可以做得到。
>
> （劳拉）

教师的工作环境能限制和增长已有的学习经历和知识（Sribner，1998）。事实上，许多研究声称，早到职前时期，如果学校关注实习教师的专业发展，尤其是"同事关系、教师自主权、男女平等"，那么教师的工作满意度和职业责任感是会增加的（Huang and Waxman，2009：242）。

近期一个政府资助的研究校领导对学生学习产出的影响的项目证实，对于英国成功学校的校长，致力于增强教师素质仍然是他们提高标准的重要动力（Day et al.，2009，2010）。很显然，在这些学校持续专业发展是一种权利，教师可以获得丰富的专业学习和发展机会，从而对他们产生激励感，并对他们的教学实践产生积极影响。

研究同样表明，不断改善并有成效的学校在追求不断提高的教学、学习和成就方面是十分警醒的。这种学校会鼓励教师多用不平常的模式教学，更多尝试新的方法。校长支持教师成为课堂上的领导者，并提供基础设施使教师无顾虑地做出明智决定开拓他们的教学方法。教师对这些措施给予了积极回应，因为这些改变了他们对自己作为专业人士的看法，增强了他们自我效能的观念。相应地，这也使他们在与学生和其他同事互动时有了积极影响。但并不是所有学校的领导都提供这样发展创造力或是加强教师主体意识和自主权的机会。

如同其他国家的学校一样，如今英国的学校也要承担更多的校外的角色和责任。因此，老师绝不是能够仅仅关注他们所谓的传统课堂教学角色。在VITAE研究中（Day et al.，2007），我们发现绝大多数的小学教师就承担这样的一些角色。里德等（Reid et al.，2004：252）发现，在许多中学，同样"只有少数老师只教书"，24%的教师没有担任任何领导角色。他们指出，这主要源于执行中央政府的措施，使学校行使更多的责任。他们研究中的一些教师认为这种做法

> 侵犯了我有效规划、监测和评估课堂的能力。我有时候别无选择，只能勉强争取一点时间进行课程的协调，因为我紧凑的时间里没有时间分配给它。
>
> （同上：257—258）

第八章 领导力的影响

对其他人,这会导致"因为过度工作缺乏睡眠……甚至夜晚工作到十点也没有任何进展"(同上:258)。此外,为了追求校与校之间的交流,改革课程大纲和教学法、评估训练、与社区的合作及以校为本的教师培养与训练,要参加的会议也增多了,而这些都也增加了教师的职责。

对教师工作和思维设定的国家测试制度的无意义影响也同样被教授14岁学生的乔迪的经历所证明:

> 圣诞节后,我专注于为考试准备的教学。当你都不知道这些考试能否被给予正确评判时,就花费9个月时间的教学来为这次考试做准备是十分荒谬的。所有教研室的老师都很讨厌这个,但是,仍然努力工作试图让教师可以以自己的方式让学生接触全篇文章,达到教学目的。
>
> (乔迪)

随着管理和领导角色复杂程度的增加,越来越多的一线教师有了多层的责任,学校校长的领导质量成了调解高挑战和强压力,要求不断增加的成果和越来越少的效能之间关系的重要因素。一种极端是,校长是人性化和以任务为中心的,通过旨在促进归属感和幸福感的关心和信任的策略提高教师的动力、自我效能和责任感。这样的学校有很少的教师变动,教师有着高期望值和较多的成功。另一个极端是,学校很多因压力带来的缺勤和请病假的例子。例如,上议院奖励了一名前数学教研室主任组一笔可观的经费,他没有副手,承担了很多职责。这个案例显示了"专制和欺压型的领导方式"……就是……对于有关职业压力的抱怨漠不关心是法庭裁决时要考虑的因素(*Independent*,2005:16)。

校领导对于教师生活的早期影响十分突出,尤其是与学生之间的关系。朱迪的经历指出:

> 我现在所在的学校比以前好多了。这归功于有力的管理。高级管理团队在有效的纪律上起着重要作用。很严格,可是更重要的是稳定性。学生知道分数是什么,教职工之间也相互支持。高级管理团队是实际存在的,深受职工和学生的支持。
>
> (乔迪)

正如下一章中弗兰西斯、吉尔和皮特的故事所显示的，领导关注教师的幸福感和追求进步的需求，这些学校的教师就明显更有工作能力，他们的动力、自我效能、责任感和心理弹性也会有所增加。

学习和取得成就的学校

几乎所有关于教师通过努力教学来促进学生成功学习和取得成就方面的动力、责任感和能力方面的研究都表明，既需要关注教师们功能性和以教学为中心的关系（与学生和家长的关系），同样要关注个人关系。根据麦克默里（MacMurray）的著作，苏格兰的哲学家迈克尔·菲尔丁描述出了它们的不同：

> 功能性或是工具性的关系是为了帮助我们为达到目标而完成事项。实际上，功能性关系是根据这些目标来定义……相反，个人关系是为了帮助我们在于他人交往时做到真实的自己，而在这个过程中关于自我的各个方面需要相互开放和坦诚。
>
> （Fielding, 2006: 351, 353）

菲尔丁继而指出，虽然功能性和个人关系之间是相互联系的，但是它们不是同等重要。关于成功学校和学校领导的研究也再次证明了他的论断。

> 不仅仅功能性关系是为了个人关系，个人关系要通过功能性关系来体现，同时，个人关系对于功能性关系的影响是它发生转变的原因，功能性关系应该是个人关系的表达。结果和方法之间必须有千丝万缕的联系，方法应该因它们带来的结果而朝着它们目标转变。我们一起工作的学校为了取得个人的、集体的和教育的成果而采取的功能性方式应该因我们试图做的正常人际特征而发生转变。
>
> （同上：353）

从这个角度，菲尔丁定义了学校4种组织性和集体性取向：非个人的、情感的、以人为本及高绩效，表达了功能性和个人之间的关系，以及这些可能为学校组织、相互关系和结果带来的影响，如表8.1所示。

表8.1 学校的组织性和集体取向：理解功能与人之间的关系

学校作为			
非个人组织	情感共同体	高绩效学习组织	以人为本的共同体
功能性排斥性个人关系	个人关系排斥功能性	个人关系是为了功能性	功能性是个人关系的表达
机械性组织	情感共同体	学习型组织	学习型共同体
共同体不重要	共同体很少有	共同体是取得组织	组织的存在
会影响组织目标	组织结果或要求	成就的有用工具	为了共同体发展
有效率的	恢复性的	情感性的	道德和利益上都是成功的

（Fielding, 2006: 354）

一个对多达14个国家进行的关于成功学校校长的研究提供了有深度的实证数据，证明了他的论述：那些以人为本、功能性关系是为了个人关系体现的，学校在道德和利益方面都是成功的（Day and Leithwood, 2007）。此外，书中教师肯定他们动机、责任感、身份认同和成就的目的和来源的描述反映了菲尔丁的立场及他们学校的领导力和文化。

这种立场与许多关于学校作为学习共同体的研究论述比较相近。例如，米切尔和萨克尼（Mitchell and Sackney, 2001: 2）讨论了学习组织和学习共同体假设之间的不同："学习共同体是与人的经验相联系，而学习组织则与组织的产出相联系。"

在菲尔丁看来这个没有二分法，相反，如他所定义的，遵循学校教育的目的是确保功能性（组织产出）及个人关系（丰富人们经验）。

虽然我们的目的不是详细阐释学习社区的本质、目的和特征（Stoll and Louis, 2007），然而，将教师所经历的组织文化、领导力和支持及他们要建立和保持这些时所面临的困境相联系是很有指导意义的。

米切尔和萨克尼（2001）指出，发展学习社区的关键是培养个人的、人际的和组织的能力。例如，在澳大利亚，2005年教育、科学与培训部对20所有成效的学校进行了调查，发现它们都是"专业化学习共同体"，在这些共同体中是校长积极参与到教职工发展过程中。在此研究报告中，阿尔内尔（Avenell, 2007: 46—47）指出了学习成为专业必备的学习社区的5个条件：

（1）校长分享领导力和决策权；

（2）坚持不懈为学生和职工学习付出的共同目标；

（3）能被用来巩固学生学习的教师集体学习；

（4）以实例为基础的同行支持和反馈；

（5）支持教与学的环境和人力资源能力。

但一些教师在发展个人、人际和组织能力的时候遇到了一系列障碍。领导可能不负责任或是没有足够的知识去培养这些能力。学校结构可能过多强调隔离而不是包容性文化，竞争而不是协作，等级制而不是领导力的多样性和分配，不尊重学生和他们的学习共同体。

在劳拉的例子中，当"急迫改变一切"的新校长上任时她经历了一段黑暗时期。劳拉感觉到结构和文化的变化，"我们做事的方式"给她的同事带来了阴影。

> 我们不想改变。已经有太多的变化对在这里工作许久的员工带来了消极的影响。
>
> （劳拉）

因为新校长的限制，劳拉不再担任读写课程协调员的职位，再次被"搁置"了。

拥有正确的领导者

基于对澳大利亚、加拿大、丹麦、英格兰、挪威、瑞典和美国的小学和初中成功校领导进行的详细、多视角的64项研究，国际成功校长项目研究（International Successful School Principalship）总结出，虽然所有校领导都有前面所描述过的特征、品质、技能和广泛的道德目的，然而，根据他们自己和学校发展的不同阶段及政策和环境的要求，这些会应用在5种不同的综合因素上。

（1）保持充满激情的承诺和个人责任。高期望；强烈的自尊；坚持；自信；成就取向；以学习为重心；开放交流；基于明确价值的全面教育；注重学生的权利、包容、社会公正、民主原则。

（2）成功应付压力和困难，保持道德目的。能够通过将加强个人和学校发展，解决冲突和超越工具性利益。

（3）以他人为中心，关注学习。持续改善；个人和集体的沟通及能力的培养；合作学习的文化；分散的领导，决策和责任；鼓励信任；通过团体参与和有策略的干预个人及体制环境；非私有化的专业实践；培养教师领导力。

（4）情感和理性的投入。情感理解；换位思考，信任；有勇气；时刻准备行动；与利益相关者保持认知和情感的交流；创造安全的教学环境，富有创新性。

（5）强调个人性和功能性。构建成功功能性的以人文本的共同体；示范价值；尊重他人；关心他人的责任。

（Leithwood and Day，2007：17）

乔迪很重视来自部门领导和高级管理团队对专业教师的强大支持：

> 有政策规定家庭是首位的。那种支持真的很好，所以当你休一天假，你不会感到内疚。当你生病请假时也不会感觉到有压力。你可以有充足的时间。人们关注彼此。例如，我已经厌倦每天晚上结束课程之后第二天早上的第一件事就是将桌子搬回原处，将脏茶杯搬出教室。有一次副校长看到我搬桌子，我向他说明了情况。之后的一天我在自己桌子上发现了一份礼物，附着一段留言——'希望这个能弥补这些困难。'确实，这个对我有用。如果你太忙就会感觉被孤立。
>
> （乔迪）

在《变化的六个秘密：最佳领导帮助单位生存与繁荣必行》（2008）这本书中，迈克尔·富兰（Michael Fullan）含蓄地把对教师工作和生活的研究信息包含其中。对于富兰来说，成功的秘密如下。

（1）认识到只有尊重组织中的员工，制度才会有所改善。例如，不会增加教师的疲乏或者不会对士气产生副作用（爱你的员工）。

（2）把学校的价值观和个人的价值观通过协助的工作方式结合起来，以至于能共享关于有效和低效实践的知识。他建议这样有目的性的互动将会抵御目的和实践分裂开来的危险，从而可以发展专业学习共同体（把同行通过目的联系在一起）。

（3）在员工中培养个人和集体学习与变革的能力（盛行能力构建）。

（4）在对核心目标不懈追求和通过变革寻求提升的基础上，在组织内为实践的一致性创造平衡（学习就是工作）。

（5）通过数据的收集和分析对评判进步和成就，培养知情的信任和完善机构问责制（透明规则）。

（6）通过确定关系和模式实行以上5点，时刻寻求提升，从经历中学习并且要以行动为导向，倾注激情和精力来获取满意的结果（体制学习）。

(Fullan, 2008)

信任很重要

信任被定义为"一个人能依赖另一个人的良好意愿，相信会按照他的最大利益来行事的信心"（Baier, 1994; Tschannen-Moran, 2004: 15）。

罗斯和格雷（Ross and Gray）对3000多名加拿大的小学老师的研究与其他研究结果相同，研究发现领导能力的质量影响着教师个人和集体的自我效能和他们对组织的责任感（Ross et al., 2008）。在对英国成功的小学和中学进行研究时发现，不考虑社会经济地位和学生先前的成就的因素，这些学校的教师对他们自己和他们学生取得的成就和能够取得的成就一律有着乐观和有效率的态度，他们主动地在课内课外辛勤工作，他们敬业，有韧性，被领导所信任。研究也发现他们所教学生的成绩符合或者高于他们期望水平（Day et al., 2009, 2010）。

信任和可信度被认为是校长工作的关键因素，对于学校的发展和成功也是至关重要的。因此，愈来愈多的研究者对社会和学校中的信任定义产生兴趣。一方面是因为学校的成功运行需要依靠来自公共和内部的信任；另一方面是因为在不同国家和文化都普遍认同信任——通常与包容和尊重相联系——正在被腐蚀。对于学校来说，这尤其具有挑战性：

鉴于民众对于自己组织和领导日益的不信任，远离信任对学校带来了极大的挑战，因为信任对于学校完成核心任务至关重要。学校需要得到学生父母的信任，同样需要资助他们的社区的信任。为了学习，学生必须信任老师，因为学校教学的主要内容就是要让孩子们相信老师所教的和他们所读到的内容。不信任老师或者相互信任的学生有可能会过于自我保护和无法投入学习。此外，得不到老师和管理者信任的学生也有可能在学习过程中遇到阻碍，因为他们与学校的距离远了，创造了一种不合群的、叛逆的年轻人文化。事实上，他们有可能在缺乏信任的学校环境中失去过高的期望。

(Tschannen-Moran, 2004: 12)

虽然，研究人员没有发现直接的因果关系，但是他们已经发现了在信任，个人与集体效能，通过分配领导力赋予员工权利，学校的发展包括学生成就的稳定提高和成就感的保持，这些之间的间接实证联系。

另外，他们发现校长在建立和维持这种联系过程中，构建和维持信任的作用是尤其重要的。在对城市三所小学的研究中，莫兰总结出信任是相互依赖的基础，"在这种情况下，一方取得成就不能离开另一方的支持"（2004：19）。如果没有参与者的默许，教师不太可能达到成功的教学并使学生积极参与学习；同样如果没有教师和利益相关人的支持，也就不太可能使学校领导进行高效工作。另外，对于专业学习共同体来说，信任也是决定性的因素（Cummings and Worley，2008；Hipp and Huffaman，2007）。事实上，如果我们将学习视为民主社会的缩影，那么缺少参与、信任的下降或是缺失可能带来社会资本的损失或者至少导致其不完善发展，而社会资产对于解决问题是至关重要的（Putnam，1983）。

尽管信任"是一种相互的信任关系"（Sockett，1993：117），但是当运用到学校时，它与道德目的（为了学生的更好发展起作用）及在决策和领导过程中与增加参与度和赋予权利（Fullan，2003；Sergiovanni，2004；Starratt，2007）相联系。

学校领导在促进学校成员的相互信任上有着特殊的责任。我们的研究数据表明这是一种未阐明的意愿，但是它是能力构建和领导力如何分配的主要因素。不考虑社会经济地位因素，案例研究中的教师定义了领导信任的5个"方面"。这也为霍伊（Hoy）和莫兰所做的定义进行了补充：

（1）仁爱：相信个人的幸福感会受到所信任一方的保障。
（2）可信度：个人能信任他人或是组织的程度。
（3）胜任能力：所信任一方拥有的知识和技能。
（4）坦诚：所信任一方的性格，正直和真实性。
（5）开放性：对他人毫无保留信息的程度。

（Hoy and Tschannen-Moran，2003）

除了这些品质，我们还增添了其他3个：

（1）智慧：所信任一方能够及时做出有利于学生、学校和教师决策的程度。
（2）学术乐观性：所信任一方培养、实现和更新希望和乐观的程度。
（3）情感理解：所信任一方关心他人情感的程度。

关系型信任和成就

不单是信任的保证就可以提高学校的教学和成就（虽然缺少了它，提高的可能性很小），但是它通过领导力这8个素质，领导的行动力和交际能力，尤其是教师之间、教师与领导、教师和学生及教师与共同体之间的关系来体现。

在芝加哥一个关于小学的纵向研究中，布赖克和施奈德（Bryk and Schneider, 2002）指出，"在预测哪些学校能够在学生成就方面取得最大成果，能够有效维持这些成果，信任是决定性的因素"（Tschannen-Moran, 2004: 136）。

通过研究100所连续5年在数学和阅读方面取得重大成就的学校发现，这些有高信任度的学校在帮助学生提高这些科目的成绩方面有二分之一的机会，而那些信任度比较低的学校则只有七分之一的机会。研究将这种信任定义为"关系型"，并指出了4个必要的特征来界定和评定学校的信任：尊重、胜任力、个人关注、正直。

因为学校生活的特色既官僚化也专业化，所以校领导有责任创造和维持这样一种环境，能够建立和加强它存在于在3种关系的互动中，从而形成具有参与度、所属权、效能及学生成功的结果。这些关系有：

（1）校长与老师；
（2）老师与老师；
（3）学校专业人士和家长。

（Bryk and Schneider, 2002: 41）

除了这些我们可以添加的是教师与学生。

为了建立关系型信任，这4组关系中的成员需要对义务和期望值达成共识（例如，关于如何培养师生关系，最小化教学标准）。校长和其他人应积极参加一系列的个人和人际交往活动，增加信任度。我们研究中关于有效地领导力对于学生成果的影响的"成功线"（Day et al., 2009）表明，在这三组关系中并不是仅仅有领导信任度的8个品质（或是布赖克和施奈德定义的4个关系型特征）就能确保信任。研究还表明，关于组织变革的战略行动程度与这些重要的信任度、特质及品质相一致。

组 织 信 任

卡伦·西肖尔·路易斯（Karen Seashore Louis）在近期区改革环境下的关于学校的调查中对组织信任给予了关注。3年内对美国5所中学进行调查，路易斯认为"组织"信任是信任的第二预示因素，是学生成就的预测者。"组织信任：对合适行为的期望建立在组织准则的基础上。"（Louis，2007：3）

许多中学体现的"日益增长的官僚机构没有人情味的环境下"关系型信任是很难实现的（同上）。这里，即使不是现实，也会察觉到强权与弱权的关系。这些学校显示的一系列"高度信任"或是"低度信任"的情况与4种"有效管理"观念相关：远见、合作、教师参与和基于数据的决策。选择它们一部分是因为它们出现在关于变革的文献中，一部分是因为它们代表了在采访教师最多的回答。此外，研究将"社会凝聚力"作为组织信任的标志。她的结论也被我们的数据证实了。我们发现校长、教师、学生和家长把集体目的意识和参与，对常规行为规范的运用、合作和有数据（而不是以数据有基础）的决策作为他们学校的准则（Day et al.，2009b）。

虽然许多准则是在校长在任前期确立的，另外一些却是经历了长时间才形成的；时机和顺序依靠于校长上任后对环境及与领导力结构及组织信任度相关的发展步伐的判断。

逐步信任和领导力的分配：信服的勇气

信任的确立要经过一段时间的付出，在此期间，每个人都有机会向他人展现愿意接受个人风险和不愿利用他人的漏洞来谋取私利……随着参与者相互感到适应，有可能有关于信任度、影响力及试图达到相互期望程度的检测。18个月后，关系变得相对稳定。

（Tschannen-Moran，2004：42）

我们需要意识到建立信任需要时间，需要依靠领导的远见、希望和乐观、高期望及正直的行为。最初信任的程度和深度需要依靠一系列的过去和现在的因素。例如，如果某位校长接手一所学校，其历史是成员间彼此缺乏信任关系，这样有可能比相反情况要耗费更多的时间建立信任。莫兰（2004：57）发现："辨别信任的恰当程度需要领导者的智慧和洞察力。最佳信任是谨慎，有分寸，有条件的。"

对于成功的校领导来说，信任别人的过程既不是单纯的也不是可以算计的，而是5种因素的表达。

（1）价值观和态度：相信（大多数）人们如果允许追求他们为之努力的目标，他们会爱护学生，会努力工作。

（2）信任倾向：因彼此信赖的关系及对他人的关注获得益处。

（3）可信任度：能够通过组织中的他人来建立信任的程度。

（4）信任行为的重复：增加领导角色、责任的分配，扩大问责制和其他利益相关人的参与。

（5）建立和加强可信任度：通过共同的价值观和远见体现交际、结构和策略方面的一致性。

我们为期两年关于有效领导力的研究项目（Day et al., 2009）证实了莫兰（2004：56）定义的"自我强化"信任模式：

自我强化的信任模式表现为反复的交流，承担风险和相继完成期望来加强双方相互信任的意愿。不断实现期望值可提高信任度从而促进和加强信任。

（Tschannen-Moran，2004：56）

对于相互的临时信任已经通过正直的品质和价值观与行为的一致性得到了维护。一方面，他们培养了信任，另一方面，他们获得了信任。此外，从他们自己和他人的陈述中可以看出通过一贯的关心、鼓励和敏锐他们赢得了可信任度：

作为一名值得信任的领导需要有勇气，同样需要灵敏度，要有以正直和坚定的方式处理困难局势和应付棘手的人的意愿。一个充满爱心的立场并不意味着教师不需要负责任。相反，你对于学生的关心和责任感要求你对教师表现有着高期望值。这些高期望会通过支持和引导教师达到这些标准而得到加强。

（Tschannen-Moran，2004：84）

总结：领导力的因素

有信任度、灵活性、责任感和激情的领导是学校成功的核心。这样的领导有着强烈的道德目的，能够根据对学校历史、当下环境和发展阶段的良好理解构建他们的愿景、行动和关系（Gu and Johansson，后续）。换句话说，他们能够让自己的领导策略经历时间的考验来建立学校内部的能力和实施变革（Day et al., 2009）。

　　学校领导在正确时机采取的正确行动能够对学生的成果有所影响。然而，这些行动不是在任务完成后就不再相关联。相反，这些行为需要发展、开拓和加强，为后续的行动奠定基础……正是这种构建和实施领导力的方式，以及特定个人和专业的价值观及品质使得我们研究对象中的学校领导如此成功。

（同上：193）

　　本章中引用的关于校领导对于教师幸福感和持续责任感重要性的研究表明，成功是个过程，成功的关键是学会以一种适合不同境况的方式识别、诊断、预测和回应问题。这些研究也指出要让教师在各个职业生涯阶段尽量维持最好的教学能力，需要教师与管理团队有共同的愿景，重点突出但具有灵活性的教学大纲，以及能促进教师集体主体意识、效能和专业学习发展的学校文化。正如摩尔·约翰逊（2004：117）提醒我们："虽然一些聪明能干的教师在衰退、运转不当的环境中也能成功，但是更多的要依靠学校，使教师极有可能稳定、良好地进行工作。"

第九章
心理弹性的重要性

引 言

好的教学需要积极的情感。仅仅熟悉自己所教学的科目、有效率、有适当的教学能力或者学会所有合适的教学技巧是不够的。好教师不仅仅是上足油的机器,他们是与学生打交道的有情感和热情的人,他们要在工作和课堂上带来快乐、创新和挑战。

(Hargreaves,1998:835)

教学和达到最好的教学能力需要心理弹性,心理弹性不是可有可无的。它是所有教师必须具备的素质。这并不是对教学行业做出规定,而是承认其成员为了持续对学生的成绩和学习做出贡献在管理教学所需的情感和知识方面的能力要求。

研 究 视 角

心理弹性对教学很重要主要有3个原因:首先,如果教师作为学生的主要模范角色不能显示心理弹性素质，而要求学生具有心理弹性是不现实的（Henderson and Milstein, 2003）。其次，在如今"多元化和持续发展"的世纪（Hargreaves and Fink, 2006: 16），教学是一份要求高的工作。政策制定者、教育领导者的关注从教师的压力和疲倦转向心理弹性为理解教师在变革的时代维持他们的激励感和责任感提供了具有建树性的视角。再一次，心理弹性被定义为继续"反弹"，面对逆境快速有效恢复力量和精神状态的能力，是与强烈的职业感、自我效能和教学激励感紧密相连，对于促进学生全面发展的持续责任感是至关重要的。

心理弹性概念源于精神病学和发展心理学迅速发展的对儿童个人性格和特点的关注。一些儿童尽管被划分为有负面发展结果的危险，但他们的个性和特点却能使他们面对逆境积极适应和发展（Block and Block, 1980; Howard *et al.*, 1999; Waller, 2001）。20世纪80年代随着心理弹性概念范式的变化，在认同面对逆境适应过程中的痛苦和挣扎时，更多指积极的品质和优点（Gore and Eckenrode 1994; Henderson and Milstein, 2003）。在接下来的关于心理弹性的研究已经从发现个性特点和保护因子转向深层次的保护过程，如这些因子如何导致积极正面的结果（Luthar *et al.*, 2000）。我们在以前的著作中曾更加详细地论述过心理弹性的性质（Gu and Day, 2007）。根据这一章的目的，我们从心理学和社会学的构建角度总结了心理弹性的含义。

心理学构建角度的心理弹性

弗雷德里克森（Fredrickson）关于积极情感"拓展和构建"理论的最新发展（2001, 2004）提供了有用的心理学概念框架。她（2004）观察到积极情感的分类——高兴、兴趣、满足和爱——能促进创新行为和社会纽带，而这些将构建起个人资源。这些从体力、智力到社会和心理的个人资源将以储存的方式在后来被利用以提高成功应对和生存的几率（同上：1367）。这个理论预测了随着时间的推移，积极情感的经历将会拓展注意力和认知能力，有利于灵活创造的思维，从而能激发心理弹性。（同上；同见Aspinwall, 1998, 2001; Fredrickson and Joiner, 2002; Isen, 1990）。

弗雷德里克森的理论从心理学的角度对理解教师的心理弹性的性质提供了概念性基础。教师的工作本质上是情感型的。这个理论也折射了一系列教育研究者对教学情感本质的研究结果（Fried，2001；Nias，1989a；Nieto，2003；Palmer，1998）。

心理弹性作为多维的社会学构建的概念

对于其他作者（Walsh，1998；Henderson and Milstein，2003；Howard and Johnson，2004；Richardson *et al.*，1990），心理弹性是一个多维和多种因素决定的概念，并在相互联系的社会体制中被理解为是动态的。尽管心理学领域中论述的心理弹性概念有助于了解具有心理弹性特点的人的性格特征和内部因素，但无法论述在不同的负面环境中心理弹性的能力如何。例如，这些能力是否与个人和专业因素相关联，是否因为我们工作环境的性质、工作中相处的人及我们的信念和抱负的强弱而提高或受到阻碍（Bernard，1991；Henderson and Milstein，2003；Luthar，1996；Oswald *et al.*，2003；Day *et al.*，2006）

心理弹性可以学习或习得（Higgins，1994），并通过提供相关和实践的保护因子如关怀和关注的教学环境、较高的期望值、积极的学习环境、强大支持的社区和相互支持的同行关系来达到心理弹性（Bernard，1991，1995；Glasser，1965；Johnson *et al.*，1999；Oswald *et al.*，2003；Pence，1998；Rutter *et al.*，1979；Wang，1997；Werner and Smith，1988）。心理弹性是内在的品质，是一个相对的、发展的、动态的构建（Howard *et al.*，1999，Luthar *et al.*，2000；Rutter，1990）。它既是个人也是专业特质及价值观的产物，受到组织和个人因素的影响，并由应付环境因素的个体能力来决定。例如，教师在面对挑战性的环境时可以积极或消极地去应对，这将取决于组织或同事领导力的质量和他们责任感的程度。教师心理弹性的社会构建承认这些个人、专业和情景因素综合在一起对于维持教师情感幸福和专业责任感的重要性，而心理学的构建却不能做到。

对教师心理弹性的探索

尽管国际上有相当多的研究关注到教师工作和生活中情感的重要性（Hargreaves, 2000, 2004, 2005; Leithwood, 2007; Leithwood and Beatty, 2008; Nias, 1996; Schutz and Pekrun, 2007; Troman and Woods, 2001; Van Veen and Lasky, 2005; Zembylas, 2005; Zembylas and Schutz, 2009），但很少有对教师心理弹性的研究。大部分教师如果在刚开始能顺利工作4~5年则会继续留在这个行业工作30年。在这段时间他们不仅遇到年龄增长过程中不可预测的变化，而且一些无法预料的事件也会影响他们的个人生活（结婚、离婚、疾病、亲友的去世、健康状况），另外由于同事的去留、学生的需求、教学的复杂化和教学条件的变化需要教师调整他们的职业生活。

关于教师的情感世界有3点事实：

（1）如同大多数人类一样，教师工作和生活的目标是体验愉悦而不是痛苦，并把这作为他们不断适应变化的条件和场景的一部分，而不是试图维持在某一个平衡点上。

（2）他们可被观察到的行为（情感）可能会掩饰他们的真实感受。换句话说，无论别人有"多少情商"（Goleman, 1996）也不可能应付教师的感情。他们也许会通过在学校确立的文化、组织机构及通过他们促进的关系创造条件来推动或阻碍这些情感。

（3）教师在学校和课堂内的情感内容也许会对他们自己的感觉、对别人的感觉及他们的行为方式（如他们与学生、同事、家长相处的经验，来自学校内外的政策）形成短期和长期的影响结果。这些会对他们的自我效能、职业身份认同及最终他们的责任感和达到最好的教学能力产生影响。

图9.1显示了达到变革和维持效率的复杂性，从学生进步和成绩的角度（Day et al., 2007: 238）勾勒了在教师不同职业阶段的相互连接的关系，他们的专业身份认同、幸福感、责任感和心理弹性、效率等。在这些相互交叉的关系中，教师幸福感、责任感和心理弹性所起的作用是至关重要的。而他们个人、专业和情景因素汇合的交叉点会对他们在帮助学生成长和学习方面行使最好的能力产生积极或消极的影响。

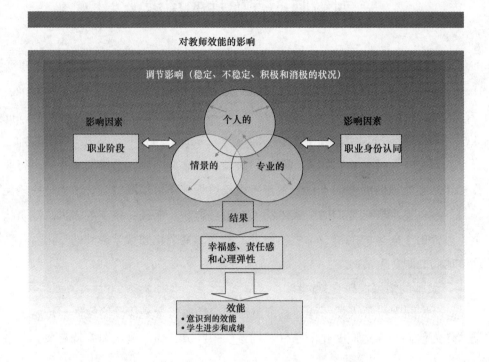

图9.1　教师的幸福感、责任感和自我效能

  关于教学情感维度的研究是重要的，因为这些维度强化了认知和情感实证方面的联系，并且给政策制定者、教师教育专家和学校校长起到了提醒的作用，让他们意识到"教师效能"既来自脑（认知）也来自心（情感）的准备和持续的支持。

  这样的提醒不仅仅是增强它对提高教学有用的意识，它也必须能够应用在教师工作开展和评价的不同情境中。当在21世纪教师行业被评为最有压力的职业（Kyriacou，2000；Nash，2005；Pricewaterhouse Coopers，2001）时，特别有紧迫的需要来调查对于在不同环境和不同职业阶段工作的教师，外部和内部的需求与挑战是否淡化他们的职业感，更重要的是他们的心理弹性、责任感、自我效能和幸福感随着时间推移和在不同处境中发展、维持的方式。正如爱德华兹（Edwards，2003：11）所论述的，所有的学生在所有的环境中都"应该得到热情的、有激励感的教师的教学"。

具有心理弹性的教师：他们的环境和他们的故事

1. 故事1：增强的激励感和责任感——一个任教不久的教师

这是一个挑战，一个日常的挑战。我们的学生很难管理。我们的家长也很难打交道。它不仅挑战你教学的能力而且也挑战你课堂管理的能力。你有许多责任。你必须做好你的本职工作。我刚从一个普通的一线教师提升为高级管理团队的一员。

（弗兰西斯）

> 弗兰西斯，一名有7年教学经验的老师，目前在英格兰西南部最近刚建造的一个招收3～11年级的社区学校教授6～7岁的孩子并担任第一关键阶段（Key Stage 1，5～7岁）教师协调人。这所学校目前通过5年的时间已从130名学生增长到300名。这所学校被认为是社区的"港湾"，在这个半农村地区有着较好的声誉。教育标准局评估的教学标准是令人满意的。学生来自不同的社会背景，主要是以白人为主。提供免费午餐的数量接近全国平均水平。需要特殊教育的学生数量比例较高（21.4%）。

在这个例子中，来自学校领导及其他同事的重要贡献及教师个人生活的稳定性有助于他们持续的心理弹性。它揭示了教师可以从对他们职业和个人生活产生的积极影响因素中获取情感的力量从而能应付在他们职业发展过程中不可预测的变化和波折。

1）职业感

弗兰西斯最初从事教师行业是因为"教学就是我一直想做的事。我知道我能帮助孩子取得进步。

本来我想在企业和银行工作，但我在第六学级换了学校，他们说我不太适合银行业，因为我没有获得足够的A Level 的成绩。所以我开始寻找别的选择，我希望与孩子们在一起，开始每周一天到一个小学教书，教学就这样开始了。"

2）在支持的学校环境中成长

在弗兰西斯7年的教学中，过去的3年"确实很快乐，我很喜欢。我有机会在专业和个人生活上有所成长，我也接受了挑战"。由于暂时承担了学校层面的工作她感到确实很累。

> 现在已经是文书工作占据了一切。每个人都感受到这一点，这就是我最担心的。大家开始自我怀疑，并且一找到怀疑的种子，大家就会离开。

弗兰西斯目前的学校大家都相处得很好。"我们举办很多社交活动，一起庆祝一些事情——就像在一个大家庭里。我认为我能够依靠我的同事。"学校领导对她喜爱教学起了"非常重要"的作用——"这有很大的帮助，打开了机会的大门。"特别是校长在她祖父母过世时一直很支持她。

3）从学生的进步中获得回报

学生的进步一直是弗兰西斯工作动力的主要来源：

> 我与周围的人有着良好的关系。有时候你会怀疑自己，有时候你通常会从父母那受到批评。你不得不证明自己是有理由这样做的。在一个大家相互支持的团队中工作，他们说你确实在帮助这个孩子上已做得很好，你也的确看到一些小的变化，尽管不是SATS的成绩。孩子的妈妈在Tesco超市碰到你时跟你说孩子第一次在早晨上学前不再哭了。尽管有人批评你，但以上这样一些事情更会鼓励你一直走下去。

在过去3年的时间里她所教的班级都不一样。第一年所教的孩子比较聪明，使得她能够专注提高他们的成绩。接下来一个班级在纪律上有问题，她不得不把注意力转移到管理学生行为上。第三年的班级比较安静，缺乏自信心，因此也需要慎重去对待。

看孩子处于什么样的程度，了解他们的情况，家庭背景。有时候你觉得自己像一个社会工作者。问题的根源通常不在学校，而是在家里。孩子们在来学校前所经历的艰难困苦以及他们与父母的关系都会给他们带来影响。

4）个人生活的支持——"持续责任感和心理弹性"的必要条件

在一星期中，弗兰西斯很少有校外的生活。她的"另一半"不是一名教师但也是一个"工作狂"。他们商定每周的工作日都工作很晚但把周末的时间留给自己。她享受稳定幸福的家庭生活并称如果没有家庭的支持她不会做好自己的工作。如果生育孩子或者感到她的工作已经严重影响她的个人生活，她打算继续工作但也许不会很投入。"工作对于我来说不是一切。我的家庭生活才是一切。"弗兰西斯补充到。如果她的个人生活不如意，那么教学将"仅仅是一个工作而已"。不管怎样，她都在寻求新的挑战，保持她的激励感并继续她成功的教师职业生涯。

弗兰西斯的工作线（图9.2）显示，随着时间推移，她的自我效能稳定增长，特别与她的学生在全国语文、算术和科学考试中取得好成绩有关。在过去3年中有3个因素对她的自我效能产生重要影响：

（1）与同事的关系；
（2）积极的个人和专业经历；
（3）与新人相处（如在国外工作）。

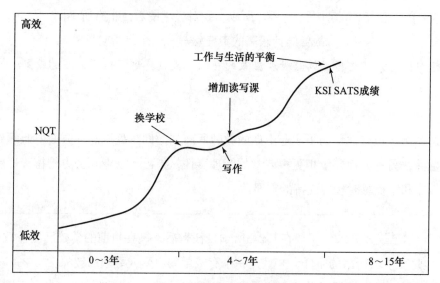

图9.2 弗兰西斯的工作线

弗兰西斯大部分时间都花在课堂上或者文案准备上。她很遗憾没有足够的时间和同事在一起。

因为我的压力很大，我不是很友善，不太愿意承担更多的事情。你不会工作那么多。我努力表面上很快乐很有活力，但孩子们有办法发现。我想我确实有几个星期态度不是很友善，不是那样阳光和有活力。我确实怀疑自己，但不是学术上的，我一直知道我对孩子们的教学是没问题的，但只是对我与人说话的方式、与人相处和自我意识产生疑问。我在课堂内比在课堂外更开心，所以我不喜欢家长来访的时间，不喜欢家长开放日。正是这些时间给了我压力：

不管怎样，她还是从这样的经验中学到了很多：

我想这使我坚强了，也可能使我做事更加有条理。我感到自己加入到集体中，并更加注意到周围发生的一切。今年我被提升为学校董事。如果不是今年所发生的这些事情我可能不会这样。更多参与到一些事情中和成为团队的一员使我想为学校做一些回报。我感到自己是一个家庭的成员而不是一个外来者。

弗兰西斯最近获得了高级教学技能教师（Advanced Skills Teacher）的称号。成为一名高级教学技能教师和最近的一次海外经历对她来说"确实是积极的经验"

因为"这些都不容易获得"。她成为一个更加坚强的人并保持更好的工作与生活间的平衡。在过去3年的教学中,弗兰西斯的重心已经从"提高学业标准到纪律管理到建立信心和团队建设","作为一名教师我成长了不少。我意识到提高标准不是最主要的,孩子们的期望才重要。所以,我对教学的看法也有所不同。"

2. 故事2:尽管有挑战但维持较高的责任感——一个转折阶段

想到接下来20年将继续做我现在做的一切,我就感到恐惧:太多的政策,太多的文书工作。

(吉尔)

这个例子很好地证明了职业中期的教师所面临的两难处境。一方面要照顾到校外的生活,另一方面要承担更多课堂的管理责任,指出了当老师努力维持责任感、自我效能和幸福感时校内支持的重要性。

吉尔已经任教22年了。在其他3所学校任教后,她在目前的学校已经任教了6年,是英语教研室的主任,并且是一个有威望的、受人尊敬的教师。

这所她任教的郊区学校有年龄在11～18岁的学生1100名,他们来自不同社会文化背景的市中心、郊区和半农村地区。有25%的学生需要免费午餐,并且有超过全国平均水平(21%)的学生被认为需要特殊教育,有较高比例(14%)的学生,英语是他们的第二语言,还有33%来自少数民族。学生出勤和表现还不错。这所学校很受家长的欢迎,都希望把孩子送到这个学校就读。与其他类似情况的学校相比,在学业成绩方面,根据外部的督查报告,学校在"平均水平以上"。学校也正在帮助一所当地被评定没有达到政府最低教育标准的一所学校,这所学校由于政府的"中学改革措施"正面临关闭。吉尔学校的教学质量被评定为"整体是满意的……通常不错,有时候很好和非常好"。吉尔的教学属于后面一种情况。

---

1)教学的使命

如同其他中学教师一样,吉尔进入教师行业主要出于"热爱所教的科目"和"教授年轻人的回报。"她有规律地参加与她教学科目相关的在职培训课程并继续全身心地投入到教学中,因为她坚持相信她会对学生的学习和成绩产生积极的影响。

在她的学校，学生"不是坏而是调皮，如果你尊重他们，把他们当作人来看待，他们也会做出积极反映。"她在管理学生方面没有遇到什么问题。她会根据学生的需要采用不同的方法。不管怎样，因为学生来自不同的背景，她发现"对于有些学生，你需要不断采用一些策略使学生保持专注，阻止他们干扰别的学生的学习"。

2）从领导的支持中获得力量

尽管吉尔的责任感维持在很高的水平，但在过去的3年中还是下降了。她教学时间越长，她对被要求所完成的一些措施的价值越感到愤世嫉俗。根据她的观点，"太多的政策和太多的文书工作"，这些加上她的管理角色和比较繁重批改作业的工作量导致她越来越不满意没有时间备课、和教研室同事一起讨论教学，没有时间给一些单个学生提供帮助、反思教学等。结果是"工作的时间是她所签的合同时间的3倍，我的个人生活受到了很大影响"。

吉尔也担心她自己管理缺乏效率给她的团队带来压力。"我想我需要更加有效率来给我的团队减轻压力。"来自她的直属领导的支持和认可帮助她恢复效能感和责任感起了重要作用。当她面对管理问题的压力，包括比较高的职员流动和教研室副主任的长期缺岗，她的直属领导给了她很多支持，她认为"太棒了"。这样的帮助对于她至关重要，使她能够更加努力工作。

3）应付平衡工作和生活的压力

吉尔担心她的工作占据了她太多的时间，对于她没有把很多精力放在家庭上，特别是她的孩子刚进入一所新学校，她没有很多时间去多关心，她也感到很内疚。她对自己的工作也很内疚。她感到自己从来不能做到全面兼顾，因此总是在教学工作和作为教研室主任的管理工作方面哪个需要优先考虑而不停地进行思想斗争。"我已经很厌倦需要同时去做三四件事。"

吉尔"经常因为这些谴责自己"，尽管她仍然认为自己是"理想主义者"。她提到在一个学校的假期间她工作了72小时，使她的伴侣很生气，尽管最后也没有按照期限完成工作。对于吉尔，作为一个教师是她自我身份认同的重要部分，因此如果她没有做好工作，她就会把这种沮丧感带回家。"你或者划一条界线，不去做你知道需要去做的事情，而是与家人一起，或者你把自己隔绝起来去工作。我是两个方面都混合在一起了。"

吉尔的工作线（图9.3）显示了她努力应付工作和生活的平衡，作为一名教师和中层管理者努力维持她的责任感和自我效能。支持和认可对她恢复职业生活的掌控能力起到了重要的作用。

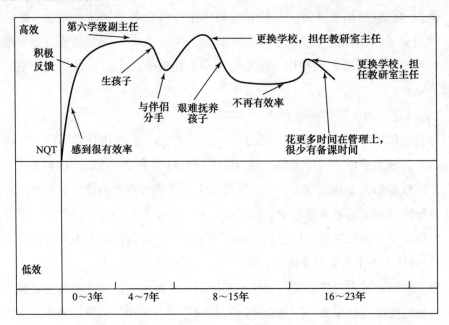

图9.3 吉尔的工作线

吉尔仍旧喜欢和部门的同事及学校的其他教师一起工作，在这所学校对于员工有很好的支持而且也有职业发展的机会。但是校长和高级管理团队似乎变得"遥远"了。她把这归因于学校人数的增加，也可能是学校受欢迎的缘故，以及对附近学校的接管。最近，吉尔决定成为一名高级技能教师，而不想追求高级管理团队的职位，从而能保证她会继续对教学科目的热爱，而课堂教学也将是她优先考虑的事项，从而维持她的责任感。

3. 故事3：持续的责任感

我的激励感是相对比较高的。尽管有很多工作要去做，但我一直保持着一份热情。由于个人问题，我需要在我想做的事情上投入更多的时间。当工作时，我并不认为这是工作。我很喜爱工作……工作的主要乐趣都一直来自课堂。

（皮特）

这个例子表明，教学中衍生出的积极情感和支持的学校环境可以让一个老教师在他职业的最后阶段保持责任感、激励感和强烈的自我效能感。

1）教学中的愉悦：通过情感的力量加强责任感

皮特像他的姐姐一样，加入到教学行业，但他从来不后悔这个选择。他发现课堂教学能"激发我的表演天赋"，是他工作中最喜爱的部分。他喜欢多样化，"几乎很少有两天是一样的"。他相信自己是一个好教师，并喜爱这份高度的自我效能和责任感。

> 皮特48岁，已经任教26年了，在目前的学校已任教9年了。这所学校有800多名11～16岁的学生，位于农村地区，人口多样化，主要以当地白人为主，家长既有来自工人阶层也有来自中产阶级的。他以前在其他三所学校工作过。皮特是数学教研室的主任，他热爱教学并认为自己很有效率。
> 　　我想我的学生喜爱我的课。'你总是有提高的地方或者带来不同的教学风格。'我知道一两个家长根据孩子对他们所说的话给予我很好的评价……我对工作很投入，因为作为一个家长我希望我孩子的老师也会对工作很负责。我想当我的确有了孩子，这种从家长的角度而非教育者的角度看待工作确实会有所不同。

2）在支持的工作环境中维持责任感和激励感

皮特喜爱他目前学校"良好的氛围"，描述学生的整体行为是"好的"。他认为目前的学校比他以前工作过的学校挑战性要小，学生表现不错，也只是"偶尔"经历工作上的压力。他认为学校的高层管理很"有力"和"有效"。学校关于学生行为的政策对他作为一个教师的工作有积极的影响。

皮特所在学校的高层管理很支持；学生在很多方面不允许因为小的事情而逃脱惩罚；注重小事件是为了避免他们铸成大错，防微杜渐。

皮特认为他的学校很得益于"和蔼可亲社交型的同事"，但是很遗憾员工休闲的时间减少了，而且这些年来放学后"似乎在一起相聚的时间也越来越少了。"但是他对目前学校的校训感到很乐观："我们工作的原则是每个人都要平等对待。我们没有特别喜欢的学生的名单。这些年所有的教师都以同等的态度对待学生。"

3）学会优化：平衡工作生活的压力

皮特是一个"注重个人空间的人"，他不会把个人问题带到工作上。

尽管有个人问题，但只要有可能我都不会让它影响工作。我知道自己激励的明智之处。当你个人生活中出现问题时，你会有点离开工作的目标。但我想现在这些事件对我的影响更小了。

皮特在以前的学校是教研室的主任，抱着把工作做得有条理的观点，他不得不"每个晚上和每个周末都要工作"。但是"一些事情改变了,所以你在接下来一年去做这些事。"在目前的学校他能够选择更重要的事去做。"如果需要我周末工作,我会去做。但我不会整个周末都在工作。他对目前的政策感到特别满意,使得他不用进行更多的课堂教学,从而完成他教研室主任的职责。

皮特感到自己能成功管理工作和生活的压力,并且由于对目前的职位很满意,不打算追求进一步的职业晋升,他会继续保持工作与生活的平衡。尽管他"不会再过于急躁地学习新东西",但他欢迎新的想法,想继续改进他的课堂教学。他喜欢反思并寻求把一些想法发展成固定的做法,而且非常喜欢他的工作并不急着要退休。

皮特的工作线(图9.4)显示了波折、中断在职业生涯中对教师自我效能、责任感和效率的影响,并显示了更换学校和年龄带来的高峰与低谷。对于皮特来说重要的是,如果排除一些无法预见的事件,他最近的学校工作经历加上他的高度自我效能和他决定不再追求晋升,而是维持保障平衡工作和生活的幸福感可以使他极有可能在教学生涯的最后阶段仍保持责任感。

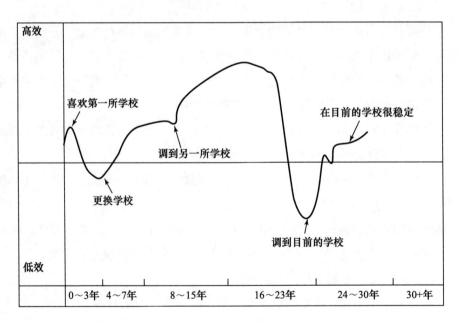

图9.4　皮特的工作线

领域描图：在三个相互关联的场景中的教师心理弹性

教师的工作在相互交错复杂的个人和组织关系的场景中进行。尽管这些不一定会影响他们的知识水平和教学技能及他们所处的更广的社会和文化结构，但会不可避免地影响他们的职业自我、幸福感和最好教学能力的发挥。正如我们3个具有心理弹性的教师故事中所显示的，这些也会挑战教师能否维持他们在刚入职时的教育价值观和职业感。

教学中的心理弹性：教学的"内在世界"

使命感是许多教师工作和生活的中心，而这种使命感对于他们自我意识——"教学内在价值"十分重要。它是教师的财富，给他们提供"决心、勇气、灵活性和把教学当作将重要东西给予学生的品质"（Hansen，1995：12）。弗兰西斯和吉尔都有教学的使命感，并享受这种能够给学生的生活和学习带来变化的愉悦。对于皮特，与孩子们在一起的快乐对于职业最后阶段维持他的责任感也起了重要作用。

在汉森的经典研究中（同上）关于4个教师的例子也表明教学作为一种使命蕴含着很多意义，"这些意义都与帮助别人学习和在知识及道德上提高自己相关联"。（同上：15）马戈利斯（2008）也在一项研究中试图发现社会经济变化的背景下教师职业生活的复杂性，他总结到正是那些促进教师学习及使他们能够与同行业的人分享教学才能的机会使"好教师"的教学保持下去（同上：160—161）。教师的内在使命感是教师在意识方面把教学的挑战和复杂性变为工作兴趣的来源，而不是需要去克服的令人沮丧的障碍（Hansen，1995：144）。

帕尔默（1998）建议在教学的内部世界中有3条相互交织的重要路径：知识的、情感的和精神的。他解释教师帮助学生学习的内在追求，他们对教学行为的看法及他们渴望教书的工作形成他们内心世界的本质。而把教师的内部世界的3条路径连在一起的关键概念是"职业"或"使命"，教师职业身份认同中职业感和自我效能的体现为教师的积极情感提供了基础。特别是他们的职业感使他们的行为有了目标，积累经验，有责任感和幸福感。

为了维持他们的使命感，正如本章3位教师的例子所显示的，教师需要持续的"个人效能的乐观情绪"(Bandura,1989:1176)。霍伊和斯佩罗(Spero)(2005:343)把教师自我效能定位为他们对自己在"促进学生学习的能力"方面的信心。这些自我判断和信念"影响教师在教学方面所投入的努力,他们抱负的程度和他们所定的目标"(同上:345)。班杜拉(1997:71)认为:"把愿景变成现实是一个艰难的过程,有着很大不确定的结果。"他主张"人们必须有强烈的自我效能才能维持成功所需要的坚持不懈的努力。"(Bandura,1989:1176)"当面对障碍、挫折和失败时,那些怀疑自己能力的人就会松懈努力,放弃或用平庸的办法来解决问题。而那些对自己的能力有强烈信心的人会加倍努力来迎接挑战。"(Bandura,2000:12)

对于弗兰西斯、吉尔和皮特,他们自我效能体验的直接结果是他们感到重新获得自尊、自信并最终获得幸福感、责任感和最好的教学能力。

关系心理弹性:相互获得力量

工作场景中的紧密关系是重要"粘合剂",帮助人们"应付他们变化世界中的不确定性"(Goodwin,2005:615;Edwards,2007:8)。在积极心理学中,良好关系财富的重要性及对心理弹性的作用正受到特别的关注(Gorman,2005;Luthan et al.,2007;Masten,2001)。神经学科学家关于社会大脑的发现揭示了"我们是连在一起的"(Goleman,2007:4)。这个发现为良好关系的本质和肯定良好关系在我们日常工作和生活中维持积极身份认同、幸福感和效能提供了生物学的基础。

毫无疑问,很多关于生活价值的问题最终都归结到我们的幸福感和成就感。良好关系是这些情感最强烈的来源之一……从某种意义上说,能产生共鸣的关系像情感的维他命在艰难时光时使我们继续下去,每天滋养我们。

(同上:312)

本章中的3个教师如同书中许多其他教师一样,一个重要特征是工作场景中相互支持和协助的关系在促进社会纽带形成中的作用。正是通过这些关系,专业知识、信息及最终教师的自我效能、心理弹性得到滋养、加强和分享(Penuel et al.,2007)。我们因此创造了"关系心理弹性"(relational resilience)这样的名称来认可教师在面对逆境时可以通过工作场景中相互合作的关系获得能力的最好发展。关系心理弹性与社会资本论的中心论题相呼应:"关系很重要"(Field,2008:

1）。

　　通过相互建立联系并随着时间的推移保持下去，人们能够在一起合作完成他们自己不能完成或有很大困难去完成的事情。人们通过一系列的网络建立联系，并于网络中的其他成员分享共同的价值观，以至于这些网络构成一种资源。因此，它们可以被看作形成了一种资本。

（同上：1）

　　因此，令人信任和开放的实践社区（实践共同体，Communities of Practice）是一份有价值的财富，或者"资本"。它不仅为教师的职业发展提供知识、情感和精神的资源，而且也使他们能建立对学校社区的归属感。布赖克和施奈德（2002：20）认为，教师的人际交往世界是围绕一系列相互不同的角色关系组织起来的。在"教师与学生、教师与其他教师、教师和家长及学校校长"这些关系中，教师间令人信任的关系至关重要，能帮助他们建立集体心理弹性的素质。而反过来缺乏同事的支持会引起教师的情绪疲劳和人格解体（Schaufeli and Bakker，2004）。尼托（Nieto，2003）强调，在现代教学环境中，学校需要成为教师能找到共同体和参与知识学习的场所，这是因为学习共同体是鼓励教师的重要激励因素。实践共同体存在于学习共同体中，这些都将有助于提高教师的归属意识，共同承担责任，保持士气和效能，培养心理弹性的素质，在社会上和职业上都有所发展（Wenger）。对于弗兰西斯来说，在职业生涯的开始阶段能够依靠同事对于她积极的职业轨迹起到了重要作用。

　　与教师个体的心理弹性特点相反，关系心理弹性通过工作中许多不同的交往得到发展。这能促进教师间相互信任、分享价值观和愿景的机会，能培养相互集体合作的能力。特别是对于在具有挑战性的社会经济背景下的学校教师，同事团结、相互支持和信任对于维持他们士气、自我效能、幸福感和效率具有重要的意义（Day et al.，2007；也见Peterson et al.，2008）。在这些环境中建立起的积极关系纽带有助于教师中集体效能信念的培养，而"强烈的集体能力感"树立了成功的期望（文化范式），鼓励"组织成员具有心理弹性地朝着既定的目标努力"（Goddard et al.，2004：8）。在教育方面这些既定的目标应该与学生的进步和成就相关。而且，在教师共同体中树立集体力量和信心的重要性在于他们能够"与改革实施者自信地和有见地地进行交流"（Hargreaves，1994：195）。

组织心理弹性：领导很关键

关于组织心理弹性的概念主要在教育以外的领域得到发展。哈梅尔和瓦莱坎格斯（Hamel and Valikangas，2003）在关于商业的环境论述中，把组织心理弹性定义为对环境变化能动态地重新发现策略的能力。他们描述一个具有真正心理弹性的组织是一个充满活跃的工作场所，并论述策略的更新，也就是"创造性重构"，"是一个组织内在弹性的自然结果。"（同上：2—3）。霍恩和奥尔（Horne and Orr，1998）建议用7个"C"来定义有弹性组织的关键特点：共同体（community）、能力（competence）、关系（connections）、责任感（commitment）、沟通（communication）、协调（Coordination）和关心（Consideration）。这些特点也被应用在教育研究的文献中描述，学校是一个学习的共同体，在这里学生和老师能够与其他人一起经历比较良好的关系，有较高的效能、责任感和工作成就感（Stoll 和 Louis，2007）。在现代教学中充斥着政府无休止的政策改革，从而增加了教师的外部责任、工作复杂性和情感压力。而这样的学习共同体能促进和培养组织的弹性——对于学校是维持他们集体身份认同和改进工作的必要条件。

与个人心理弹性和关系心理弹性不同，组织弹性重点关注组织环境的有效性、结构和体制，以及体制整体如何运行为个体的专业学习和发展提供支持性的环境。正如教师故事所显示的，相互信任的员工关系及集体的效能感和心理弹性可以被建立起来，使组织持续发展并且在变化的时代中必要的时候进行变革。组织心理弹性的关键是好的领导力。

有责任心和值得信任的领导是有心理弹性学校的中心所在。正如这3个教师的例子所显示的，学校校长的品质和他们所实施应对环境的策略（Leithwood，2007）是建立和维持教师责任感、投入度和集体忠诚度的关键所在。特别是Jill 和Peter的例子证明了组织安排、认可和支持在教师中晚期职业阶段的重要作用，当他们在努力应付工作和生活的压力时，能具有心理弹性和自我效能，继续享受学生给他们带来进步和成就的愉悦。努普（Knoop，2007：223）论述道："考虑到当今社会文化变化的步伐，很难想象历史上有任何时期比现在更体现好的领导力的重要性，并且缺乏它会更加危险。"

领导者是组织能量（心理弹性）的管理人……他们鼓舞或者减少别人的士气。首先是他们如何有效地管理自己，然后是如何有效地管理、关注和恢复他们所领导的员工的集体能力（心理弹性）。

（Loehr and Schwarz，2003：5）

亨利和米尔斯坦（Henry and Milstein，2006：8）也有类似的论述："教师、学生、家长和人事支持是学校的织物。领导是心理弹性激励的编织者。"

在一项全国范围学校领导对学生成绩影响的研究中也可以找到表明领导力重要的例子。这是在英格兰所进行对当代学校领导所做的最大、最广泛的、使用多种方法的研究（Day et al.，2009）。在一组有效率、有进步的小学和中学情况中发现校长的职业价值观、领导策略和实践方式对个人、人际和组织的能力及信任度的发展有深远的影响。保证个体和集体与学校的价值观、愿景相一致，对场景敏感的交往、结构和策略被认为是确立和维持学校社区内关系的基石，这些也是有助于教师个体、关系和组织心理弹性的重要因素。正如我们的老教师Peter所评论的：

> 我发现学校内的支持和管理允许我对我自己的教学进行思考……我想就是这样顺利地进行下去的。
>
> （皮特）

结论：心理弹性的重要性

很明显，心理弹性是一个多面和不稳定的结构。它的性质和持续性在教师的不同职业阶段由很多因素来决定：个体教师的职业感强度，每天他们工作所遇到的人，处于内部和外部环境下组织的集体弹性，应付能预料和不能预料的事件的能力。

本章教师的描述（正如其他章节教师的描述一样）表明，心理弹性在日常情况上有必要。

（1）面临来自学生无法预测的挑战，他们不一定任何时候都有积极性去学习，他们在校外的问题很可能会给他们在学校的行为带来影响。

（2）一方面应付需要达到外部明确规定的学术标准带来的压力，同时需要关心学生的品德及个人需求。

（3）对教学大纲的变化做出响应。

（4）维持所需要的体力、心理和情感的精力帮助学生投入持续的学习。

（5）为了进一步提高与同事在规划和评价方面进行合作。

从皮特和弗兰西斯的例子来看，他们学校的领导能力、相互支持的学校文化和积极的师生关系对于他们在面对挫折和挑战（如来自工作和生活的压力，学校的检查）时帮助他们获得知识和情感的力量有很大的影响。通过这些，他们维持了他们的自我效能、责任感和教学热情，并发挥了最好的教学能力。但只是试图减少教师的工作时间，改善他们工作与生活的平衡并不可能增加他们的心理弹性。

如果工作极其单调乏味，减少工作时间是不够的，平衡工作和生活也不是解决办法，因为这给了我们容忍糟糕工作的借口，认为我们在家里可以得到补偿。大部分不能发挥我们才能的工作使我们成为兼职的奴隶……

人们相互都有需求，并且最重要的是他们需要鼓励，但考虑到每个人不同的情况和所抱的希望，这种鼓励来自能激起信任的人，最好是针对个人的。

（Zeldin，2004：38）

正是情绪的复杂性和微妙性是许多教师在他们每天日常工作中所要去处理和经历的，——包括所教的学生中有行为问题的越来越多，一些学生发现很难集中精力去学习，一些学生因为家庭关系问题情感上比较急躁和难以沟通——这些都使教师的工作很独特。正是对教师知识、能力和"在生活中把自身、学生和教学科目"（Palmer，1998：11）串在一起能力的不断要求把教师这个职业和其他职业区分开来。很多教师声称尽管有巨大的回报，但每天要去应付一些难以处理的事件在情感上和体力上都筋疲力尽。在当今面临来自地方、国家和全球社会经济的挑战，组织和职业的变化不可避免的时代，那些能得到支持，通过个体、关系和组织的心理弹性把他们的教育价值观、信念和教学使命与同事和组织统一起来的教师，才极有可能在不同的工作环境中克服障碍。正是这些教师通过帮助学生改变他们的生活和取得成绩享受幸福、愉悦和成就感，带来明天社会的幸福。

第十章

有影响力的教师——崭新的生活，古老的真理

引　言

艾瑞克·汉纳谢克（Eric Hanushek），一位来自斯坦福的经济学家预测一名不好的教师所教的学生在一学年中平均只能学到半年的知识，而如果相同的一批学生遇到一位好的教师则能在一年中学到一年半的知识。仅一年就多学一年的内容……在经过这些年担心学校经费，班级规模和教学大纲的设计后，改革者们开始得出结论，什么都没有比找到有潜力成为伟大教师的人才重要。但是这里遇到一个障碍：没有人知道什么样的人能有潜力成为伟大的教师。

（Gladwell，2008）

现在已有很多研究论述关于教师的教学知识、责任感、心理弹性、稳定积极的身份认同、自我效能和他们教学效果的关系。本书的例证可以表明在个人职业生活阶段教学经验未必增加专业知识。随着环境的改变，如果没有支持也会对教师是否能维持最好的教学能力带来挑战。因为时间和环境的变化，责任感逐渐消磨，情

感和知识工作可能会成为情感和知识劳动（Hochschild, 1983）。在大众教育的时代，日益激烈的经济竞争和给传统和谐生活带来的挑战使得学校教育和高质量的教师显得极为重要。这种质量不仅与在教师职业阶段通过培训得到发展的知识、技能及素质相关，而且与最好的教师能否给他们的工作带来激情和持续发挥最好的教学能力相关。本章作为本书的最后章节将论述教师质量与学生成绩的关联，教师质量与成功学习的复杂关系，本世纪的教学比以往都更有压力、工作激情在教师的新生活中如此重要的原因。

研究视角

关于学校效能的研究认为，教师和课堂变量及教师间与班级间的变量比学校对学生能产生更大的影响（Scherens et al., 1989; Tymms, 1993）。换句话说，教师素质很重要。尽管教学质量不是成功学习的唯一因素，但它是"学生学校教育经历和结果的决定性因素"（Roww, 2003: 21），如图10.1所示。

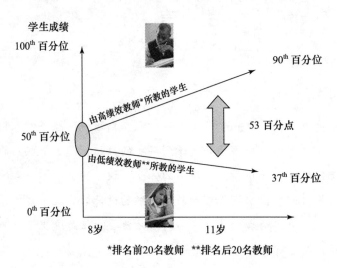

图10.1 带来非同凡响作用的教师

（Sanders and Rivers, 1996）

另外，现在以很多充分的研究证据进行论述：

试图描述教师的学科知识、及总体或与学科相关的教学法知识也许能为教学行为的一些特殊方面提供分析工具，但不能为时时刻刻如何在课堂里进行有效教学的因素提供足够的依据。

（Ainley and Luntley，2007：1127）

质量差的教学对学生成绩产生的影响逐渐累积降低，教学质量对教学效果的影响远比学生的背景影响要大……仅依靠教学大纲标准和全国范围的评估策略而不关注教学质量，对要提高学生的成绩是不够的……教师教育和教学的质量似乎比班级规模、教师薪酬的整体经费情况更与学生的成就相关联。

（Darling-Hammond，2000：3）

另有一些研究者总结了好教师对于学校的价值。

（1）有连续3年教学经验被评价为"好"教师（如排名前15%）能够逆转贫困学生（来自低收入家庭）和其他学生的成绩差距（Hanushek，2002；Hanushek and Rivkin，2004）。

（2）10～11岁的学生（五年级）在3年中由差的教师来执教有可能比他们的同学在相同时间段由好的老师来教学在分数上会差50个百分点（Rivers and Sanders，2002）。

（Smith，2008：612）

尽管这些研究者没有发现"教师特点和学生成绩之间的系统联系"（Hanushek and Rivkin，2004：7），但这可能是研究范式的一个功能，通过这点他们把收集的学校层面的数据与全国范围的测试进行了对比。他们没有对教师工作进行密切观察，也没有广泛地对教师进行面谈采访，没有考虑他们工作环境带来的消极或者积极影响。教师素质通过一些"变量"来衡量，如资质和学科知识的证明，而不是教学技能、个人素质或者价值观。因此，这些研究者们主要就学生获得的成绩来定义教师的"素质"。在决定教师素质时，关注教学过程及影响这些过程的"因素"也很重要。

高质量的教学还是高质量的学习？

另外一些研究者就责任测试的体制得出结论："很明显与学校成绩结果紧密相关的因素根本不是教师素质"而是"学校学生的素质决定了学校的整体表现"

（Smith，2008：620）。就学业成绩而言，毫无疑问有证据表明在贫困社区上学的学生比其他社区的学生成绩要差（教育就业部，1997；Joseph Rowntree Foundation，2007；Malacova et al.，2009）。但是也有反面证明在这样地区的一些学校能够"逆潮流"，根据学生的社会经济背景和他们以前的成绩，要远远超出期望值，表现得更好（Day et al.，2009，2010；Gorard，1998；Gorard and Smith，2004；Gu et al.）。另外，如果强调通过仅仅调查教师知识、资格和学生测试分数间的关系，很明显没有承认教学过程、学校教育在学术、社会公民道德等多方面的目的及社区社会经济环境对上学（或者不上学）学生的持续影响。

与教师本身学习相关的第二个问题包含在许多政策文件中，这些文件总是暗示好的教学与成功学生的偶然联系。两位美国著名学者对这一点提出质疑。

目前有相当多的政策关注高质量的教学，并很多假设教学质量的提高是促进学生学习的关键因素。我们相信这种关注主要在于一种对教和学关系的幼稚理解。这种想法把这种关系看作一种直接的偶然联系，以至于如果可以达到完美的话，它可以在任何条件下都持续下去，不用考虑贫穷、广泛的语言、种族和文化差异，以及在时间、资源、设备等机会因素方面的巨大差别。我们的分析表明这种简单偶然化的假设不仅是幼稚的，也是错误的……高质量的教学只是4个综合因素中的一个。其他如学习者的学习欲望、必要的努力、有助于学习的家庭环境、社区及同学影响等，以及完成学习目标的充分设施、时间和资源（机会）。

（Frenstermacher and Richardson，2005：3）

芬斯特马赫的论述真实体现了教师要为学生提供最好教育的复杂条件。他们的4个因素实际上也是学习的条件，因此也许可以被用来作为教学质量评估的方法。毫不意外的是，在很多国内和国际研究中显示这些作为很多成功校长优先考虑的事项（Leithwood et al.，2006；Day and Leithwood，2007；Day et al.，2009a and 2009b）。优秀的领导和教师承认他们的努力不一定总是导致学生学习成功。教师所不能控制的力量也许会很强大，因此他们尽量减少这些力量的负面效果，而强化积极效果。他们知道以人和任务为中心、对教学情境敏感的优秀教学更有可能增加学生主动学习的欲望并使他们承认学习的重要性。一旦如此，就会在教师、学科和学生之间形成一个反馈圈和一个相互成功的"良性循环"（Palmer，2007）。

帕尔默（Palmer）认为，连通能力能把好教师和差教师区分开来：

优秀教师具有连通能力。他们能够在自身、学科和学生之间织起一张错综复杂的网，因此学生也学会为自己编织一个世界……优秀教师不仅通过方法而且通过他

们的心智来创建这种关联。这里的心智根据古老的含义指的是人的情感、智力和精神的合一。（2007：11）

（同上：11）

同样，芬斯特马赫和理查德森（2005：4）论述道：当教学任务完成得好，我们称为良好教学。当教学获得学习成果时，我们称为成功的学习。

他们把强调接受学习的"成功"教学与称为"对学习者敏感"的教学方法的"良好教学"区分开来。他们认为良好教学包含了3个元素：逻辑行为（如解释、阐释、纠正和示范等教学行为）；心理行为（包含如激励、鼓励、回报和惩罚）及道德行为（教师在教学中表达或培养诚实、勇敢、宽容、同情、尊重和公平）。这3个元素体现在成功的课堂教学上，并且学校领导也是专业知识动态增长的重要因素，尽管有时候这种增长是不确定的。

为什么教学激情很重要

通过坚实的实证基础证明教师能够带来巨大影响并且在有策略的职业发展支持下，一贯的高质量教学能够给学生的学习带来急剧的提高。

（Rowe，2003：27）

本书论述了关于良好教学和教师的5个显著品质。这些品质与这些年其他研究者的发现相一致。

第一，良好教学应该是个人能力和技术能力相结合，有深厚的学科知识和对学习者的移情（Hargreaves，1998，2001；Palmer，1998）。作为人的教师（职业中的人，工作的人）不能和作为教师的人分开（Nias，1989a）。教师投身于教学。最好的教学，换句话说是一个充满激情的状态（Day，2004）。

第二，好教师是那些普遍被学生认为关心学生的人。他们把关心学生作为他们专业职责的一部分。这种关心不仅体现在每天与学生在课堂上的接触，还表现在他们对学生幸福感和成就的关注（Ashley and Lee，2003；Fletcher-Campbell，1995a，1995b；Nodding，1992）。

第三，教师的身份认同和主体意识（他们对自己的教育理念、信念、工作环境与更广阔的社会、政策背景之间相互作用的反应、思考和管理）对于他们的激励感、责任感、幸福感和达到最好的教学能力是至关重要的。这就是他们如何定义自己为"教师"的。

第四，教师理解自身和他人情感的程度与他们的教学能力相关。良好教学"需要情感与自身知识的关联"（Denzin，1984；Zembylas，2003：213）。

第五，作为一个优秀、效率高的教师需要充满希望和心理弹性，在充满挑战的环境和变化的背景下能有重新振作的能力（Gu and Day，2007）。

正是教师能够成功地把外部政策、内部因素和工作场所结合在一起，他们能够达到最好的教学能力。最近一项对那些获得杰出教学能力表彰教师的研究证实"成功"非常可能是积极的个人因素、职业因素和情景因素的结果，并确认"即使教师具有个人和专业的素质，但如果没有情景因素的支持，他们无法保证会在工作环境中获得成功"（Cheung Lai-man *et al.*，2008：633）。正如第八章所显示的，在一系列对成功的学校领导的研究中，他们都有一个共同特征，那就是关注教师发展和充满关心与注重成就的校园文化（Day *et al.*，2000；Day and Leithwood，2007）。确实，在一些研究中，教师发展被认为是对教学质量影响最大的因素（Robinson，2007）。

尽管有充足的证据表明能获得成功学习的良好教学需要教师持续的和经常更新的个人及专业方面的投入，需要关心学习者，需要把技术能力、深厚的学科知识和移情结合起来，需要有强烈的身份认同（主体感）及能在情感上理解自己和他人的责任感，但是通过本书18位教师的描述，显示这些素质"基本上在教育政策和教师标准里都被忽视了"（O'Conor，2008：117），而且有时候在学校的文化及教师的个人生活中也被忽视了（Day *et al.*，2007；Zembylas，2003）。

在探讨质量（素质）的意义及它在教师职业生涯中可能会增长或者下降，我们做了3个以证据为基础的观察。第一，当教师的知识需求——关于学科领域的知识和教学法知识——通过具有针对性的正式职业培训及通过辅导、培训和相互批评帮助的在校学习得到更新、思考和提炼，教师和学习者都会受益。第二，良好的教学和成功的学习需要优秀教师智力和情感的投入。第三，如果教师需要成为良好教师或者更加优秀的教师，不仅要掌握学科知识和教学技能，更要具有对教学、学生和学习的激情。维持这样的激情与他们持续的责任感密切相关，而这样的责任感又与他们的专业身份认同，与他们相信年复一年、日复一日给学生的激励感、投入度和成就带来巨大影响有关。另外，持续的责任感也受到学校领导者、教学条件及同事的影响。

现在确实有不同之处吗？工作量和压力

格雷·库珀（Gray Cooper），一个对工作压力进行研究的著名学者通过观察得出下列结论。

教师们比他们20年前承受更多的压力。他们被学校管理者和家长的要求所支配。他们由于更多的考试和更高的期望不得不需要达到更高的标准，而且每天工作的时间更长，晚上批改作业到深夜。另外，他们还需要对付一些学生更加具有攻击性和粗鲁的行为。

（Cooper, Brennan, 2009：9）

关于工作压力给生活带来的影响已经通过职业生活各个阶段的教师案例得到证明。一位老教师Faith的经历提供了另一点极好的理解：

> 更重要的是我对学校的事情开始焦虑，晚上失眠。这开始给我的性格和我与丈夫的关系带来影响。我变得容易生气。我很清楚我容易生气是因为我没有充足的睡眠。上周我有两个晚上只睡了6个多小时，剩下的时间我都在想着学校。另一位教师说这是'典型的压力'。
>
> （费丝）

在教师的早期职业阶段，大部分教师很难平衡在工作之外个人生活上花的时间和精力。而另一些教师在职业中期阶段，他们职业的转折期需要做出决定。罗莎，一位即将面临关键职业阶段的小学教师对于这种两难的处境做了很好的描述：

> 校外的生活会阻碍你作为一个教师的效率！正是做出那样的决定和对你的课堂教学有信心使你能够拥有校外的生活。重心一直放在学校这边，但这7年来我学会了平衡校外的生活——我开始休假，大部分周末也休息。但我每周其他时间都在工作，晚上也是。但我又停止度假和外出了。我这样会感觉更好、更有效率。但这样对于我的文案工作并没有多少帮助，所以我又不得不做出优先考虑的事项——但它有助于我的整体生活和减轻我的压力。
>
> （罗莎）

克里斯蒂娜是一位中学教师,在她教学的第一个5年有3年都在应付一系列的个人和工作压力。她评述这些给她校外生活带来的影响:

> 我不知道人们如何和另外一个也有一份劳神费力的工作的人(伴侣)相处。当周末许多人都外出时我的确意识到什么是工作量。我想这使你认识到这份工作中很多方面都要求很高。
>
> (克里斯蒂娜)

由英国政府委托的具有影响力的教师工作量研究(普华永道,2001)关注教师招聘和留任率的问题。结果与富兰的发现(2001)相一致,教师缺乏工作信任。研究指出,尽管一些教师欢迎政府改善教学的举措,但他们感到缺乏支持,并且实施的节奏和方式加大了他们的工作量;教师感到对变化没有支配权(普华永道,2001)。报告认为有必要"减轻教师的工作量",因而达到"提高教师的士气和改善留任率"(同上:2)。他们提出的6点关键建议中的两点:

(1)提高教师对工作的支配和自主权;
(2)改善政府和机构实施变革的方式。

(同上:1—6)

21世纪教师所经历的压力和这些对他们工作产生的负面影响已经在英国全国范围内通过教师支持网络(the Teacher Support Network,TSN)得到重视。该网站对教师提供了很多支持,并对压力给大量教师带来的影响进行研究。例如,该网络的负责人朱利安·斯坦利(Julian Stanley)认为:

"每年我们都会碰到教师把酗酒作为解决压力的方法。太多教师因为堆积在他们身上的压力而经历困难的情感挑战。"(Http://teachersupport.infor/news/in-the-press/Spirit-measure–TES.php)

这个组织也提供全天候,年终无休的免费和保密支持与帮助,并且每年要收到17 000份教师需要帮助和支持的请求。通过777人的问卷调查,该组织在2008年对全国的情况和教师的幸福感进行了大致了解,得出如下结论:

(1)87%的人在过去两年中都遭受压力;
(2)超过60%的人称自己工作中的一些问题主要是这些情感引起的;
(3)82%的人都经历如睡眠的问题,53%的人称注意力难以集中。

图10.2显示了按照等级次序这些对他们工作表现带来破坏性影响的症状:过

大的工作量；学生行为；来自管理者不合理的要求；同事的不友好；与家长的问题等。全国健康与工作协会的负责人达姆·卡罗尔·布莱克（Dame Carol Black, 2009）评论道：

> 这份报告突出了教育界人士长期以来本可以避免或不必要的健康或幸福感问题，特别是严重的心理健康问题。报告也显示了在面对工作的要求时，教师经常感到缺乏来自他们领导的支持。这些问题给教师个人以及他们的家庭带来痛苦并且也给学校和社会整体上带来影响。

（Black，2009）

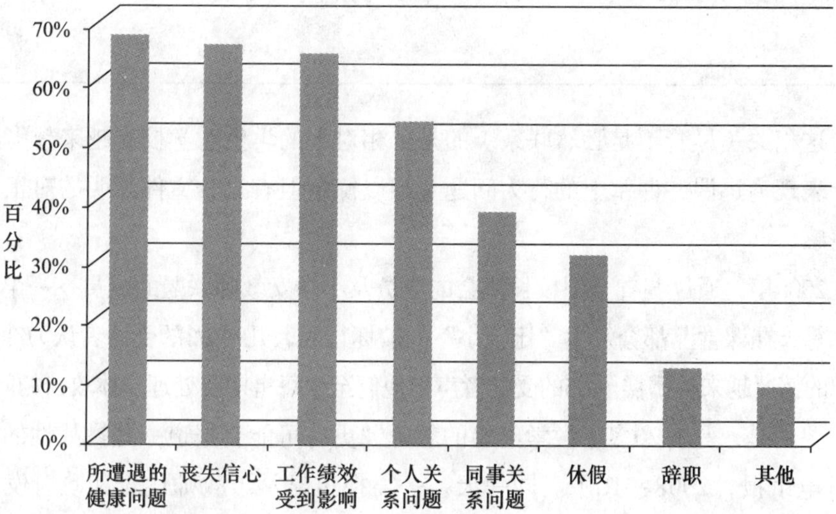

图10.2 健康及幸福感存在的问题给教师工作绩效带来的不利影响

（资料来源：http://teachersupport.info/news/policy-and-public-affirs/better-health-and-wellbieng.php）

这些发现也证实了进行英国最大的独资市场调查工作的MORI市场调查公司的报道。该公司在2002年调查了所有注册加入教学协会的在职教师。他们访谈调查了7万名教师，让他们选择在工作中三大阻碍各自激励感的因素，结果发现：

56%的访谈者选择工作量；

39%的访谈者选择过多的改革举措；

35%的访谈者选择目标驱动的文化；

31%的访谈者选择学生行为和纪律。

（教学协会，2002：5）

课堂上捣乱带来的影响

> 正如许多更有经验的教师一样,萨姆观察到学生对待学习的态度开始变得很糟糕:
>
> 孩子们的态度每一年都在变化,而不是每一代在变化。很多孩子缺乏基本正确的学习态度。归根结底是来自同伴的压力和街头伙伴信用。科学很好但并不是一件很"酷"的事。因此这对我们来讲纠正这些孩子的学习态度是件很困难的事。
>
> (萨姆)

与这相关(尽管不是必然联系)的是,相对多的学生对学校有越来越多的厌恶情绪,表现为逃课,课堂上的行为问题及难以衡量但有充分文件证明的对正规学习的疏离感。

在2008年,通过调查全国校长协会的成员及小学女教师联盟的成员,一半的受访者声称每天在课堂上都会发生"比较小"的破坏行为,几乎2/3的受访者认为在最近几年这样的情况越来越糟糕。1/5的受访者声称他们至少每星期要处理身体攻击的问题。

重要的是,具有20多年教学经验的教师"更有可能会报道一些挑战性的行为"(每日电讯报,2008:10)。同一天,一篇报道显示了教师代表和政府发言人不同的观点,这次的内容是称每天从学校缺岗的老师有15000人,2007—2008年,英国又有290万人工作日没有上班,而在1999年是230万人。一方面英国最大的教师组织——全国教师联合会(National Union of Teachers)的秘书长声称:"考虑到教师工作中承受的巨大压力,显而易见其中有病假人数。"但另一方面,一位政府官员提到努力"减少教师的压力"。(Paton,2008:2)。这份报告还提到在2008年教师收到6000多页政府的各类文书。尽管这些是英国的例子,但在一定程度上也代表了其他国家的情况(Day and Smethem,2009)。

> 我们的学生来自不同的背景,有些孩子很好,但有些孩子很难教。他们对恰当行为的认识缺乏自尊。对于这些学生,得经常需要策略使他们保持注意力集中,避免他们干扰班级的其他学生。
>
> (简)

第十章　有影响力的教师——崭新的生活，古老的真理

通过这本书中教师的例子及在VITAE（Day et al., 2007）中的大量研究可以看出，随着个人和工作环境的变化，激情可以增长或消失。如果没有机构的支持，教师很难保持每个学期的每一天有激情和心理弹性，这将会给他们的身心健康带来很大的压力，这是因为教学的过程不是一帆风顺的，结果也是难以预测的。因此，除非有学校的支持，否则很多初任教师刚开始所具有的责任感、希望和积极性都会随着每日应付那些不想学习或者破坏别人学习机会的学生而磨损掉。媒体越来越多的批评和缺乏工作与生活的平衡也会给他们带来损害。

教师有心灵和身体，有大脑和手，但他们的心灵受到大脑的约束，对学生的道德责任感及作为职业身份认同核心的完备学科知识的约束。如果任何一个部分没有参与，他们就不能进行很好的教学。社会和政治的压力让位于大脑和手，但如果情感、思维和行为之间的平衡被打破得过多或过长时间，教学就被破坏了，教师的反应受到限制，甚至可能终止教学的能力。教师在他们工作的许多方面都要投入情感。这不是一种纵容，而是工作的必要。如果缺乏在课堂上成为完整人的情感和"面对自身"的自由，他们会内部情感爆发，向外爆发或者走开。

（Nias, 1996：305）

激情不是一种奢饰品或者装饰品，而是只有一些教师所拥有的品质或一些教师具有但另一些人缺乏的个性特质。

激情和实用性不是相反的概念，在培养学生的能力上良好计划如同关心和自发性一样重要。尽管不是全部的作用，而且激情这个词听起来不是很舒服，但它应该是或者是教学的中心所在。

（Fried, 1995：6）

对别人的学习和成就有激情有助于决心、信念和责任感的培养。激情不应该仅仅被看作一种个性，人们也不是生来就有激情的。

正如我们所论述的，有很多因素有助于或者阻碍良好教学和成功的学习。这些因素包括家庭背景，家长的情况，学生，学校的领导力和学习氛围，政府政策的影响，教学大纲的相关性和价值，课堂上和办公室的行为表现，与学生、家长和更广泛社区之间的关系，教师的知识，教学技巧和能力。但是激励有责任感教师的主要因素还远远不止这些。它们包括教师的内在素质和自强不息的精神（对自己和别人），关心成长，并且在面对外部挑战、"坎坷"或者"教师新生活"中断的时候，仍极力保持深深的责任感为每位学生提供最好的机会。

三点内在品质

有3点内在品质对于教学激情的维持和形成很关键：

（1）与学生的关系。

（2）道德目的：关心、勇敢和充满希望。

（3）情感认同。

1. 与学生的关系

教师可以起到积极的作用，但也可以起到相反的作用。20年前，约翰·古德拉德（John Goodlad）描写了他和他的同事访问的1000个课堂的情况：

几乎没有任何效果的迹象。很少观察到一起大笑、明显的积极性或者生气的爆发。课堂上不足3%的时间用于表扬、批评、高兴或者幽默的表达，或者有些无拘束的表达如"哇！"，"真棒！"。

（Goodlad，1984：229—230）

如今在课堂仍然有羞辱、害怕和疏离。

一个学生说她不能描述好教师的形象，因为他们每个人都是如此不同……但是她能描述她的坏教师，因为他们都是一个样——"他们的话语在他们面前漂浮，就像漫画中的气球话语"。

（Palmer，1998：11）

英国一项关于学习情况调查的项目发现，14~16岁学生中有很高比例的学生声称"糟糕的教学"与教师相关，这些教师总是难以接近、高高在上，并不能平等对待学生，这是他们成绩差的原因：

"老师从来不做解释，他们总是在人们背后说这是错误的，这很可怜，你很傻。"

"老师喜欢班上更加聪明的学生，而不会过多帮助我们这些不太聪明的学生。"

"老师把我们当作小孩来对待。"

"老师不会努力来理解我们。"

（Bentley，1998：80）

"好教师不仅善于交谈而且善于倾听，他不会使你感到自己的意见没有价值。年龄不重要，而是他们对年轻人的态度。有些教师似乎不喜欢他们的工作，而有些人对他们的学科如此热情。与这样的教师在一起很棒。"

(Gillian, in White, 2000: 18)

"我的老师激发我对教师这份工作的兴趣，而且点燃了我对欧洲历史的热情。他知识渊博，总是会脱口而出地给我们讲一些故事。他使我感到我和班级里别的同学一样都是聪明的学生。他似乎很重视我要说的话。他不仅是一个非常优秀的教师，而且是一个睿智和蔼的人。

(Sandra: 159—160)

重要的是他们对所教的学科有激情，知道怎样激励你。一些教师有激励同学的能力，知道能把你推多远。在你面临放弃时，他们能激发你做出决定："我要做给老师看看"。

(Julia, in White, 2000: 159)

正如本书前面所论述的，良好教学是以关心所教的对象和尊重所教内容的整体性为前提的（Sergiovanni and Starratt, 1993）。教师和学生一样，如果被关心，他们会工作得更好。这里的关心应超越合同规定的范围（Fletcher-Campbell, 1995b）。孩子们在情感上特别容易感受到关心或者不关心。他们会在有关怀的环境里成长更快（Ellias *et al.*, 1997）。但是要关心学生，教师需要了解他们，如他们的优点和缺点，根据他们的需要如何关心他们的成长。对工作充满激情的教师也要了解自己，并知道他们所教的内容必须在情感上和每个学生相关联。

2. 道德目的：关心、勇敢和充满希望

尽管没有"感情色彩"很重要（Jackson, 1999: 88），但还有必要承认道德目的是许多有效率的教师身份认同和自我效能的关键部分。道德目的使教师继续工作下去，使他们保持责任感、希望、心理弹性、积极情感和最好的教学能力。对于有激情的教师，专业责任远比满足每年政府施加的需要达到他们规划的烦琐要求和学校改革大纲更加重要。他们清楚教学的本质和工作的要求使他们通过自己的行动和交流把"对学生的知识和道德教育放在首位"（Hansen, 1998: 651）。因此，作为教师行为基础的价值观、职业伦理和道德目的的研究不仅是教师教育的重要内容，也需要经常更新，并在合适的情况下，在教师的教学生涯中得到提炼。

索克特（Sockett, 1993）和其他人（Falkenberg, 2007; Osguthorpe, 2008; Zembylas and Barker, 2007）认为教学技能总是从属于道德目的，因此教师的道德品质极其重要。他提出了5种美德——诚实、关心、公正、实践和智慧。

勇敢也是教学中必要的品德。索克特这样描述勇敢："勇敢指的是一个人为追求道德上理想的长期责任感,能够在逆境中和面对困难时运用理智和判断能力的忘我表现。"(Sockett, 1993: 74)如果教学大纲是既定的,学校的文化抑制某些情感的表达,在教学上就很难有自发性、冒险精神和即兴发挥。更重要的也很少有机会能注重学生的个体需求。换句话说,在注重结果的课堂环境中,教师需要有足够的勇气防止自己偏离满足学生学习需求的轨道。另外,当课堂上出现问题学生时,教师需要有勇气坚持关心班级里的每个学生,包括有学习能力和没有学习能力的,有学习兴趣和没有兴趣的学生。另外,教师需要相信和积极践行自己的道德目的,而不会因为在需要时间和精力应付一些功利性的目标而中途放弃或者变得"漠不关心"。

与这相关的是"学术上的乐观精神"(Hoy, Hoy and Kurz, 2008),主要指的是:

教师有积极的信念相信通过强调学习,通过信任在这个过程中与家长和学生的合作,以及相信通过心理弹性和坚忍不拔的精神,而有能力克服困难和面对失败,对学生的学业成绩起到积极的影响。

塞利格曼(2003)认为,乐观精神对于成功和成就如同才能和激励感一样重要,可以通过后天学习获得。

师生之间这种道德上勇敢和乐观精神的关系对于良好教学和成功学习是至关重要的;乐观精神是两者的黏合剂,并创造了丰富的学习机会。而教师责任感最有力的表现是希望。

"它是精神的目标、心灵的目标……它不是确信某些事情的结果是好的,而是肯定不管结果如何,这些事情都会有意义。"(Havel, 1990: 181)

"教学从定义上来说就是建立在一系列理想之上的充满希望的旅途。"例如,我相信作为教师,我能够给我教的学生和我的同事在学习和生活上带来积极影响——尽管我深刻意识到给激励感和责任感带来的障碍(我自己和别人),学生的社会经济背景、资源限制及我无法控制的政策因素。对他们的教学对象、内容和方式充满激情的老师也同意满怀希望。可以说正是我们的理想使我们在困难时期和挑战的环境中持续发展,当学生和社会的要求在变化时,正是我们的理想使我们改进实践。从情商的角度看:

充满希望意味着一个人不会被焦虑所压垮……实际上,人们在追求人生目标时,充满希望的人也比其他人经历更少的沮丧感,不会有太多的焦虑,更少有情感上的痛苦。

(Goleman, 1995: 87)

3. 情感认同

情感在身份构建中起着关键作用。情感也是教师工作所处的社会结构和他们行为处事之间必要的联系纽带。本书的一些论证肯定了在教学中情感的重要性（Day and Gu, 2009; Hargreaves, 1994, 1998, 2004; Fineman, 1993; Nias, 1996; Van Veen and Lasky, 2005; Zembulas and Barker, 2007）。因为教师的教学工作是他们自尊心、个人及专业满意感的主要来源，不可避免他们有真切的情感。坚持意识到处理情感的压力是保持教学愉悦感和保障教学的一个部分。下面这几点论述清晰明了。

（1）情感对于理智的决定是必不可少的（Damsio, 1994, 2000; Sylwester, 1995）。

（2）情感上的理解和情商是良好专业实践的核心（Denzin, 1984; Goleman, 1995）。

（3）情绪和认知受到个人经历、职业、社会背景（工作和家庭）及外部（政策）因素的影响（Nias, 1989a, 1996; Kelchtermans, 1996）。

（4）健康的情感对于有效率的教学至关重要（Day et al., 2007）。

教学每天需要大量地使用情绪劳动（emotional labour，如尽管内心不开心，但表面上保持微笑）和情绪工作，这使得教师面对班级里有不同背景、不同动机和学习能力的学生时，能够具有应付这些挑战的能力（Hochschild, 1983）。但是过多的情绪劳动会导致与复杂的教学相脱离，丧失学生的信任；并且会引起脆弱，感到没有能力使每个人都一直投入学习，并在极端的情况下，会导致过度劳累和崩溃。它会使教学成为一种"情绪劳动"，微笑的沟通只是一种礼节而不是真实情感的表达。"你今天好吗"的问候不再需要回答，关心的行为被理解为追求进步的方式而不是来自内心的真正尊重："当我们像销售产品或服务一样销售我们的性格时，我们正处于严重的自我疏离的过程"（同上：ix）。

但是与个人和专业相关的工作激情研究仍然很少。在很多实例中，管理和调整情感只是为了保证组织的有效运行和实现它的目标。即使在这个世纪：

目前谈到激情只是因为能帮助管理者和改革者们"应付"和消除教师对改革的抵制情绪或者帮助他们建立能够进行认知学习或者实施战略计划的氛围。

（Hargreaves, 1998: 837）

我们可以看到在教师的专业身份认同和个人身份认同之间有着不可避免的相互联系。有很多证据表明教学需要大量的个人投入。

身份认同并不总是稳定的，而小幅的波折很有可能提高教师的学习和发展。

但是这种相对的稳定性在时间、人和环境变化时，会受到挑战、突然中断甚至危机等因素的影响。如今的专业身份认同被一些人描述为"面对变化的环境形成场景身份的复杂变换"（Stronch et al., 2002: 117）。这种变换通常在"结构"（权力和地位的关系）和"机构"（我们和他人都有的影响）之间发生。本书所描述的教师的工作和生活显示正是这种交错的关系影响教师如何维持、审视和更新（或者不更新）他们的个人与专业身份认同，以及他们相信自己是否能够给学生的学习和成就带来起色。情感在身份认同的构建中起着重要作用。它们是教师工作的社会结构和工作方式之间的必然联系。

结论：崭新的生活，古老的真理

那些有所发展的人是那些热爱学习、寻求新的挑战、喜爱激励心智环境的人。他们愿意思考，制订计划，设定目标，喜欢冒险。他们把自己放置于更广阔的社会历史背景和文化潮流中，愿意为自己和周围的环境负责任。

（Rest, 1986: 174—175）

要达到良好的教学不是一件容易的事。它不仅需要学科知识和课堂驾驭能力，而且需要"对教育多维领域和不同视角的精深理解"（Crosswell, 2006: 222）。在教师的新生活中有着古老的真理。如果他们能达到现在的标准，满足现在和将来的学生、家长和政府的期望，那么作为被信任可以促进关心和成就的专业人士，他们对工作和学生的内在激情，他们积极的情感认同、幸福感及对自身的希望就必须被支持和得到持续发展。如果教师需要维持责任感、心理弹性和最好的教学能力，他们就需要在一个工作环境中少一些疏离、少一些官僚的管理、少一些粗糙的绩效管理办法——因为我们从无数的研究中知道这只会削弱而不是培养良好的教学能力。如果教师需要达到最好的教学能力，他们学校的领导需要充满公正和支持，思想敏锐并有激情地帮助教师维持他们的责任感。同时，教师需要有强烈和持久的自我效能感，需要相信并且有理由相信他们会带来作用。

激情对于责任感、心理弹性和幸福感是至关重要的。如果教师需要维持这些，他们自己和那些负责对他们进行培训、教育和领导的人需要建立起对他们所工作的认知和情感环境的理解，从而提高他们管理这些情感的能力。教师的内在价值观、素质、道德目的是具有自我效能感的教师激情的基础，并且在孩子和年轻人的愿景、知识、期望和实践中得到体现，因此确保发展和培养这些内在品质对每个人都是有益的。

教学环境将继续变化，如果教师需要维持最好的教学能力，他们需要学会新的生活。但如果获得成功，这种新生活应该充满关切、激情、正直、活力、幸福感和心理弹性，这些一直融入到教师的工作中。另外，高素质领导对教师的创造力、自我效能、心理弹性和幸福感的支持十分重要，因为如果没有这样的支持，对于很多人来说教学只是一份工作而已。

参考书目

Aaronson, D. (2008) The impact of baby boomer retirements on teacher labor markets. Chicago Fed Letter 254, September. http://www.chicagofed.org/publications/fedletter/cflseptember2008_254.pdf.

Achinstein, B. (2006) New teacher and mentor political literacy: reading, navigating and transforming induction contexts. *Teachers and Teaching: Theory and Practice*, 12 (2): 123—138.

Acker, S. (1999) *The Realities of Teachers'Work*: Never a dull moment. London: Cassell.

Ainley, J. and Luntley, M. (2007) Towards an articulation of expert classroom practice, *Teaching and Teacher Education*, 23 (7): 1127—1138.

Allen, J. M. (2009) Valuing practice over theory: how beginning teachers re-orient their practice in the transition from the university to the workplace. *Teaching and Teacher Education*, 25: 647—654.

Appadurai, A. (1996) *Modernity at Large: Cultural Dimensions of Globalisation*. Minneapolis and London: University of Minnesota Press.

Apple, M. W. (1986) *Teachers and texts. A political economy of class and gender relations in education*. London: Routledge.

Arthur, M., Inkson, K and Pringle, J. (1999) *The New Careers: Individual Action and Economic Change*. Thousand Oaks, CA: Sage.

Ashley, M. and Lee, J. (2003) *Women Teaching Boys: Caring and Working in the Primary School*. Stoke on Trent: Trenthan Books.

Aspin, D. (1996) The liberal paradox. In Judith Chapman, William Boyd and Rolf Lands (Ed), *The Reconstruction of Education: Quality, Equality and Control* (pp. 47—72). London: Cassell.

Aspinwall, L. G. (1998) Rethinking the role of positive affect in self-regulation.

Motivation and Emotion, 22: 1—32.

Aspinwall, L. G. (2001) Dealing with adversity: self-regulation, coping, adaptation, and health. In Tesser, A. and Schwarz, N. (Eds.) *The Blackwell Handbook of Social Psychology*, Vol. 1 (pp.591—614). Malden, MA: Blackwell.

Aubusson, P., Steele, F., Dinham, S. and Brady, L. (2007) Action learning in teacher learning community formation: informative or transformative? *Teacher Development*, 11(2): 133—148.

Avenell, K. (2007) Common themes on learning communities. *The Australian Educational Leader*, 29 (1): 46—47.

Baier, A. C. (1994) *Moral Prejudices: Essays on Ethics*. Cambridge: Harvard Business Press.

Ball, S. J. (2003) Professionalism, Managerialism and Performativity. *Professional Development and Educational Change.* Paper presented at a Conference organised by The Danish University of Education, 14 May.

Ball, S. J. (2001) *The teachers'soul and the terrors of performativity.* University of London: Institute of Education.

Ball, S. and Goodson, I. (1985) Understanding teachers: concepts and cultures. In Ball, S. and Goodson, I. (Eds.) *Teachers'Lives and Careers*. Lewes: Falmer Press.

Bandura, A. (1989) Human agency in social cognitive theory. *American Psychologist*, 44: 1175—1184.

Bandura, A. (1997) *Self-efficacy: The Exercise of Control.* New York: Freeman.

Bandura, A. (2000) Cultivate self-efficacy for personal and organisational effectiveness. In Locke, E. A. (Ed.) *Handbook of Principles of Organisation Behaviour* (pp. 120—136). Oxford: Blackwell.

Barber, B. R. (2001) *The 'engaged university'in a disengaged society: Realistic goal or bad joke?* Retrieved 1 October 2003, from www.diversityweb.org/Digest/Sm01/engaged.html.

Beijaard, D. (1995) Teachers'Prior Experiences and Actual Perceptions of Professional Identity. *Teachers and Teaching: theory and practice*, 1: 281—294.

Beijaard, D., Meijer, P. C. and Verloop, N. (2004) Reconsidering research on teachers'professional identity. *Teaching and Teacher Education*, 20(2): 107—128.

Benjamin, K. and Wilson, S. (2005) Facts and misconceptions about age, health status and employability. Report HSL/2005/20. Buxton: Health and Safety Laboratory.

Benner, P.E. (1984) *From Novice to Expert: Excellence and Power in Clinical Nursing Practice*. Menlo Park: Addison Wensley.

Bentley, T. (1998) *Learning Beyond the Classroom: Education for a Changing World*. London: Routledge.

Bereiter, C. and Scardamalia, M. (1993) *Surpassing Ourselves: An Inquiry into the Nature and Implications of Expertise*. La Salle, IL: Open Court.

Berliner, D. (1994) Expertise: The wonder of exemplary performances. In Manglere, J. N. and Block, C. C. (eds), *Creating powerful thinking in teachers and students: Diverse perspective* (pp. 161—186). Ft. Worth, TX: Holt, Rinehart & Winston.

Bernard, B. (1991) *Fostering Resiliency in Kids: Protective Factors in the Family, School, and Community*. San Francisco: WestEd Regional Educational Laboratory.

Bernard, B. (1995) *Fostering Resilience in Children*. Retrieved from http://resilnet.uiuc. edu/library/benard 95. html.

Bernstein, B. (1996) *Pedagogy, symbolic control and identity*. London: Taylor & Francis.

Betoret, F. D. (2006) Stressors, self-efficacy, coping resources, and burnout among secondary school teachers in Spain. *Educational Psychology*, 26: 519—539.

Biesta, G., Field, J., Goodson, I., Hodkinson, P. and Macleod, F. (2008) Strategies for Improving Learning through the Life-Course. July 2008. Retrieved on 1st November 2009, from http://www.learninglives.org/articles/Learning%20Lives%20Pamphlet%20July%202008.pdf .

Bingham, C. (1991) Teachers'terms and conditions: A view from the schools. In G. Grace & M. Lawn (eds.) *Teacher supply and teacher quality: Issues for the 1990s* (pp. 47—53). Clevedon: Multilingual Matters.

Black, D. C. (2009) Comment from the National Director for health and work. Retrieved on 1st November 2009, from http://teachersupport.info/news/policy-and-public-affairs/better-health-and-wellbeing.php.

Block, J. H. and Block, J. (1980) The role of ego-control and ego resiliency in the organization of behaviour. In Collins, W. A. (ed.) *Minnesota Symposium on Child*

Psychology, Vol. 13, pp.39—101. Hillsdale, NJ: Erlbaum.

Blumer, H. (1969) *Symbolic Interactionism: Perspective and Method.* Englewood Cliffs, NJ: Merrill.

Bobbitt, S. A., Faupel, E. and Burns, S. (1991) *Characteristics of stayers, movers, and leavers: Results from the teacher follow-up survey,* 1988—1989.Washington, DC: Office of Educational Research and Improvemento.

Boe, E. E., Bobbitt, S. A., Cook, L. H., Whitener, S. D. and Weber, A. L. (1997) Why didst thou go? Predictors of retention, transfer, and attrition of special and general education teachers from a national perspective. *The Journal of Special Education*, 30 (4): 390—411.

Bogler, R. (2001) The influence of leadership style on teacher job satisfaction. *Educational Administration Quarterly*, 37 (5): 662—683.

Bogler, R. (2002) Two profiles of schoolteachers: A discriminant analysis of job satisfaction. *Teaching and Teacher Education*, 18 (6): 665—673.

Bogler, R. & Somech, A. (2004) Influence of teacher empowerment on teachers' organizational commitment, professional commitment and organizational citizenship behavior in schools. *Teaching and Teacher Education*, 20 (3): 277—289.

Bolam, R. and MaMahon, A. (2004) Literature, definitions and models: towards a conceptual map. In Day C. and Sachs J. (eds.) *International Handbook on the Continuing Professional Development of Teachers* (pp:33—63). Maidenhead, England: Open University Press.

Bottery, M. (2005) The individualization of consumption: a Trojan horse in the destruction of the public sector? *Educational Management, Administration and Leadership*, 33(3), 267—288.

Bouffard-Bouchard, T., Parent, S., & Larivee, S. (1991) Influence of self-efficacy on self-regulation and performance among junior and senior high-school age students. *International Journal of Behavioral Development*, 14 (2): 153—164.

Brennan, M. (1996) *Multiple professionalisms for Australian teachers in an important age.* New York: American Educational Research Association.

Brookfield, S. (1995) Adult learning: an overview, In Tuinjman, A. (ed.), *International Encyclopaedia of Education* (Oxford, Pergamon Press). Retrieved on 20th November

2006, from http://www3.nl.edu/academics/cas/ace/facultypapers/StephenBrookfield_AdultLearning.cfm.

Brown, S. and McIntyre, D. (1992) *The Craft of Teaching*. Buckingham: Open University Press.

Brundage, S.E. (1996) What kind of supervision do veteran teachers need? An invitation to expand collegial dialogue and research. *Journal of Curriculum and Supervision,* 12 (1): 90—94.

Bryk, A. S., Lee, V. E. and Holland, P. B. (1993) *Catholic schools and the common good*. Cambridge, MA: Harvard University Press.

Bryk, A. S. and Schneider, B. L. (2002) *Trust in Schools: A Core Source for Improvement*, New York: Russell Sage Foundation Publications.

Bullough, R. and Knowles, G. (1991) Teaching and nurturing: Changing conceptions of self as teacher in a case study of becoming a teacher. *International Journal of Qualitative Studies in Education*, 4: 121—140.

Bullock, A. and Thomas, H. (1997) *Schools at the centre? A Study of Decentralisation*. London: Routledge.

Campbell, R. and Neill, S. (1994) *Primary Teachers at Work*. London: Routledge.

Castells, M. (2004) *The Power of Identity* (2nd edn). Malden, MA: Blackwell Publishing.

Certo, J. L. and Engelbright Fox, J. (2002) Retaining Quality Teachers. *The High School Journal*, 86 (1): 57—75.

Chambers, D. (2002) The real world and the classroom: Second career teachers. *The Clearinghouse*, 75 (4): 212—217.

Chan, D. W. (2007) Burnout, self-efficacy, and successful intelligence among Chinese prospective and in-service school teachers in Hong Kong. *Educational Psychology*, 27: 33—49.

Cherubini, L. (2009) Reconciling the tensions of new teachers'socialisation into school culture: A review of the research. *Issues in Educational Research*, 19 (2): 83—99.

Cheung Lai-man, E., Cheng May-hung, M. and Pang King, C. (2008) Building a model to define the concept of teacher success in Hong Kong. *Teaching and Teacher Education*, 24: 623—634.

Chevalier, A. and Dolton, P. (2004) Teacher shortage: Another impending crisis? *CentrePiece,* Winter: 15—21. Retrieved from http://cep.lse.ac.uk/pubs/download/cp 164.pdf.

Child Poverty Action Group (2009) *Child Wellbeing and Child Poverty.* London: Child Poverty Action Group.

Chitty, C. (1992) *The Education System Transformed.* Manchester: Baseline Books.

Cinamon, R. and Rich, Y. (2005) Work-family conflict among female teachers. *Teaching and Teacher Education*, 21: 365—378.

Clarke, J. and Newman, J. (1997) *The managerial state: Power, politics and ideology in the remaking of social welfare.* London: Sage.

Cohen, R. M. (1988) After 35 years: Ethnographic portraits of three veteran teachers. Unpublished dissertation, Teachers College, Columbia University.

Crosswell, L. (2006) *Understanding teacher commitment in times of change.* Unpublished EdD thesis submitted to Queensland University of Technology, Brisbane, Australia.

Csikszentmihalyi, M. (1990) *Flow: The psychology of optimal experience.* New York: Harper & Row.

Cummings, T. and Worley (2008) Organization Development and Change. Mason, OH: South-Western Cengage Learning.

Daily Mail (2009) Only six in ten children share a home with both parents. 13th October 2009. Retrieved on 1st November 2009, from http://www.dailymail.co.uk/news/article-1219953/Only-children-share-home-parents.html.

Danielewicz, J. (2001) *Teaching Selves.* Albany, NY: State University of New York.

Darling-Hammond, L. (1990) Teacher professionalism: Why and how? In A. Lieberman (ed.), *Schools as Collaborative Cultures: Creating the Future Now.* London: Falmer.

Darling-Hammond, L. (1997) *Doing What Matters Most: Investing in Quality Teaching.* New York: National Commission on Teaching & America's Future.

Darling-Hammond, L. (1999) *Solving the dilemmas of teacher supply, demand, and standards: How we can ensure a competent, caring, and qualified for every child.* Kutztown, PA: National Commission on Teaching & America's Future.

Darling-Hammond, L. (2000) Teacher quality and student achievement. *Education Policy Analysis Archives,* 8 (1): http://epaa.asu.edu/epaa/v8n1.

Day, C. (1997) Teachers in the twenty-first century: Time to renew the vision. In Hargreaves A. & R. Evans (eds.), *Beyond Educational Reform: Bringing Teachers Back In* (pp. 44—61). Buckingham: Open University Press.

Day, C. (1999) *Developing Teachers: The challenges of lifelong learning.* London: Falmer Press.

Day, C. (2000a) Stories of change and professional development: the costs of commitment. In Day, C., Fernandez, A., Hauge, T. and Møller, J. (eds.), *The Life and Work of Teachers: International Perspectives in Changing Times,* London, Falmer Press: 109—129.

Day, C. (2000b) Effective Leadership and Reflective Practice, *Reflective Practice,* 1 (1): 113—127.

Day, C. (2004) *A Passion for Teaching.* London & New York: Routledge Falmer.

Day, C. (2007) Sustaining success in challenging contexts. In Day, C. and Leithwood, K. (eds.), *Successful Principal Leadership in Times of Change: An International Perspective* (pp. 59—70). Dordrecht: Springer.

Day, C., Elliot, B., and Kington, A. (2005) Reforms, standards and teacher identity: challenges of sustaining commitment. *Teaching and Teacher Education*, 21, 563—577.

Day, C. and Gu, Q. (2007) Variations in the conditions for teachers' professional learning and development: sustaining commitment and effectiveness over a career. *Oxford Review of Education*, 33 (4): 423—443.

Day, C. and Gu, Q. (2009) Teacher emotions: Well being and effectiveness. In M. Zembylas and P. Schutz (Eds.) *Teachers' Emotions in the Age of School Reform and the Demands for Performativity.* Springer: 15—31.

Day, C., Harris, A., Hadfield, M., Tolley, H. and Beresford, J. (2000) *Leading Schools in Times of Change.* Buckingham: Open University Press.

Day, C. and Leithwood, K. (eds.) (2007) *Successful school principal leadership in times of change: International Perspectives*, Dordrecht: Springer.

Day, C., Sammons, P., Stobart, G., Kington, A., & Gu, Q. (2007) *Teachers Matter: Connecting Lives, Work and Effectiveness.* Maidenhead: Open University Press.

Day, C, Sammons, P., Harris, A., Hopkins, D., Leithwood, K., Gu, Q. and Brown, E. (2010) *Ten Strong Claims for Successful School Leadership in English Schools.* Nottingham: National College for Leadership of Schools and Childrens' Services.

Day, C, Sammons, P., Hopkins, D., Harris, A., Leithwood, K., Gu, Q., Brown, E., Ahtaridou, E and Kington, A. (2009) *The Impact Of School Leadership On Pupil Outcomes.* London: Department for Children, Schools and Families.

Day, C. & Smethem, L, (2009) The effects of reform: have teachers really lost their sense of professionalism? *Journal of Educational Change,* 10 (2—3): 141—157.

Day, C., Stobart, G., Sammons, P., Kington, A., Gu, Q., Smees, R., et al. (2006) *Variation in teachers'work, lives and effectiveness.* London: DfES.

Damasio, A. R. (2000) *The Feeling of What Happens: Body and Emotion in the Making of Consciousness.* New York: Harcourt Brace.

Damasio, A. (1994) *Descartes Error: Emotion, Reason and the Human Brain.* New York: Grosser/Putnan.

Denzin, N. (1984) *On Understanding Emotion.* San Francisco: Jossey-Bass.

Department for Children, Schools and Families (2008) The national strategies: Secondary. Accessed 27 August, 2009, from http://www.standards.dcsf.gov.uk/secondary/framework.

Department for Children, Schools and Families (2009) *Deprivation and Education.* London: Department for Children, Schools and Families.

Department for Education and Employment (1997) *Excellence in Schools.* London: HMSO.

Department for Education and Skills (2003) *School Teachers' Pay and Conditions Document.* London: HMSO.

Dinham, S. and Scott, C. (1996) *The Teacher 2000 Project: A Study of Teacher Satisfaction, Motivation and Health.* Sydney: University of Western Sydney, Nepean.

Dinham, S. and Scott, C. (1998) A three domain model of teacher and school executive satisfaction. *Journal of Educational Administration,* 36: 362—378.

Dinham, S. and Scott, C. (2000) Moving into the Third, Outer Domain of Teacher Satisfaction. *Journal of Educational Administration,* 38 (3): 379—394.

Dorman, J. P. (2003) Relationship between school and classroom environment and teacher burnout: A LISREL analysis. *Social Psychology of Education,* 6: 107—127.

Dreyfus, H.L. and Dreyfus, S.E. (1986) *Mind Over Machine: The Power of Human Intuition and Expertise in the Era of the Computer.* New York: The Free Press.

Dworkin, A. G. (1980) The changing demography of public schools teachers: Some implications for faculty turnover in urban areas. *Sociology of Education,* 53: 65—73.

Ebmeier, H. and Nicklaus, J. (1999) The Impact of Peer and Principal Collaborative Supervison on Teachers'Trust, Commitment, Desire for Collaboration, and Efficacy. *Journal of Curriculum and Supervision,* 14 (4): 351—378.

Education Reform Act (1988) London: HMSO.

Edwards, E. A. (2003) Retention and Motivation of Veteran Teachers: Implications for Schools. Unpublished dissertation presented to the Faculty of the Department of Educational Leadership and Policy Analysis, East Tennessee State University.

Edwards, A. (2007) Relational agency in professional practice: A CHAT analysis. Actio: An *International Journal of Human Activity Theory,* 1: 1—17.

Egyed, C. J., and Short, R. J. (2006) Teacher self-efficacy, burnout, experience and decision to refer a disruptive student. *School Psychology International,* 27: 462—474.

Elias, M. J., Zins, J. E., Weissberg, R. P., Frey, K. S., Greenberg, M. T., Haynes, N. M., Kessler, R., Schwab-Stone, M. E. and Shriver, T. P. (1997) *Promoting Social and Emotional Learning.* Alexandra, VA: Association for Supervision and Curriculum Development.

Eliot, G. (1985) *Middlemarch.* Harmondsworth, England: Penguin Books.

Elliott, B. and Crosswell, L. (2001) Commitment to Teaching: Australian perspectives on the interplays of the professional and the personal in teachers'lives. Paper presented at the International Symposium on Teacher Commitment at the European Conference on Educational Research, Lille, France.

Eraut, M., Maillardet, F., Miller, C., Steadman, S., Ali, A., Blackman, C. & Furner, J. (2004) Learning in the Professional Workplace: Relationships between Learning Factors and Contextual Factors, AERA Conference Paper, San Diego, 12th April.

Eraut, M, Steadman, S., Maillardet, F., Miller, C., Ali, A., Blackman, C., Furner, J. and Caballero, C. (2007) Early career learning at work: Insights into professional development during the first job. *Teaching and Learning Research Briefing,* March 2007,

25. Retrieved on 1st November 2009, from http://www.tlrp.org/pub/documents/Eraut%20RB%2025%20FINAL.pdf.

Etzioni A. (ed) (1969) *The Semi-Professions and their Organization,* London: Collier-Macmillan.

Evans, L. (1998) *Teacher Morale, Job Satisfaction and Motivation.* London: Paul Chapman Publishing.

Evans, L. (2001) Delving deeper into morale, job satisfaction and motivation among education professionals: re-examining the leadership dimension. *Educational Management Administration,* 29: 291—306.

Evans, M. (2009) Prevention of mental, emotional, and behavioral disorders in youth: the Institute of Medicine report and implications for nursing. *Journal of Child and Adolescent Psychiatric Nursing,* 22 (3): 154—159.

Evans, K., Hodkinson, P., Rainbird, H. and Unwin, L. (2006) *Improving Workplace Learning.* London: Routledge.

Every Child Matters: *Change for Children* (2004) Children Act. London: Department for Children, Schools and Families.

Falkenberg, T. (2007) On the grounding of teacher education in the human condition. *Journal of Educational Thought*, 41 (3): 245—262.

Farber, B. A. (1991). *Crisis in education: Stress and burnout in the American teacher.* San Francisco, CA: Jossey-Bass.

Feiman-Nemser, S. (2003) What new teachers need to learn. *Educational Leadership,* 60 (8): 25—29.

Fenstermacher, G. D., and Richardson, V. (2005) On Making Determinations of Quality in Teaching. *T C Record*, 107 (1): 186—213.

Field, J. (2008) *Social Capital.* London and New York: Routledge.

Fielding, M. (2004) Transformative approaches to student voice: Theoretical underpinnings, recalcitrant realities. *British Educational Research Journal,* 30 (2): 295—311.

Fielding, M. (2006) Leadership, personalization and high performance schooling: naming the new totalitarianism. *School Leadership and Management,* 26 (4): 347—369.

Fineman, S. (1993) (ed.) *Emotions in Organizations.* London: Sage Publications Ltd.

Firestone, W. A. (1996) Images of teaching and proposals for reform: A comparison of ideas from cognitive and organizational research. *Educational Aministration Quarterly*, 32 (2): 209—235.

Flanagan, J. C. (1954) The critical incident technique. *Psychological Bulletin,* 51 (4): 327—359.

Fletcher-Campbell, F. (1995) Values and Values Education. *International Review of Education*, 44 (1): 113—114.

Fletcher-Campbell, F. (1995) Caring about Caring? *Pastoral Care*, Sept: 26—28.

Flores, M. A. (2006) Being a novice teacher in two different settings: struggles, continuities, and discontinuities. *Teachers College Record,* 108 (10): 2021—2052.

Flores, M. A. and Day, C. (2006) Contexts which shape and reshape new teachers'identities: A multi-perspective study. *Teaching and Teacher Education,* 22: 219—232.

Floden, R. and Huberman, M. (1989) Teachers'professional lives: the state of the art. *International Journal of Educational Research*, 13 (4):455—466.

Foresight Mental Capital and Wellbeing Project (2008) *Final Project Report.* London: The Government Office for Science.

Fredrickson, B. L. (2001) The role of positive emotions in positive psychology: the broaden-and-build theory of positive emotions. *American Psychologist,* 56 (3): 218—226.

Fredrickson, B. L. (2002) Postive Emotions. In Snyder, C. R. and Lopez, S. J. *Handbook of postive psychology* (pp. 120—134). Oxford: Oxford University Press.

Fredrickson, B. L. (2004) The broaden-and-build theory of positive emotions. *The Royal Society,* 359 (1449): 1367—1377.

Fredrickson, B. L. and Joiner, T. (2002) Positive emotions trigger upward spirals toward emotional well-being. *Psychol.* Sci., 13: 172—175.

Fried, R. L. (1995) *The Passionate Teacher: A Practical Guide.* Boston, Mass: Beacon Press.

Fried, R. (2001) *The Passionate Teacher: A Practical Guide,* 2nd edn. Boston: Beacon Press.

Friedman, T. L. (2005) *The World is Flat.* London: Penguin Books.

Friedson, E. (1983) The theory of professions: the state of the art, in Dingwall, R. and

Lewis, P. (eds), *The Sociology of Professions,* London: Macmillan.

Friedson, E. (2001) *Professionalism: The third logic.* Cambridge: Polity.

Freidus, H. (1994) Supervision of second career teachers: What's our line? Paper presented at the annual meeting of the *American Educational Research Association,* New Orleans, LA.

Fullan, M. (1993) *Changing forces.* London: Cassell.

Fullan, M. (2003) *The moral imperative of school leadership.* California: Corwin Press.

Fullan (2008) *What's worth fighting for in the Principalship?* New York: Teachers College Press.

Fullan, M. (2001) *Leading in a Culture of Change.* San Francisco, CA: Jossey-Bass.

Gabarro, J. (1978)"The development of trust, influence, and expectations", in Athos, A., Gararro, J. (eds), *Interpersonal Behavior: Communication and Understanding in Relationships,* Prentice-Hall, Englewood Cliffs, NJ: 290—303.

Gallo-Fox, J. (2009) Transferring schema or transforming cultures? *Cultural Studies of Science Education,* 4: 449—460.

Galton, M., Hargreaves, L., Comber, C., Pell, T, and Wall, D. (1999) *Inside the Primary Classroom: 20 Years On*, London: Routledge.

General Teaching Council for England (2002) *Teachers on Teaching: a survey of the teaching profession.* London: GTCE/Guardian/MORI.

Gilroy, P. and Day, C. (1993) The erosion of INSET in England and Wales: Analysis and proposals for a redefinition. *Journal of Education for Teaching,* 19 (2): 151—157.

Gladwell, M. (2008) Most likely to succeed: How do we hire when we can't tell who's right for the job? *The New Yorker*, 15th December: http://www.newyorker.com/reporting/2008/12/15/081215fa_fact_gladwell.

Glasser, W. (1965) *Schools Without Failure.* New York: Harper & Row.

Goddard, R.D. (2002) A theoretical and empirical analysis of the measurement of collective efficacy: The development of a short form. *Educational and Psychological Measurement,* 93: 467—476.

Goddard, R. D., Hoy, W. K., & Woolfolk Hoy, A. (2004) Collective efficacy: Theoretical developments, empirical evidence, and future directions. *Educational*

Researcher, 33(3): 3—13.

Goddard, R. and O'Brien, P. (2003) Beginning teachers' perceptions of their work, well-being and intention to leave. *Asia-Pacific Journal of Teacher Education and Development,* 6 (2): 99—118.

Gold, Y. (1996) Beginning teacher support: Attrition, mentoring, and induction. In J. Sikula, T. J. Buttery, and E. Guyton (eds.), *Handbook of research on teacher education* (2nd ed., pp. 548—594). New York: Simon & Schuster.

Goleman, D. (1995) *Emotional Intelligence: Why it can matter more than IQ.* London: Bloomsbury.

Goleman, D. (1996) *Emotional Intelligence.* London: Bloomsbury Publishing.

Goleman, D. (2007) *Social Intelligence.* New York: Arrow Books.

Goodlad, J. I. (1984) *A Place Called School.* New York: McGraw-Hill.

Goodson, I. F., & Hargreaves, A. (1996) *Teachers' professional lives.* London: Falmer Press.

Goodson, I., Moore, S. and Hargreaves, A. (2006) Teacher nostalgia and the sustainability of reform: the generation and degeneration of teachers' missions, memory, and meaning. *Educational Administration Quarterly,* 42 (1): 42—61.

Goodwin, R. (2005) Why I Study Relationships and Culture. *The Psychologist* 18 (10): 614—615.

Gorard, S. (1998) Schooled to fail? Revisiting the Welsh school-effect. *Journal of Education Policy,* 13 (1): 115—124.

Gorard, S. (2006) Value-added is of little value. *Journal of Educational Policy,* 21 (2): 233—241.

Gorard, S. and Smith, E. (2004) What is 'underachievement' at school? School Leadership and Management, 24 (2): 205—225.

Gore, S. and Eckenrode, J. (1994) Context and process in research on risk and resilience. In Haggerty, R., Sherrod, L. R., Garmezy, N, and Rutter, M. (eds.) *Stress, Risk and Resilience in Children and Adolescents: Process, Mechanisms and Interventions,* pp.19-63. New York: Cambridge University Press.

Gorman, C. (2005, January 17) The importance of resilience. *Time,* 165 (3): A52—A55.

Gould, J. D. (1978) How experts dictate. *Journal of Experimental Psychology: Human Perception and Performance,* 4(4): 648—661.

Grier, J. and Johnston, C. (2009) An inquiry into the development of teacher identities in STEM career changers. *Journal of Science Teacher Education,* 20: 57—75.

Griffiths, A. (2007a) Improving with age. *Safety and Health Practitioner,* 25 (4): 53—55.

Griffiths, A. (2007b) Healthy work for older workers: Work design and management factors. In: Loretto, W., Vickerstaff, S, and White, P. (ed.) *The future for older workers: New perspectives.* Bristol: Policy Press: 121—137.

Grissmer, D. and Kirby, S. N. (1997) Teacher turnover and teacher quality. *Teachers College Record,* 99 (1): 57—61.

Grossman, P., Wineburg, S. and Woolworth, S. (2001) Toward a theory of teacher community. *Teachers College Record,* 103: 942—1012.

Groundwater-Smith, S. and Mockler, N. (2009) *Teacher Professional Learning in an Age of Compliance: Mind the Gap.* Rotterdam: Springer.

Gu, Q. and Day, C. (2007) Teachers resilience: a necessary condition for effectiveness. *Teaching and Teacher Education,* 23: 1302—1316.

Gu, Q. and Day, C. (2010) Understanding teacher resilience in times of change. *Teachers and Teaching: Theory and Practice.* (forthcoming).

Gu, Q., Sammons, P. and Mehta, P. (2008) Leadership characteristics and practices in schools with different effectiveness and improvement profiles. *School Leadership and Management,* 28 (1): 43—63.

Gu, Q. and Johansson, O. (forthcoming) Understanding school performance: Two interactive dimensions. *International Journal of Leadership in Education.*

Guardian (2003) Workload Hits Teacher Morale. (Report on General Teaching Council/Guardian/Mori Teacher Survey). 7th January 2008.

Guttman, C. (2001) A hard sell for teaching. *The Courier UNESCO,* October.

Halpin, D. (2003) Hope and Education: *The Role of the Utopian Education.* London: Routlege-Falmer.

Hamachek, D. (1999) Effective teachers: What they do, how they do it, and the importance of self-knowledge. In R. P. Lipka, and T. M. Brinthaupt (eds.) *The Role of Self in Teacher Development* (pp. 189—224). Albany, NY: State University of New York Press.

Hamel, G. and Välikangas, L. (2003) The quest for resilience. *Harvard Business Review,* September: 1—13.

Hamon, H. and Rotman. P. (1984) *Tam yu'ily aura desprofs.* Paris: Editions du Seuil.

Handy, C. (1989). *The Age of Unreason.* London: Business Books Ltd.

Hansen, D. T. (1995) *The Call to Teach.* New York: Teachers College Press.

Hansen, D. T. (1998) The Moral is in the Practice. *Teaching and Teacher Education* 14 (6): 643—655.

Hansen, D. T. (2001) *The Moral Heart of Teaching: Towards A Teacher's Creed.* New York: Teachers College Press.

Hanushek, E. A. (2002) Teacher quality. In L. T. Izumi, and W. M. Evers (eds.), *Teacher Quality.* Hoover Institution Press Publication No. 505.

Hanushek, E.A. and Rivkin, S.G. (2004) How to improve the supply of high-quality Teachers. In Ravitch, D. (ed.), *Brookings Papers on Education.* Washington DC: Brookings Institution Press.

Hargreaves, A. (1994) *Changing teachers, changing times: Teachers'work and culture in the postmodern age.* New York: Teachers College Press.

Hargreaves, A. (1998) The Emotional Practice of Teaching. *Teaching and Teacher Education.* 14 (8): 835—854.

Hargreaves, A. (2000) Four ages of professionism and professional learning. *Teachers and Teaching: Theory and Practice,* 6: 151—182.

Hargreaves, A. (2001) The emotional geographies of teaching, *Teachers'College Record,* 103 (6): 1056—1080.

Hargreaves, A. (2003) Teaching in the knowledge society: *Education in the age of insecurity.* New York: Teachers College Press.

Hargreaves, A. (2004) Inclusive and exclusive educational change: Emotional responses of teachers and implications for leadership. *School Leadership & Management,* 24: 287—309.

Hargreaves, A. (2005) Educational change takes ages: life career and generational factors in teachers'emotional responses to educational change. *Teaching and Teacher Education,* 21: 967—983.

Hargreaves, A. (2007) Sustainable professional learning communities. In Stoll, L. and Louis, K. S. (eds.) (2007) *Professional Learning Communities: Divergence, Depth and Dilemmas.* Maidenhead: Open University Press/McGraw-Hill: 181—196.

Hargreaves, A. and Fink, D. (2006) Sustainable Leadership. San Francisco, CA: Jossey-Bass.

Hargreaves, A. and Goodson, I. (1996) Teachers'professional lives: aspirations and actualitities. In I. Goodson, and A. Hargreaves, *Teachers'professional lives* (pp. 1—27). London: Falmer Press.

Hargreaves, D.H. (1994)'The New Professionalism: the synthesis of professional and institutional development', *Teaching and Teacher Education,* 10 (4): 423—438.

Havel, V. (1990) *Disturbing the Peace.* London: Faber & Faber.

Helsby, G. (1999) *Changing teachers'work: The reform of secondary schooling.* Buckingham: Open University Press.

Helsby, G. and McCulloch, G. (1996) Teacher professionalism and curriculum control. In I. Goodson, and A. Hargreaves (eds.), *Teachers Professional Lives.* London: Falmer Press.

Henderson, N. and Milstein, M. (2003) *Resiliency in Schools: Making it Happen for Students and Educators.* Thousand Oaks, California: Corwin Press.

Herzberg, F., Mausner, B. & Snyderman, B.B. (1959) The Motivation to Work, 2nd edn. New York: John Wiley.

Higgins, G. O. (1994) *Resilient Adults: Overcoming a Cruel Past.* San Francisco: Jossey-Bass.

Hipp, K. and Huffman, J. (2007) Using assessment tools as frames for dialogue to create and sustain professional learning communities. In Stoll, L. and Seashore Louis, K. (eds.) *Professional Learning Communities: Divergence, Depth and Dilemmas*: 119—131. Maidenhead: Open University Press/McGraw-Hill.

Hobson, A., Malderez, A., Tracey, L., Homer, M., Ashby, P., Mitchell, N., McIntyre, J., Cooper, D., Roper, T., Chambers, G. and Tomlinson, P. (2009) *Becoming a Teacher: Final Report.* London: Department for Children, Schools and Families.

Hochschild, A. R. (1983) *The Managed Heart: Commercialisation of Human Feeling* London: University of California Press Ltd.

Horne, J. and Orr, J.E. (1998) Assessing behaviors that create resilient organizations *Employment Relations Today*, 24 (4): 29—39.

Howard, S., Dryden, J. and Johnson, B. (1999) Childhood resilience: review and critique of literature. Oxford Review of Education, 25 (3): 307—323.

Howard, S. & Johnson, B. (2004) Resilient Teachers: Resisting Stress and Burnout. *Social Pyschology of Education,* 7 (3).

Hoy, H. W., Hoy, W. K. and Kurz, N. M. (2008) Teacher's academic optimism: The development and test of a new construct. *Teaching and Teacher Education,* 24: 821—835.

Hoy, A. W. and Spero, R. B. (2005) Changes in teacher efficacy during the early years of teaching: A comparison of four measures. Teaching and Teacher Education, 21: 343—356.

Hoy, W. K., Tarter, C. J., and Woolfolk Hoy, A. (2006) Academic optimism: A second order confirmatory analysis. In W. K. Hoy, and Miskel, C. G. (eds.), *Contemporary Issues in Educational Policy and School Outcomes* (pp. 135—149). Greenwich, CT: Information Age Publishing.

Hoy, W. K. and Tschannen-Moran, M. (2003) The Conceptualisation and Measurement of Faculty Trust in Schools. In W. K. Hoy and C. Miskel (eds.) *Studies in Leading and Organising Schools,* New York: Information Age Publishing: 191—207.

Huang, S. L. and Waxman, H. C. (2009) The association of school environment to student teachers' satisfaction and teaching commitment. *Teaching and Teacher Education,* 25 (2): 235—243.

Huberman, M. (2004) Can star teachers create learning communities? *Educational Leadership,* 61 (8): 52—56.

Huberman, M. (1995) Professional careers and professional development. In T. Guskey & M. Huberman (eds.), *Professional development in education: New paradigms and practices.* New York. NY: Teachers College Press: 193—224.

Huberman, M. (1989a) The professional life cycle of teachers. *Teachers College Record,* 91 (1): 31—57.

Huberman, M. (1989b) On teachers' careers: Once over lightly, with a broad brush. *International Journal of Educational Research,* 13 (4): 347—362.

Huberman, M. (1993) *The Lives of Teachers.* London: Cassell.

Huberman, M. (1995) Networks That Alter Teaching. *Teachers and Teaching: Theory and Practice,* 1 (2): 193—221.

Huberman, M. and Vandenberghe, R. (1999) *Introduction: Burnout and the teaching profession.* In Vandenberghe, R. and Huberman, M. (eds.) *Understanding and preventing teacher burnout.* Cambridge: Cambridge University Press: 1—11.

Ingersoll, R. M. (2001) Teacher turnover and teacher shortages: an organisational analysis. *American Educational Research Journal,* 38 (3): 499—534.

Ingersoll, R. M. (2002) The Teacher Shortage: A Case of Wrong Diagnosis and Wrong Prescription. *NASSP Bulletin,* 86: 16—31.

Ingersoll, R. (2003) Is there really a teacher shortage? Research report. The Consortium for Policy Research in Education and the Center for the Study of Teaching and Policy. Philadelphia, PA. Retrieved on 17 July 2007, from http://depts.washington.edu/ctpmail/PDFs/Shortage-RI-09-2003.pdf.

Isen, A. M. (1990) The influence of positive and negative affect on cognitive organization: some implications for development. In Stein, N., Leventhal, B. and Trabasso, T. (eds.) *Psychological and Biological Approaches to Emotion.* Hillsdale, NJ: Erlbaum: 75—94.

Jackson, P. W. (1999) Teaching as a Moral Enterprise. In M. Lang, J. Olson, H. Hensen, W. Bünder (eds.) (1999) *Changing Schools of Changing Practices: Perspectives on Educational Reform and Teacher Professionalism.* Louvain:Garant.

Jackson, P., Boostrom, R. and Hansen, D. (1993) *The Moral Life of the Schools.* San Francisco: Jossey-Bass.

James-Wilson, S. (2001) *The Influence of Ethnocultural Identity on Emotions and Teaching.* Paper presented at the Annual Meeting of the American Educational Research Association, New Orleans, April 2000.

Johnson, B. and Down, B. (2009) Re-conceptualising early career teacher resilience: a critical alternative. Paper presented at the *European Conference on Educational Research* University of Vienna, Vienna, Austria, 28 September 2009.

Johnson, B., Howard, S. and Oswald, M. (1999) Quantifying and prioritising resilience-promoting factors: teachers'views. Paper presented at the Australian Association for Research in Education and New Zealand Association for Research in Education conference, Melbourne, 29 November—2 December.

Johnson, S., cooper, C., Cartwright, S. Donald, I., Taylor, P. and Millet, C. (2005) The experience of work-related stress across occupations. *Journal of Managerial Psychology,* 20 (2): 178—187.

Joseph Rowntree Foundation (2007) Young children see poverty holding them back at school. Retrieved on 1st November 2009, from http://www.jrf.org.uk/media-centre/young-children-see-poverty-holding-them-back-school.

Kardos, S. M. and Moore Johnson, S. (2007) On their own and presumed expert: new teachers'experience with their colleagues. *Teachers College Record,* 109 (9): 2083-2106.

Kauffman, D., Johnson, S.M, Kardos, S.M., Liu, E. and Peske, H. (2002) "Lost at Sea": New teachers'experiences with curriculum and assessment. *Teachers College Record,* 104 (2): 273—300.

Kelchtermans, G. (1993) Getting the stories, understanding the lives: From careers stories to teachers'professional development. *Teaching and Teacher Education,* 9 (5/6): 443—456.

Kelchtermans, G. (1996) Teacher Vulnerability: Understanding its Moral and Political Roots. *Cambridge Journal of Education,* 26 (3): 307—324.

Kelchtermans, G. (2004) CPD for professional renewal: moving beyond knowledge for practice. In C. Day, & J. Sachs, *International handbook on the continuing professional development of teachers* Maidenhead: Open University Press: 217—237.

Kelchtermans, G. (2009) Who I am in how I teach is the message: self-understanding, vulnerability and reflection. *Teachers and Teaching: Theory and Practice,* 15 (2): 257—272.

Kelchtermans, G. and Vandenberghe, R. (1994) Teachers'professional development: A biographical perspective *Journal of Curriculum Studies,* 26 (1): 47.

King, R. (1983) *The Sociology of School Organization.* London: Methuen and Co Ltd.

Knoop, H. H. (2007) Control and responsibility. In H. Gardener (ed.) *Responsibility at Work.* San Francisco, CA: Jossey-Bass.

Korthagen, F. A. (2004) In search of the essence of a good teacher: towards a more holistic approach in teacher education. *Teaching and Teacher Education,* 20: 77—97.

Korthagen, F., & Vasalos, A. (2005) Levels in reflection: core reflection as a means to enhance professional growth. Teachers and Teaching: *Theory and Practice,* 11 (1): 47—71.

Kossek, E. E. and Ozeki, C. (1998) Work–family conflict, policies, and the job–life satisfaction relationship: A review and direction for organizational behavior–human resources research. *Journal of Applied Psychology,* 83: 139—149.

Kyriacou, C. (1987) Teacher stree and burnout: an international review. *Educational Research,* 29 (2): 146—152.

Kyriacou, C. (2000) *Stress Busting for Teachers.* Cheltenham: Stanley Thornes Ltd.

Kyriacou, C. and Kunc, R. (2007) Beginning teachers'expectations of teaching. *Teaching and Teacher Education,* 23: 1246—1257.

Kyriacou, C. and Sutcliffe, J. (1979) Teacher stress and satisfaction. *Educational Research,* 21: 89—96.

Kushman, J. W. (1992) The Organisational Dynamics of Teacher Workplace Commitment: A study of urban elementary and middle schools. *Educational Administration Quarterly* 28/1: 5—42.

Larson, M. S. (1977). *The rise of professionalism: A Sociological analysis.* Berkeley: University of California Press.

Lasch, C. (1991) *True and Only Heaven: Progress and Its Critics.* New York: Norton.

Lave, J. and Wenger, E. (1991) *Situated Learning: Legitimate Peripheral Participation.* Cambridge: Cambridge University Press

Lawn, M. (1996) *Modern times? Work, professionalism and citizenship in teaching.* London: Falmer Press.

Layard, R. and Dunn, J. (2009) *A Good Childhood: Searching for Values in a Competitive Age.* London: Penguin Books.

Learning and Skills Council (2007) *Skills in England 2007: Volume 1: Key Messages.* Coventry, England: Learning and Skills Council.

Lee, V. E., Bryk, A. S. and Smith, J. B. (1993) The organization of effective secondary schools. In L. Darling-Hammond (ed.) *Review of Research in Education.* Washington, DC: American Education Research Association. 19: 171—267.

Leithwood, K. (2007) The emotional side of school improvement: A leadership perspective. In T. Townsend (ed.) *The International Handbook on School Effectiveness and*

Improvement. Dordrecht, The Netherlands: Springer: 615—634.

Leithwood, K. and Day, C. (2007) What we learned: A broad view, in K. Leithwood & C. Day (eds) *Successful School Leadership in Times of Change* (Toronto: Springer): 189—203.

Leithwood, K. and Beatty (2008) *Leading with Teacher Emotions in Mind.* Corwin Press.

Leithwood, K., Day, C., Sammons, P., Harris, A. and Hopkins, D. (2006) Seven strong claims about successful school leadership, Nottingham: National College for School Leadership.

Leshem, S. (2008) Novices and veterans journeying into real-world teaching: How a veteran learns from novices. *Teaching and Teacher Education,* 24: 204—215.

Levin, B. (1998) An epidemic of education policy: (what) can we learn from each other? *Comparative Education* 34(2): 131—141.

Lieberman, A. and Miller, L. (1992) *Teachers – Their World and Their Work: Implications for School Improvement.* New York, NY: Teachers College Press.

Lindeman, E. C. (1926) *The Meaning of Adult Education,* New York: New Republic. Republished in a new edition in 1989 by The Oklahoma Research Center for Continuing Professional and Higher Education.

Lindsey, S. (2007) Retention and intention in teaching careers: will the new generation stay? *Teacher and Teaching: Theory and Practice,* 13 (5): 465—480.

Liu, X.S. and Ramsey, J. (2008) Teachers'job satisfaction: Analyses of the Teacher Follow-up Survey in the United States for 2000—2001. *Teaching and Teacher Education,* 24 (5): 1173—1184.

Loehr, J. and Schwartz, T. (2003) *The Power of Full Engagement.* New York: Free Press.

Lortie, D. C. (1975) *Schoolteacher: A sociological study (2nd ed.).* Chicago: The University of Chicago Press.

Loughran, J.J. (2004) Learning through Self-study. In Loughran, J.J., Hamilton, M.L., LaBoskey, V.K., and Russell, T.L. *The International Handbook of Self-Study of Teaching and Teacher Education Practices.* Dordrecht: Kluwer Academic Publishers.1/2: 151—192.

Louis, K. S. (1998) Effects of teacher quality worklife in secondary schools on commitment and sense of efficacy. *School Effectiveness and School Improvement* 9 (1): 1—27.

Louis, K. S. (2007) Trust and Improvement in Schools. *Journal of Educational Change,* 8: 1—24.

Luthans, F., Avolio, B.J., Avey, J.B. and Norman, S.M. (2007) Positive psychological capital: Measurement and relationship with performance and satisfaction. *Personnel Psychology,* 60: 541—572.

Luthar, S. (1996) Resilience: A construct of value? Paper presented at the 104th *Annual Convention of the American Psychological Association,* Toronto.

Luthar, S., Cicchetti, D. and Becker, B. (2000) The construct of resilience: a critical evaluation and guidelines for future work. *Child Development,* 71 (3): 543—562.

Lyotard, J. (1979) *The postmodern condition: a report on knowledge.* Manchester: Manchester University Press.

Madfes, T. J. (1989) Second careers, second challenges: Meeting the needs of the older teacher education student. Paper presented at the annual meeting of the *American Educational Research Association,* San Francisco, CA.

Madfes, T. J. (1990) Second career, second challenge: What do career changes sayabout the work of teaching. In B. Risacher (ed.), *Scientist and Mathematicians Become Teachers.* New York: National Executive Service Corps: 25—33.

Malacova, E., Blair, J. L., Mattes, E., de Klerk, N. and Stanley, F. (2009) Neighbourhood socioeconomic status and maternal factors at birth as moderators of the association between birth characteristics and school attainment: a population study of children attending government schools in Western Australia. *Journal of Epidemiology and Community Health,* 63: 842—849.

Mancini, V., Wuest, D., Vantine, K. and Clark, E. (1984) Use of instruction in interaction analysis on burned out teachers: its effects on teaching behaviors, level of burnout and academic learning time. *Journal of Teachers in Physical Education,* 3 (1): 29—46.

Margolis, J. (2008) What will keep today's teachers teaching? Looking for a hook as a new career cycle emerges. *Teachers College Record,* 110 (1): 160—194.

Martin, L. A., Chiodo, J. J. and Chang, L. (2001) First year teachers: Looking back after three years. *Action in Teacher Education,* 23: 55.

Matheson, I. (2007) Current demographics in the school teacher population in Scotland. Paper presented at the *Scottish Educational Research Association* Conference, 2007.

Mayotte, G. (2003) Stepping stones to success: previously developed career competencies and their benefits to career switchers transitioning to teaching. *Teaching and Teacher Education,* 19: 681—695.

McLaughlin, C. and Clarke, B. (2009) Relational Matters: a review of the impact of school experience on mental health in early adolescence. Unpublished research paper.

McLaughlin, M. (2005) Listening and learning from the field: tales of policy implementation and situated practice. In Ann Liberman (ed) *The Roots of Educational Change.* Dordrecht, The Netherlands: Springer.

McLaughlin, M. and Talbert, J. (1993) *Contexts that Matter for Teaching and Learning.* Stanford: Stanford University.

Margolis, J. (2008) What will keep today's teachers teaching? Looking for a hook as a new career cycle emerges. *Teachers College Record,* 110 (1): 160—194.

Maslach, C., Shaufeli, W. B., & Leiter, M. P. (2001) *Job burnout. Annual Review of Psychology,* 52: 397—422.

Masten, A. S. (2001) Ordinary magic: resilience process in development. *American Psychologist,* 56: 227—239.

Maurer, T. J. and Tarulli, B. A. (1994) Investigation of perceived environment, perceived outcomes and personal variables in relationship to voluntary development activity by employees. *Journal of Applied Psychology,* 79 (1): 3—14.

McGowan, K. R. and Hart, L. E. (1990) Still different after all these years: Gender differences in professional identity formation. *Professional Psychology: Research and Practice,* 21: 118—123.

McRae, H. (1995) The privilege of unemployment. *Independent on Sunday,* 26 February, 4.

Measor, L. (1985) Critical incidents in the classroom: Identities, choices and careers. In Ball, S. J., and. Goodson, F. (eds.), *Teachers' Lives and Careers.* Lewes: Falmer Press: 61—77.

Meijer, P., Korthagen, F. and Vasalos, A. (2009) Supporting Presence in Teacher Education: The Connection between the Personal and Professional Aspects of Teaching. *Teaching and Teacher Education,* 25 (2): 297—308.

Merrow, J. (1999) The Teacher Shortage: Wrong Diagnosis, Phonycures *Education Week,* 38: 64.

Ministry of Education (1991) *Year 2000: A Framework for Learning: Enabling Learners,* Report of the Sullivan Commission. British Columbia, Canada.

Mitchell, S. N., Reilly, R. C. and Logue, M. E. (2009) Benefits of collaborative action research for the beginning teacher. *Teaching and Teacher Education,* 25: 344—349.

Mitchell, C. and Sackney, L. (2007) Extending the learning community: a broader perspective embedded in policy. In Stoll, L. and Louis, K. S. (eds.) (2007) *Professional Learning Communities: Divergence, Depth and Dilemmas.* Maidenhead: Open University Press/McGraw-Hill: 30—44.

Mitchell, C. and Sackney, L. (2001) Building capacity for a learning community. *Canadian Journal of Educational Administration and Policy,* 19 (02/24). Available: http://www.umanitoba.ca/publications/cjeap/issues/issues_online.html.

Moore Johnson, S., & The Project on the Next Generation of Teachers (2004) *Finders and Keepers: Helping New Teachers Survive and Thrive in Our Schools.* San Francisco, CA: John Wiley & Sons.

Moore Johnson, S.M. and Kardos, S.M. (2002) Keeping new teachers in mind. *Educational Leadership,* 59 (6): 12—16.

Mulgan, G. (2005) Learning to serve: The longest skills challenges for public services and government and what can be done about it. London: Learning and Skills Development Agency.

Munn, P. (1999) *Promoting Positive Discipline.* Edinburgh: Scottish Office.

Naisbitt, J. (1994). *Global Paradox.* New York: Avon Books.

Nash, P. (2005) Speech to Worklife Support Conference. London Well Being Conference, London.

National Center on Education and the Economy (2009) Commission News Releases: 'Tough Choices'Education Coalition Grows with Three Additional States Pledged to Reinvent their Education Systems. Retrieved on 1st November 2009, from http://www.

skillscommission.org/commission_news2_3-10-09.htm.

National Research Council and Institute of Medicine. (2009) *Preventing mental, emotional, and behavioral disorders among young people: Progress and possibilities.* Washington, DC: The National Academies Press.

Neville, K. S., Sherman, R. H. and Cohen, C. E. (2005) *Preparing and Training Professionals: Comparing Education into Six Other Fields.* Washington, DC: Finance Project.

New Economics Foundation (2009) *National Accounts of Well-being: Bringing Real Wealth onto the Balance Sheet.* London: New Economics Foundation.

Nias, J. (1981) Commitment and Motivation in Primary School Teachers. *Educational Review,* 33 (3): 181—190.

Nias, J. (1989a) *Primary Teachers Talking: A Study of Teaching as Work.* London/New York: Routledge.

Nias, J. (1989b) Subjectively speaking: English primary teachers'careers. *International Journal of Educational Research,* 13 (4): 391—402.

Nias, J. (1996) Thinking about Feeling: the emotions in teaching. *Cambridge Journal of Education* 26 (3): 293—306.

Nias, J. (1999) Teachers'moral purposes: Stress, vulnerability, and strength. In R. Vandenberghe and A. M. Huberman, *Understanding and preventing teacher burnout: A sourcebook of international research and practice.* Cambridge: Cambridge University Press: 223—237.

Nias, J., Southworth, G and Campbell, P. (1992) *Whole School Curriculum Development in Primary Schools.* London: Falmer.

Nieto, S. (2003) *What Keeps Teachers Going?* New York: Teachers College Press.

Nieto, S. (2005) Quality of caring and committed teachers. In S. Nieto, *Why we teach.* New York: Teachers College Press: 203—220.

Noddings, N. (1992) *The Challenge to Care in Schools: An Alternative Approach to Education.* New York: Teachers College Press.

Noddings, N. (1996) Stories and affect in teacher education. *Cambridge Journal of Education,* 26(3): 435—447.

Noddings, N. (2003) *Happiness and Education.* New York: Cambridge University

Press.

Noddings, N. (2005) *The Challenge to Care in Schools*. New York, NY: Teachers College Press.

Noddings, N. (2007) *Philosophy of Education,* 2nd edn. Cambridge, MA: Westview Press.

O'Connor, K. E. (2008)"You choose to care": Teachers, emotions and professional identity. *Teachers and Teacher Education,* 24 (1): 117—126.

OECD (2004) *Learning for Tomorrow's World: First results from PISA 2003*. Paris: OECD.

OECD (2005) *Teachers Matter: Attracting, developing and retaining effective teachers*. Paris: OECD.

Office for National Statistics (2004) *Child Health Report*. Retrieved on 1st November 2009, from www.statistics.gov.uk/children/downloads/mental_health.pdf.

Osguthorpe, R. D. (2008) On the reasons we want teachers of good disposition and moral character. *Journal of Teacher Education,* 59 (4): 288—299.

Oswald, M., Johnson, B. and Howard, S. (2003) Quantifying and evaluating resilience-promoting factors–teachers'beliefs and perceived roles. *Research in Education,* 70: 50—64.

Oxford English Dictionary (2006) Oxford: Oxford University Press.

Ozga, J. (1995) Deskilling a profession: Professionalism, deprofessionalisation and the new managerialism. In H. Busher and R. Saran (eds.), *Managing Teachers as Professionals in Schools*. London: Kogan Page: 21—37.

Pajares, F. (1996) Self-efficacy beliefs in academic settings. *Review of Educational Research,* 66(4): 543—578.

Pajeres, F. (1997) "Current Directions in Self-Efficacy Research", in M. L. Maehr and P. R. Pintich (eds.) *Advances in Motivaiton and Achievement*. Jai Press Inc., Greenwich. 10: 1—49.

Palmer, P. J. (1998) *The Courage to Teach: Exploring the inner landscape of a teachers'life*. San Francisco: Jossey-Bass.

Palmer, P. (2004) *A Hidden Wholeness*. San Francisco, CA: Jossey-Bass.

Palmer, P. (2007) *The Courage to Teach: Exploring the Inner Landscape of a*

Teacher's Life. San Francisco, CA: John Wiley & Sons.

Paton, G. (2008) 15,000 teachers are off sick each day. The Daily Telegraph. London: The Daily Telegraph: 2.

Patterson, D. (1991) The eclipse of the highest in higher education, *The Main Scholar: A Journal of Ideas and Public Affairs,* 3: 7—20.

Pels, P. (1999) Professions of duplexity. A prehistory of ethical codes in anthropology, *Current Anthropology,* 40 (2): 101—136.

Pence, A. R. (ed.) (1998) *Ecological Research with Children and Families: From Concepts to Methodology.* New York: Teachers'College Press.

Peterson, C., Park, N. and Sweeney, P. (2008) Group well-being: morale from a positive psychology perspective. *Applied Psychology: An International Review,* 57: 19—36.

Peterson, K. D. and Deal, T. (2009) The Shaping School Culture Fieldbook, 2nd edn. San Francisco, CA: John Wiley & Sons.

Penuel, W. R., Fishman, B. J., Yamaguchi, R. and Gallagher, L. P. (2007) What makes professional development effective? Strategies that foster curriculum implementation. *American Educational Research Journal,* 44 (4): 921—958.

Pomson, A. D. M. (2005) One classroom at a time? Teacher isolation and community viewed through the prism of the particular, *Teachers College Record* 107 (4): 20.

PricewaterhouseCoopers (2001) *Teacher Workload Study.* London: DfES.

Prick. L. (1986) *Career Development and Satisfaction among Secondary School Teachers.* Amsterdam: Vrije Universiteit Amsterdam.

Putnam. R. P. (1983) Bowling Alone. *The Collapse and Revival of American Community.* New York: Simon and Schuster.

Qualifications and Curriculum Authority (QCA) (2008) Teaching of new secondary curriculum begins. Accessed on August 27, 2009, from http://curriculum.qca.org.uk/News-and-updates-listing/News/Teaching-of-new-secondary-curriculum-begins.aspx.

Ramsay, P. (1993) *Teacher Quality: A case study prepared for the Ministry of Education as part of the OECD study on teacher quality.* Hamilton, New Zealand, University of Waikato.

Randall, J. (2009) How we all lose in the lottery of Labour's education system. *The*

Daily Telegraph. 6: 10.

Reid, I., Brain, K. and Boyes, L. C. (2004) Teachers or learning leaders?: Where have all the teachers gone? Gone to be leaders, everyone, *Educational Studies.* 30(3): 251—264.

Rest, J. (1986) *Moral Development: Advances in research and theory.* New York: Praeger.

Rhodes, S. (1983) Age-related differences in work attitudes and behaviour: A review and conceptual analysis. *Psychological Bulletin,* 93 (2): 328—367.

Rich, Y. and Almozlino, M. (1999) Educational goal preferences among novice and veteran teachers of sciences and humanities. *Teaching and Teacher Education,* 15: 613—629.

Richardson, G. E., Neiger, B. L., Jenson, S. and Kumpfer, K. L. (1990) The resiliency model. *Health Education,* 21 (6): 33—39.

Richardson, V. and Placier, P. (2001) Teacher Change. In V. Richardson (ed.), *Handbook of Research on Teaching* (4th edition), Washington, DC: American Educational Research Association: 905—947.

Riehl, C. and Sipple, J. W. (1996) Making the most of time and talent: secondary school organizational climates, teaching task environment, and teacher commitment. *American Educational Research Journal.* 33: 873—901.

Rinke, C. (2008) Understanding teachers' careers: linking professional life to professional path. *Educational Research Review,* 3: 1—13.

Rivera-Batiz, F. L. and Marti, L. (1995) *A school system at risk: A study of the consequences of overcrowding in New York City Public Schools.* New York: Institute for Urban and Minority Education, Teachers College, Columbia University.

Rivers, J. C. and Sanders, W. L. (2002) *Teacher quality and equity in educational opportunity: Findings and policy implications,* in L.T. Izumi, W.M. Eders (eds), Hoover Institution Press, Stanford, CA: 13—24.

Robertson, S. L. (1996) Teachers' Work, Restructuring and Postfordism: Constructing the New Professionalism. In I. Goodson, & A. Hargreaves (eds.), *Teachers' Professional Lives.* London: Falmer Press.

Robinson, V. M. J. (2007) School Leadership and Student Outcomes: Identifying What Works and Why. Australian Council for Educational Leaders, Monograph 41; ACEL

Inc. P.O.Box 4368, Winmalee, NSW Australia.

Rodgers, F. R. and Raider-Roth, M. B. (2006) Presence in Teaching. *Teachers and Teaching: Theory and Practice,* 12 (3): 265—287.

Roehrig, A., D., Presley, M. and Talotta, D. (eds.) (2002) *Stories of Beginning Teachers: First-Year Challenges and Beyond.* Notre Dame, IN: University of Notre Dame Press.

Romano, M. E. (2006) "Bumpy moments" in teaching: reflections from practicing teachers. *Teaching and Teacher Education,* 22: 973—985.

Rosenholtz, S. (1984) Myths: Political myths about reforming teaching. ECS, Denver, CO. (ERIC Document Reproduction Service No. ED 272 486).

Rosenholtz, S J. and Simpson, C. (1990) Workplace conditions and the rise and fall of teachers'commitment. *Sociology of Education,* 63: 241—257.

Ross, J. A., Gray, P. and Sibbald, T. (2008). *The Student Achievement Effects of Comprehensive School Reform: A Canadian Case Study.* Presented at the annual meeting of the American Educational Research Association, New York.

Rowe, K. (2003) The Importance of Teacher Quality as a Key Determinant of Students'Experiences and outcomes of Schooling. Background paper to keynote address presented at the ACER Research Conference 2003, Carlton Crest Hotel, Melbourne: 19—21. Retrieved from: http://www.acer.edu.au/documents/Rowe_ACER_Research_Conf_2003_Paper.pdf.

Russell, T. (1997) Teaching teachers: How I teach is the message. In J. Loughran and T. Russell (eds.), *Teaching about Teaching: Purpose, Passion and Pedagogy in Teacher Education.* New York: Falmer Press: 32—47.

Rutter, M. (1990) Psychosocial resilience and protective mechanisms. In Rolf, J., Masten, A., Cicchetti, D., Neuchterlein, K. and Weintraub, S. (eds.) Risk and Protective Factors in the Development of Psychopathology. New York: Cambridge University Press.

Rutter, M., Maughan, B., Mortimer, P. and Ousten, J. (1979) *Fifteen-thousand Hours: Secondary Schools and Their Effects on Children.* Cambridge MA: Harvard University Press.

Sachs, J. (2000) Rethinking the Practice of Teacher Professionalism, in C. Day, A. Fernandez, T. Hauge, and J. Møller (eds.), *The Life and Work of Teachers: International*

Perspectives in Changing Times, London: Falmer Press: 109—129.

Sachs, J. (2003) The Activist Professional. *Journal of Educational Change,* 1: 77—95.

Sanders, W. L. and Rivers, J. C. (1996) *Cumulative and Residual Effects of Teachers on Future Student Academic Achievement.* Research Progress Report, University of Tennessee, USA.

Schaufeli, W. B. and Bakker, A. D. B. (2004) Job demands, job resources, and their relationship with burnout and engagement: a multi-sample study. *Journal of Organisational Behaviour,* 25: 293—315.

Schaufeli, W. B. and Enzmann, D. (1998) *The Burnout Companion to Study and Practice: A Critical Analysis.* Washington, DC: Taylor & Francis.

Scheerens, J., Vermeulen, C. J. A. J. and Pelgrum, W. J. (1989) Generalizability of instructional and school effectiveness indicators across nations. *International Journal of Educational Research,* 13 (7): 789—799.

Schutz, P. A. and Pekrun, R. (2007) *Emotion in education.* San Diego, CA: Academic Press.

Science Daily (2009) Mental, Emotional and Behavioral Disorders Can Be Prevented In Young People. Retrieved on 1st November 2009. from http://www.sciencedaily.com/releases/2009/07/090729144028.html.

Schön, D. A. (1983) *The reflective practitioner: How professionals think in action.* Basic Books.

Scott, C., Dinham, S. and Brooks, R. (2003) The development of scales to measure teacher and school executive occupational satisfaction. *Journal of Educational Administration,* 41: 74—86.

Scribner, J. P. (1998) Teacher efficacy and teacher professional learning: What school leaders should know. (Reports - Research 143). Paper presented at the annual convention of the university council for educational administration, St. Louis. (ERIC Document Reproduction Service No. ED 426 969).

Seligman, M. (2002) *Authentic Happiness.* London: Nicholas Brealey Publishing.

Seligman, M. (2003) *Learned Optimism: How to change you mind and your life* (2nd ed.) New York: Pocket Books.

Sergiovanni, T. (1967) Factors which affect satisfaction and dissatisfaction of teachers. *Journal of Educational Administration,* 5: 66—81.

Sergiovanni, T. J. (1992) Why we should seek substitutes for leadership. *Educational Leadership,* 5: 41—45.

Sergiovanni, T. (2004) *The Lifeworld of Leadership : Creating Culture, Community, and Personal Meaning in Our Schools. Jossey-Bass Education Series.*

Sergiovanni, T. J. and Starratt, R. J. (1993) *Supervision: A Redefinition.* Singapore: McGraw Hill.

Shann, M. (1998) Professional commitment and satisfaction among teachers in urban middle schools. *The Journal of Educational Research,* 92: 67—73.

Shulman, L. S. (1987) Knowledge and teaching. *Harvard Educational Review,* 57: 1—22.

Sikes, P., Measor, L. and Woods, P. (1985) *Teacher Careers: Crises and Continuities.* Lewes: The Falmer Press.

Siskin, L. (2003) *Colleagues and 'Yutzes:'Accountability inside schools. Voices in Urban Education,* Spring: 24—31.

Skaalvik, E. M. and Skaalvik, S. (2009) Does school context matter? Relations with teacher burnout and job satisfaction. *Teaching and Teacher Education,* 25 (3): 518—524.

Skies, P., Measor, L. and Woods, P. (1985) *Teacher Careers: Crises and Continuities.* Lewes, UK: Falmer Press.

Sleegers, P. and Kelchtermans, G. (1999) Inleiding op het themanummer: professionele identiteit van leraren (Professional Identity of Teachers) *Pedagogish Tijdschrift,* 24: 369—374.

Smith, E. (2008) Raising standards in American schools? Problems with improving teacher quality. *Teaching & Teacher Education,* 24: 610—622.

Smithers, A. and Robinson, P. (2003) *Factors Affecting Teachers'Decisions to Leave the Profession.* Research Report 430. London: Department for Education and Skills.

Smithers, A. and Robinson, P. (2004) Teacher Training Profiles 2004. University of Buckingham, Centre for Education and Employment Research. Retrieved on 1st November 2009, from http://www.buckingham.ac.uk/education/research/ceer/pdfs/ittprofiles2004.pdf.

Smithers, A. and Robinson, P. (2005) *Teacher Turnover, Wastage and Movements between Schools. Research Report 640.* London: Department for Education and Skills.

Smylie, M. A. (1995) Teacher learning in the workplace: Implications for school reform. In T. R. Guskey, & M. Huberman, *Professional development in education: New paradigms and practices.* New York: Teachers College Press.

Snoeyink, R. and Ertmer, P. (2002) Thrust into technology: How veteran teachers respond. *Journal of Educational Technology Systems,* 30 (1): 85—111.

Sockett, H. (1993) *The Moral Base for Teacher Professionalism.* Columbia University: Teachers College Press.

Somech, A. and Drach-Zohary, A. (2000) Understanding extra-role behavior in schools: The relationships between job satisfaction, sense of efficacy and teachers' extra-role behavior. *Teaching and Teacher Education,* 16 (5/6): 649—659.

Smithers, A. and Robinson, P. (2003) *Factors Affecting Teachers' Decisions to Leave the Profession,* Department for Education and Skills Research Report 430.

Smithers, A. and Robinson, P. (2005) Teacher Turnover, Wastage and Destinations. Research Report RR553. London: Department for Education and Skills.

Sparks, D. and Loucks-Horsley, S. (1990) Models of Staff Development. In W. Robert Houston, M. Haberman, and J. Sikula (eds.). *Handbook of Research on Teacher Education.* New York: MacMillan Publishing Company.

Starratt, R. (2007) Leading a community of learners. *Educational Management, Administration, and Leadership,* 35 (2): 165—183.

Stoll, L. and Louis, K. S. (eds.) (2007) *Professional Learning Communities: Divergence, Depth and Dilemmas.* Maidenhead: Open University Press/McGraw-Hill.

Stronach, I., Corbin, B., McNamara, O., Stark, S. And Warne, T. (2002) Towards an Uncertain Politics of Professionalism: Teacher and Nurse Identities in Flux. *Journal of Educational Policy* 17 (1): 109—38.

Strauss, A. L. (1959) *Mirrors and Masks: The Search for Identity.* New Brunswick: Transaction Publishers.

Sumsion, J. (2002) Becoming, Being and Unbecoming an Early Childhood Educator: A phenomenological case study of teacher attrition. *Teaching and Teacher Education.* 18: 869—885.

Sylwester, B. (1995) *A Celebration of Neurons: An Educator's Guide to the Human*

Brain. Alexandra, VA: ASCD.

Szreter, S. (2001) Social Capital Roundtable, Glasgow, November.

Talbert, J. and McLaughlin, M. (1996) Teachers Professionalism in Local School Contexts. In I. Goodson, and A. Hargreaves (Eds.), *Teachers' Professional Lives.* London: Falmer Press.

Training and Development Agency for Schools (TDA) (2007) Professional standards for teachers: Why sit still in your career? London: TDA.

Teachers Educational Supplement (2006) Standards drive falters, say studies. 31st March 2006. Retrieved on 1st November 2009, from http://www.tes.co.uk/article.aspx?storycode=2216288.

Teachers Educational Supplement (2009) There's always one. 16th October 2009. Retrieved on 1st November 2009 from http://www.tes.co.uk/article.aspx?storycode=6025187.

Teitelbaum, T. L. (2008) You Gotta Shake Your Own Bushes: How Veteran Teachers Remain Highly Invested in Their Careers. Paper presented at the American Educational Research Association Annual Meeting, New York.

Terry, P. (1997) Teacher burnout: Is it ideal? Can we prevent it? Paper presented at the Annual Meeting of the North Central Association of Colleges and Schools. Chicago, IL, 8th April.

The Daily Telegraph (2008, December 29) Parents blamed for primary pupils' bad behaviour. London: The Daily Telegraph: 10.

The Guardian (2007) British children: poorer, at greater risk and more insecure: 1.

The Independent (2005) Five million UK workers 'suffer extreme stress'. 16th May 2005. Retrieved on 1st November 2009, from http://www.independent.co.uk/life-style/health-and-families/health-news/five-million-uk-workers-suffer-extreme-stress-490856.html.

The Sutton Trust (2009) *Attainment Gaps between the Most Deprived and Advantaged Schools.* London: The Sutton Trust.

Tickle, L. (2000) *Teacher Induction: The Way Ahead.* Buckingham: Open University Press.

Times (2005) Class of '04 fearful and consumed by worries. *The Times*: 17.

Times (2005) Almost 10,000 pupils expelled as violence against teachers escalates. *The Times*: 9.

Teaching and Learning Research Programme (TLRP) Research Briefing (2004) Improving Learning in the Workplace. March 2004, 7: http://www.tlrp.org/pub/documents/no7_rainbird.pdf.

Travers, C.J and Cooper, C.L. (1996) *Teachers Under Pressure: Stress in the teaching profession*. London: Routledge.

Tripp, D. (1993) *Critical Incidents in Teaching: Developing Professional Judgement*. London: Routledge.

Troman, G. (2008) Primary teacher identity, commitment and career in performative school cultures. *British Educational Research Journal*, 34 (5): 619—633.

Troman, G. and Woods, P. (2001) *Primary Teachers' Stress*. London: Routledge.

Tschannen-Moran, M. (2004) *Trust Matters: Leadership for Successful Schools*. San Francisco: Jossey-Bass.

Tschannen-Moran, M., Woolfolk-Hoy, A. and Hoy, W. (1998) Teacher Efficacy: its meaning and measure. *Review of Educational Research*, 68 (2): 202—248.

Tsui, K. T. and Cheng, Y. C. (1999) School Organisational Health and Teacher Commitment: A contingency study with multi-level analysis. *Educational Research and Evaluation*, 5 (3): 249—265.

Tymms, P. (1993) Accountability: Can it be fair? *Oxford Review of Education*, 19 (3): 291—299.

Tymms, P., Merrell, C., Heron, T., Jones, P., Albone, S. and Henderson, B. (2008) The Importance of Districts. *School Effectiveness and School Improvement*, 19 (3): 261—274.

Ulvik, M., Smith, K. and Helleve, I. (2009) Novice in secondary school-the coin has two sides. Teaching and Teacher Education, 25: 835—842.

United States Census Bureau (2005) The Living Arrangements of Children in 2005. Retrieved on 1st November 2009 from http://www.census.gov/population/www/pop-profile/files/dynamic/LivArrChildren.pdf.

van den Berg, R. (2002) Teacher's meanings regarding educational practice. *Review of Educational Research*, 72 (4): 577—625.

Van Veen, K. and Lasky, S. (2005) Emotions as a lens to explore teacher identity and change: Different theoretical approaches. *Teaching and Teacher Education,* 21: 895—898.

Waldman, D. and Avolio, B. (1986) A meta-analysis of age differences in job performance. *Journal of Applied Psychology,* 71 (1): 33—38.

Waller, M. (2001) Resilience in ecosystemic context: Evolution of the concept. American Journal of Orthopsychiatry, 7(3): 290—297.

Wallis, C. and Steptoe, S. (2006) How to bring out schools out of the 20th century. TIME, 9th December 2006: http://www.time.com/time/nation/article/ 0,8599,1568429,00.html.

Walsh, F. (1998) *Strengthening Family Resilience.* New York: Guildford Press.

Wang, M. (1997) Next steps in inner city education: focusing on resilience development and learning success. *Education and Urban Society,* 29 (3): 255—276.

Warr, P. (1994) Age and job performance. In J. Snel and R. Cremer (eds.) *Work and Age: A European Perspective.* London: Taylor & Francis: 309—322.

Wassell, B. and LaVan, S. (2009) Tough transitions? Mediating beginning urban teachers'practices through coteaching. *Cultural Studies of Science Education,* 4: 409—432.

Webb, R., Vulliamy, G., Hämäläinen, S., Sarja, A., Kimonen, E. and Nevalainen, R. (2004) Pressures, rewards and teacher retention: a comparative study of primary teaching in England and Finland. *Scandinavian Journal of Educational Research,* 48 (2): 169—188.

Wenger, E. (1998) *Communities of practice.* New York: Cambridge University Press.

Werner, E. and Smith, R. (1988) *Vulnerable but Invincible: A Longitudinal Study of Resilient Children and Youth.* New York: Adams Bannister & Cox.

White, R. C. (2000) *The School of Tomorrow: Values and Vision.* Buckingham: Open University Press.

Whitty, G., Power, S. and Halpin, D. (1998) *Devolution and Choice in Education: The School, the State and the Market.* Buckingham: Open University Press.

Williams, S. (2009) The winnowing out of happiness. *The Guardian,* March 3rd: www.guardian.co.uk/education/2009/mar/03/teaching-shirley-williams.

Woods, P., Jeffrey, B. and Troman, G. (2001) The impact of New Labour's educational policy on primary schools. In M. Fielding (ed.), *Taking Education Really Seriously: Four Years Hard Labour.* London: RoutledgeFalmer: 84—95.

Woods, P., Jeffery, B., Troman, G. (1997) *Restructuring Schools, Reconstructing*

Teachers, Buckingham: Open University Press.

World Health Report (2008) Primary Health Care Now More Than Ever. Nonserial Publication. Geneva: World Health Organization Press.

Zeldin, T. (2004) Richer not happier: a 21st century search for the good life. In Grayling, A. C., Mulgan, G., Zeldin, T. and Reeves, R. London: RSA Journal: 36—39.

Zembylas, M. (2001) Constructing genealogies of teachers'emotions in science teaching. Paper presented at the annual meeting of the *American Educational Research Association,* Seattle, WA.

Zembylas, M. (2003) Emotional Teacher Identity: A Post structural Perspective. Teachers and Teaching: *Theory and Practice.* 9 (3): 213—238.

Zembylas, M. (2005) Beyond teacher cognition and teacher beliefs: the value of the ethnography of emotions in teaching. International Journal of Qualitative Studies in Education, 18 (4): 465—487.

Zembylas, M. and Barker, H. (2007) Teachers'spaces for coping with change in the context of a reform effort. *Journal of Educational Change,* 8: 235—256.

Zembylas, M. and Papanastasiou, E. G. (2005) Modelling teacher empowerment: The role of job satisfaction. *Educational Research and Evaluation,* 11 (5): 433—459.

Zembylas, M. and Schutz, P. (eds) (2009) *Teachers'Emotions in the Age of School Reform and the Demands for Performativity.* Dordrecht: Springer.